ちくま文学講読

上級編

安藤宏／紅野謙介◆監修

筑摩書房

【本書の使い方】

1. 漢字は、原則として「常用漢字表」の漢字（新字体）を使用し、音訓・送り仮名も同表によった。これによらない場合は、教材ごとの初出の際に読み方を示した。

2. 注の欄には、次の三点を掲げた。

a　語注　番号を付し、解説を施した。

b　発問　読解上の注意点や理解すべき事柄について、原則として本文中に**1**などの番号を付し、注の欄に**1**の形で掲げた。

c　注意する語句　本文中の成句・慣用語などについて、本文中に＊印を付し、見開きのページごとに整理した。また重要語句も抽出して、あわせて整理した。

3. 学習のための手引きを各教材の後に「理解」として掲げ、教材を理解するための要点を設問の形で示した。また、引用した箇所は、本文ページを漢数字、行を算用数字で示した。例　本文八ページ12行目→（八・12）

はしがき

虚構に慣れていない人は、いとも簡単に虚構にたぶらかされます。新しい言葉は世界を新鮮に見せる一方、虚構の幻想をもたらすのです。それでみんなが幸福になれればいいのですが、結局、ふりまわされるだけふりまわされて、切り捨てられたものも時間も戻ってこない。残酷ですが、歴史はそうしたことをくりかえしています。

日本文化は素晴らしい、日本は特別だと言い聞かせるのも同じことです。くりかえし言葉にしているうちに、あたかも幻想がほんとうのように感じられる。不安を抱え、自己肯定感が少ないと、とりわけそうした虚構に頼りたくなる。それは誇りや愛情とは無縁です。真に時代の扉をあけるのは、虚構や言葉にふりまわされることなく、その魅力とともに限界を知るものなのです。

もちろん、人は言葉や言葉に代わる手段がないと社会生活を送ることができません。人は虚構によって希望をもち、苛酷な運命に耐えることができます。国家も虚構のひとつですし、宗教もまたそうです。ときに恋愛の言葉も虚構に近いことがあります。多くの人がその虚構や言葉を信じると、それが現実であるかのような強大な力を発揮する。だからこそ、虚構や言葉は重要なのです。

人類の文化のなかでも、文学は言葉から成り立つ表現形式で、虚構を扱うことを得意としてきました。たぶらかすことを使命とすることから、手に汗にぎる読書体験が生まれました。それだけに、すぐれた文学は、言葉の力をまざまざと示し、言葉によって人が呪縛され、ときに解放される瞬間を見せてくれます。まさに本書の課題は、文学を通して虚構や言葉に対する感性と知性を磨くことにあります。ぜひ小さな鏡面に映る大きな世界に触れてみてください。

監修者しるす

ちくま文学講読　上級編　目次

ニワシドリの庭

加藤幸子《かとうゆきこ》

スクリーンに空を飛ぶ鳥の群れが映っている。鳥たちと同じ方向に進む飛行機から撮影されたらしく、飛ぶときの姿勢、翼の動きや速さがよくわかる。視点が水平から腹側に移動すると、風切羽《かざきりばね》[1]からもれる空気の悲鳴や抵抗や重力が見ている私に伝わってくる。個々の鳥たちが落ちまいと必死で努力していることを感じる。群れを脱落した一羽が、水面すれすれにはばたいている。上昇はたぶん絶望であろう。視点が上空に変わると、コバルト色[2]の海上を、白い川のように鳥の群れが流れていく。何百羽も何千羽もとぎれる徴《しるし》も見せず、鳥であることの証明のように飛びつづける。

都会の中心部にあるハイテク[3]機器を装備した会場は静まりかえった。舞台で演奏されているサティ[4]の「グノシエンヌ」だけが唯一の音だった。ふいに胸がうずく*のを覚えた。思いがけない情緒の到来に私自身があわてた。[1]〝アフリカ大陸へ渡るコウノトリ[5]の群れ〟に反応してしまったことに。友人のピアニストや鳥類学者とともに企てたこの催しの準備段階で、私はすでにこのビデオを見ていた。そのときはなかなか構成がよくできている、ぐらいにしか思わなかったのだ。この催しで上映した数分間の〝渡り〟の場面

加藤幸子　一九三六（昭和一一）年―。小説家。北海道生まれ。一九八三年、『夢の壁』で芥川《あくたがわ》賞。作品に『長江』などがある。また野鳥生息地保護運動などでも活躍している。この文章は一九九八年刊行の『鳥のことば　人のことば』に収められており、本文は同書によった。

1 **風切羽**　翼の後縁に並ぶ長く大きな羽。

2 **コバルト色**　空色。淡い群青色。

3 **ハイテク**　高度先端技術。ハイテクノロジー（[英語] high-technology）の略。

は、鳥類の行動と生態を扱った科学的ビデオの一部にすぎず、それなりに自然の美しさや巧妙さを知ることはできても、けっして音楽や文学のように人の心に訴える表現を目指したものではなかった。それがあの会場ではどうして科学の域をはずれて、私たちの感情を動かしてしまったのだろう。

上手に説明できそうもないのだが、何とか言葉を探せば、サティの曲の文化性と鳥の渡りという自然性が、人の技術の助けを借りて大都会のホールに出現させた〝名づけようのない場〟のせいのような気がする。さらにこの〝名づけようのない場〟は、従来とかく対立的に、少なくとも異質のものと見なされがちの〝自然〟と〝文化〟が、お互いに融合しうる素質があることを示したのではないだろうか。もとよりどのような文化も自然と対立もしくは摩擦を起こさないわけではない。他者を侵害しないという特徴をもつサティの音楽こそ、その〝場〟の発生に重要な役割を果たしたのだと思っている。

さまざまな分野の仕事にたずさわる十名足らずで、自然についての勉強会を続けている。各自の仕事は生物学等の学問も含めて音楽、美術、パフォーマンス[6]、編集などの、いわゆる〝文化〟の領域に属している。かっては自然志向が強かろうと弱かろうと、それは個人の問題のはずだった。それなのに現在は広い分野にかかわる人たちが、共通に〝自然〟を気にしはじめている。人類の滅亡をさけるために地球環境が大事、と割りきる人もいるが、私のように無条件で自然の生きものの存在を認める人もふえてきた。生

4 **サティ**　Erik Satie　一八六六―一九二五年。フランスの作曲家。「三つのジムノペディ」などの作品がある。「グノシエンヌ」は一八九〇年作のピアノ曲。

1 「私自身があわてた」のはなぜか。

5 **コウノトリ**　コウノトリ科の鳥の総称。大型で、脚・首が長い。東アジアに留鳥として分布する種と、渡り鳥としてアフリカ、インドなどに渡るものがある。日本のコウノトリは絶滅した。

6 **パフォーマンス**　身体を用いた表現行為。[英語] performance

＊胸がうずく

〈悲鳴〉〈情緒〉〈巧妙〉

物学の書物もさかんに出版され、ベストセラーに入ることもある。生物学は私がかじった時代に比べると、もっとも身近なジャンル[7]にのぼってきた。ただし周囲の現実を見まわせば、自然を破壊する人間の活動がこれほど凶暴な時代はないのだから、これは現象としてはひときわ矛盾❷しているが……。

自然についての勉強会は、生物や環境についての知識を広げるとともに、私たちを人間という動物の深層にある自然とのかかわりに導いていった。また短期間なので取りあげたテーマは限られてはいるが、何度でも講師にアンコールをさせ、そのたびに熱狂したのは、オーストラリアとニューギニアに生息するニワシドリ[8]類の求愛行動だった。一般に鳥の雄は雌に比べるとはでな羽色をしているし、繁殖期になるとめだつ羽飾りをまとったり、雌に向けてダンスをしたり歌を歌ったり、ときには巣づくりを率先して行って、雌を誘おうとする。ニワシドリの仲間では雌雄の容姿の差があまりないのだが、代わりに他の鳥にはない行動を発達させた。彼らは〝庭〟や〝あずまや〟をつくり、それを美しく飾りたてて次々と雌を中に呼びこみ交尾させる。雌は〝庭〟が気に入らないと出ていってしまうので、その気にさせるような〝庭〟をつくる雄は圧倒的に自分の遺伝子を広めるチャンスが多いそうである。写真で見る〝庭〟や〝あずまや〟には幾つかのタイプがあるが、人間以外の生物をバカにしている人でも考えを改めざるをえないほどみごとな建造物だ。雄たちはそこでディスプレイ[9]も行うが、雌による品定めは建造物の

7 **ジャンル** 分野。領域。［フランス語］genre

❷ 何と何とが「矛盾」しているのか。

8 **ニワシドリ** ニワシドリ科の鳥の総称。オーストラリア東部とニューギニア島に分布する中型の鳥。庭師鳥。雄が庭や小屋を作ることからこの名がつけられた。左図はチャバラニワシドリ。

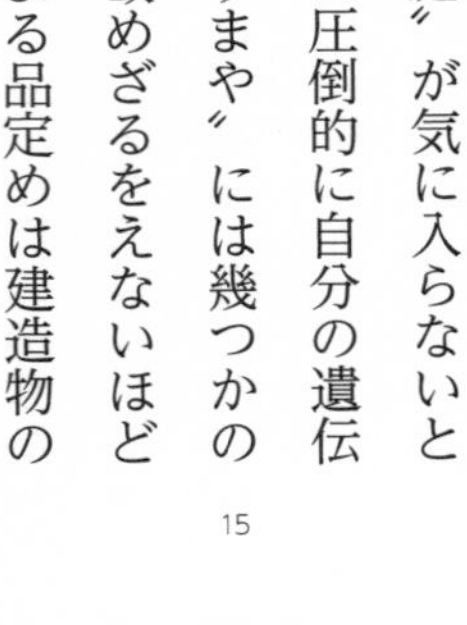

オオニワシドリの「あずまや」と「庭」「あずまや」の大きさは直径２メートルほど

大きさよりも、そこに集められた装飾品の質と数によるらしい。色鮮やかな果実や野花で飾られたうえ、カタツムリや貝の殻、甲虫類の死骸、小石などがオブジェ[10]のように配置され、ときには草の汁で壁面が青く塗られることもある。雄の芸術作品にうっとりした雌は、彼になびく。人間のあいだにもこんな雌雄関係がありそうではあるが、ニワシドリの社会では自然である繁殖行動と庭づくり文化が普遍的に融合しているのだ。

ニワシドリ類の雄たちのこの[3]ような文化の進化は、もちろん雌たちの選択の結果である。しかしなぜ雌たちはカタツムリの殻や青く輝くものに引きつけられ、その所有者である雄と交尾をしたくなるのであろう。確証がないかぎり生物学者たちはわずかな仮説以上のことを述べようとはしない。自分も雌の一員であり、想像*を馳《は》せる自由を許されている私なら、ニワシドリの雌にこうつぶやかせる。「海のような空のような色が大好きなの。それに殻の渦巻きもようにはゾクゾクするような快感があるわね。」

9 ディスプレイ　表示。展示。ここでは、動物が求愛などのために行う誇示行動。［英語］display

10 オブジェ　現代芸術の手法の一つ。日用の既成品や自然物などを、そのまま作品として提示・展示したもの。［フランス語］objet

3 「このような文化の進化」とはどのようなものか。

〈凶暴〉〈熱狂〉〈容姿〉

＊想像を馳せる

雌の好みによって成立している文化がある、と考えることは、とても楽しい。

　それはさておき、〝自然〟と〝文化〟の領域は、そう思われているほどに❹截然《せつぜん》としたものではないのではないか、というのが私がこの文章で言いたいことなのだ。ニワシドリ類の建造物を自然の中の文化だと表現すれば、人間特有の文化を偏見のない目で見たときに、その中に自然を発見することもできるのではないだろうか。文化という言葉の定義もかなり広範囲にわたるので、ここでは私がたずさわっている創作に狭めて考えてみる。創作という行為は、芸術の他のジャンルである音楽、舞踏、絵画に比べても自然からかけ離れた営みのような気がする。人間の発明した言葉に頼っているからであろう。でも私は子供のころから空想を紙に書きつけることと同時に、家で生きものを飼ったり野外で動植物を観察することに血道*をあげていた。両者は私の中で〝対立〟することなどなかったのである。それに私は小説家という今の仕事を求人雑誌で探しあてたわけではなかった。まったく幸運なことだが、自然にこうなっていたのである。

　創作する行為がそれにあたるかどうかたしかではないが、人間という動物には生まれたときからある種の〝文化〟をおこす仕組みが存在し、ふだんは、ときには一生休眠していても、ある場合には目を覚ますものだ、という考え方はどうであろうか。

　そうであれば私たち人間の行動でも、どこからどこまでが自然で、どこからが文化なのか区別することは不可能だ。自然と文化のあいだに境界を引くという考えが、おかし

❹「截然とした」とはどのような状態か。

いのである。
　反自然の極みのような印象がないわけではない歌舞伎を見物しているときさえも、私は役者の所作にふっと動物たちのしぐさや鳥たちのディスプレイの姿を思いだすことがある。〝自然の中にある文化〟と〝文化の中にある自然〟との通路を探すこと、これは〝自然文化論〟の始まりではないのだろうか。

――〈偏見〉〈舞踏〉〈所作〉
＊血道をあげる

●理解●――
(1)筆者が「サティの『グノシエンヌ』」（六・9）と「コウノトリの群れ」（同・10）の映像とに感動したのはなぜか、考えなさい。
(2)筆者は「ニワシドリ類の求愛行動」（八・8）からどのようなことを読み取ったか、まとめなさい。
(3)「人間特有の文化を偏見のない目で見」（一〇・4）るとはどのようなことか、筆者の考えにそって整理しなさい。
(4)「自然と文化のあいだに境界を引くという考えが、おかしいのである。」（一〇・17）と筆者が考えるのはなぜか、説明しなさい。

山月記

中島《なかじま》 敦《あつし》

隴西《ろうせい》[1]の李徴《りちょう》は博学才穎《さいえい》[2]、天宝《てんぽう》[3]の末年、若くして名を虎《こ》榜《ぼう》[4]に連ね、ついで江南尉《こうなんい》[5]に補せられたが、性、狷介《けんかい》[6]、自ら恃《たの》むところすこぶる厚く、賤吏《せんり》に甘んずるを潔しとしなかった。いくばくもなく官を退いた後は、故山、虢略《かくりゃく》[7]に帰臥《きが》し、人と交わりを絶って、ひたすら詩作にふけった。下吏となって長く膝を俗悪な大官の前に屈するよりは、詩家としての名を死後百年に遺《のこ》そうとしたのである。しかし、文名は容易に揚がらず、生活は日を追うて苦しくなる。李徴はようやく焦燥に駆られてきた。この頃からその容貌も峭刻《しょうこく》[8]となり、肉落ち骨秀で、眼光のみいたずらに炯々《けいけい》[9]として、かつて進士《しんし》[10]に登第した頃の豊《ほう》頰《きょう》の美少年のおもかげは、どこに求めようもない。数年の後、貧窮に堪えず、妻子の衣食のためについに節*を屈して、再び東へ赴き、一地方官吏の職を奉ずることになった。一方、これは、己の詩業に半ば絶望したためでもある。かつての同輩はすでにはるか高位に進み、彼が昔、鈍物として歯牙*にもかけなかったその連中の下命を拝さねばならぬことが、往年の儁才《しゅんさい》[11]李徴の自尊心をいかに傷つけたかは、想像に難くない。彼は怏々《おうおう》[12]として楽しまず、狂悖《きょうはい》[13]の性はいよいよ抑え難くなった。一年の後、公用で旅に出、汝水《じょすい》[14]の

中島 敦 一九〇九（明治四二）―四二（昭和一七）年。小説家。東京都生まれ。『名人伝』『李《り》陵《りょう》』など中国古典に取材した作品が多く、格調高い文体が死後高く評価された。この作品は一九四二年に発表されたもので、本文は「中島敦全集」第一巻によった。

1 **隴西** 中国の地名。現在の甘粛《かんしゅく》省の東南部。

2 **才穎** 才知がすぐれて抜きんでていること。

3 **天宝** 唐代の年号。七四二―五六年。

4 **虎榜** 進士（官吏登用資格試験）及第者の姓名を掲示する木札。俊才を虎

ほとりに宿った時、ついに発狂した。ある夜半、急に顔色を変えて寝床から起き上がると、何か訳の分からぬことを叫びつつそのまま下にとび降りて、闇の中へ駆け出した。彼は二度と戻ってこなかった。付近の山野を捜索しても、何の手がかりもない。その後李徴がどうなったかを知る者は、誰もなかった。

翌年、[15]監察御史《ぎょし》、[16]陳郡《ちんぐん》の袁傪《えんさん》という者、勅命を奉じて[17]嶺南《れいなん》に使いし、道に[18]商於《しょうお》の地に宿った。次の朝いまだ暗いうちに出発しようとしたところ、駅吏[19]が言うことに、これから先の道に人食い虎が出るゆえ、旅人は白昼でなければ、通れない。今はまだ朝が早いから、いま少し待たれたがよろしいでしょうと。袁傪は、しかし、供回りの多勢なのを恃み、駅吏の言葉を退けて、出発した。残月の光をたよりに

5 **江南尉** 江南（長江以南の地）の軍事や警察などをつかさどる官。
6 **狷介** 片意地で他人と相いれないこと。
7 **虢略** 中国の地名。現在の河南省にある。
8 **峭刻** 険しくむごいさま。
9 **炯々** 鋭く光るさま。
10 **登第** 試験に合格すること。「第」は、官吏登用試験。
11 **儁才** 才知のすぐれた人。俊才。
12 **怏々** 不平があり、心が満ち足りないさま。
13 **狂悖** 常軌を逸すること。
14 **汝水** 河南省崇県の老君山に発して淮河《わいが》に注ぐ川。

〈博学〉〈焦燥〉〈下命〉
〈往年〉〈自尊心〉
〈白昼〉
＊節を屈する
＊歯牙にもかけない

林中の草地を通っていった時、はたして一匹の猛虎が叢《くさむら》の中から躍り出た。虎は、あわや袁傪に躍りかかるかと見えたが、たちまち身を翻して、元の叢に隠れた。叢の中から人間の声で「あぶないところだった。」と繰り返しつぶやくのが聞こえた。その声に袁傪は聞き覚えがあった。驚懼[20]《きょうく》のうちにも、彼はとっさに思い当たって、叫んだ。「その声は、我が友、李徴子ではないか？」袁傪は李徴と同年に進士の第に登り、友人の少なかった李徴にとっては、最も親しい友であった。温和な袁傪の性格が、峻峭[21]《しゅんしょう》な李徴の性情と衝突しなかったためであろう。

叢の中からは、❶しばらく返事がなかった。しのび泣きかと思われるかすかな声が時々漏れるばかりである。ややあって、低い声が答えた。「いかにも自分は隴西の李徴である。」と。

袁傪は恐怖を忘れ、馬から降りて叢に近づき、懐かしげに久闊[22]《きゅうかつ》を叙した。そして、なぜ叢から出てこないのかと問うた。李徴の声が答えて言う。自分は今や異類の身となっている。どうして、おめおめと故人《とも》の前にあさましい姿をさらせようか。かつまた、自分が姿を現せば、必ず君に畏怖嫌厭[23]《けんえん》の情を起こさせるに決まっているからだ。しかし、今、*図らずも故人に会うことを得て、愧赧[24]《きたん》の念をも忘れるほどに懐かしい。どうか、ほんのしばらくでいいから、我が醜悪な今の外形をいとわず、かつて君の友李徴であったこの自分と話を交わしてくれないだろうか。

15 **監察御史** 官吏を取り締まり、地方を巡行して行政を監視した官。

16 **陳郡** 河南省の地名。

17 **嶺南** 現在の広東省、広西壮族自治区およびベトナムの一部を含む地域。

18 **商於** 河南省の地名。

19 **駅吏** 宿駅の役人。

20 **驚懼** 驚きおそれること。

21 **峻峭** 厳しく険しいこと。

❶「しばらく返事がなかった」のはなぜか。

22 **久闊** 長く会っていないこと。「久闊を叙す」は、久しぶりに友情を温めることをいう。

23 **畏怖嫌厭** 畏れて、いとうこと。

24 **愧赧** 恥じて赤面すること。

後で考えれば不思議だったが、その時、袁傪は、この超自然の怪異を、実に素直に受け入れて、少しも怪しもうとしなかった。彼は部下に命じて行列の進行をとどめ、自分は叢の傍らに立って、見えざる声と対談した。都のうわさ、旧友の消息、袁傪が現在の地位、それに対する李徴の祝辞。青年時代に親しかった者どうしの、あの隔てのない語調で、それらが語られた後、袁傪は、李徴がどうして今の身となるに至ったかを尋ねた。叢中《そうちゅう》の声は次のように語った。

今から一年ほど前、自分が旅に出て汝水のほとりに泊まった夜のこと、一睡してから、ふと目を覚ますと、戸外で誰かが我が名を呼んでいる。声に応じて外へ出てみると、声は闇の中からしきりに自分を招く。覚えず、自分は声を追うて走り出した。無我夢中で駆けていくうちに、いつしか道は山林に入り、しかも、知らぬ間に自分は左右の手で地をつかんで走っていた。何か体じゅうに力が満ち満ちたような感じで、軽々と岩石を跳び越えていった。気がつくと、手先や肘のあたりに毛を生じているらしい。少し明るくなってから、谷川に臨んで姿を映してみると、すでに虎となっていた。自分は初め目を信じなかった。次に、これは夢にちがいないと考えた。夢の中で、これは夢だぞと知っているような夢を、自分はそれまでに見たことがあったから。どうしても夢でないと悟らねばならなかった時、自分は茫然《ぼうぜん》とした。そうして懼《おそ》れた。まったく、どんなことでも起こり得るのだと思うて、深く懼れた。しかし、なぜこんなことになったのだろう。

〈温和〉〈異類〉〈一睡〉
〈無我夢中〉
＊図らずも

分からぬ。まったく何事も我々には分からぬ。理由も分からずに押しつけられたものをおとなしく受け取って、理由も分からずに生きていくのが、我々生きもののさだめだ。自分はすぐに死を思うた。しかし、その時、目の前を一匹のうさぎが駆け過ぎるのを見たとたんに、自分の中の人間はたちまち姿を消した。再び自分の中の人間が目を覚ました時、自分の口はうさぎの血にまみれ、あたりにはうさぎの毛が散らばっていた。これが虎としての最初の経験であった。それ以来今までにどんな所行をし続けてきたか、それはとうてい語るに忍びない。ただ、一日のうちに必ず数時間は、人間の心が還《かえ》ってくる。そういう時には、かつての日と同じく、人語も操れれば、複雑な思考にも堪え得るし、経書[25]の章句をそらんずることもできる。その人間の心で、虎としての己の残虐な行いのあとを見、己の運命を振り返る時が、最も情けなく、恐ろしく、憤ろしい。しかし、その、人間に還る数時間も、日を経るに従ってしだいに短くなっていく。今までは、どうして虎などになったかと怪しんでいたのに、この間ひょいと気がついてみたら、俺はどうして以前、人間だったのかと考えていた。これは恐ろしいことだ。いま少したてば、俺の中の人間の心は、獣としての習慣の中にすっかり埋もれて消えてしまうだろう。ちょうど、❷古い宮殿の礎がしだいに土砂に埋没するように。そうすれば、しまいに俺は自分の過去を忘れ果て、一匹の虎として狂い回り、今日のように道で君と出会っても故人《とも》と認めることなく、君を裂き食ろうてなんの悔いも感じないだろう。いったい、獣でも

25 経書 古代の聖人や賢人の教えを記した儒教の経典。四書五経などをいう。

❷ 「古い宮殿の礎」と「土砂」はそれぞれ何をたとえたものか。

人間でも、もとは何か他のものだったんだろう。初めはそれを覚えているが、しだいに忘れてしまい、初めから今の形のものだったと思い込んでいるのではないか？　いや、そんなことはどうでもいい。俺の中の人間の心がすっかり消えてしまえば、おそらく、そのほうが、俺はしあわせになれるだろう。だのに、俺の中の人間は、そのことを、この上なく恐ろしく感じているのだ。ああ、まったく、どんなに、恐ろしく、哀《かな》しく、切なく思っているだろう！　俺が人間だった記憶のなくなることを。この気持ちは誰にも分からない。誰にも分からない。俺と同じ身の上になった者でなければ。ところで、そうだ。俺がすっかり人間でなくなってしまう前に、一つ頼んでおきたいことがある。

袁傪はじめ一行は、*息をのんで、叢中の声の語る不思議に聞き入っていた。声は続けて言う。

他でもない。自分は元来詩人として*名を成すつもりでいた。しかも、業いまだ成らざるに、この運命に立ち至った。かつて作るところの詩数百編、もとより、まだ世に行われておらぬ。遺稿の所在ももはや分からなくなっていよう。ところで、そのうち、今もなお[26]記誦《きしょう》せるものが数十ある。これを我がために伝録していただきたいのだ。何も、これによって一人前の詩人面をしたいのではない。作の巧拙は知らず、とにかく、*産を破り心を狂わせてまで自分が生涯それに執着したところのものを、一部なりとも後代に伝えないでは、死んでも死にきれないのだ。

26 記誦　記憶し、そらんじること。

〈所行〉〈元来〉〈遺稿〉〈伝録〉〈巧拙〉
＊息をのむ
＊名を成す
＊産を破る

袁傪は部下に命じ、筆を執って叢中の声に従って書きとらせた。李徴の声は叢の中から朗々と響いた。長短およそ三十編、格調高雅、意趣卓逸[27]、一読して作者の才の非凡を思わせるものばかりである。しかし、袁傪は感嘆しながらも漠然と次のように感じていた。なるほど、作者の素質が第一流に属するものであることは疑いない。しかし、このままでは、第一流の作品となるのには、どこか（非常に微妙な点において）欠けるところがあるのではないか、と。

旧詩を吐き終わった李徴の声は、突然調子を変え、自らを嘲るがごとくに言った。

恥ずかしいことだが、今でも、こんなあさましい身となり果てた今でも、俺は、俺の詩集が長安[28]風流人士の机の上に置かれているさまを、夢に見ることがあるのだ。岩窟の中に横たわって見る夢にだよ。嗤《わら》ってくれ。詩人になりそこなって虎になった哀れな男を。（袁傪は昔の青年李徴の自嘲癖を思い出しながら、哀しく聞いていた。）そうだ。お*笑い草ついでに、今の懐《おも》いを即席の詩に述べてみようか。この虎の中に、まだ、かつての李徴が生きているしるしに。

袁傪はまた下吏に命じてこれを書きとらせた。その詩に言う。

偶《たまたま》〻因ツテ二狂疾ニ一成ル二殊類[29]ト一
災患相仍《よ》ツテ不《ず》レ可ベカラレ逃ル

27 **意趣卓逸** 心のおもむきがずば抜けていること。

28 **長安** 唐の都。漢代から唐代にかけて栄えた。現在の陝西《せんせい》省西安市付近。

29 **殊類** 異類。人間でないもの。

今日ハ爪《さう》牙《が》誰《たれ》カ敢《あ》ヘテ敵センヤ
当時ハ[30]声跡共ニ相高カリキ
我ハ為《な》リテ二異物ト一[31]蓬《ほう》茅《ばう》ノ下《もと》ニアレドモ
君ハ已《すで》ニ乗リテレ[32]軺《えう》ニ気勢豪ナリ
此《こ》ノ夕《ゆふべ》渓山対シ二明月ニ一
不シテレ成サ二[33]長《ちやう》嘯《せう》ヲ一但《た》ダ成スノミレ[34]嘷《かう》ヲ

時に、残月、光冷ややかに、白露は地にしげく、樹間を渡る冷風はすでに暁の近きを告げていた。人々はもはや、事の奇異を忘れ、粛然として、この詩人の薄幸を嘆じた。李徴の声は再び続ける。

なぜこんな運命になったか分からぬと、先刻は言ったが、しかし、考えようによれば、思い当たることが全然ないでもない。人間であった時、俺は努めて人との交わりを避けた。人々は俺を[35]倨傲《きょごう》だ、尊大だと言った。実は、それがほとんど羞恥心に近いものであることを、人々は知らなかった。もちろん、かつての郷党の鬼才と言われた自分に、自尊心がなかったとは言わない。しかし、それは臆病な自尊心とでも言うべきものであった。俺は詩によって名を成そうと思いながら、進んで師に就いたり、求めて詩友と交わって切磋《せっさ》琢磨《たくま》に努めたりすることをしなかった。かといって、また、俺は俗物の間に*伍《ご》

30 声跡 名声と業績。
31 蓬茅 よもぎと、ちがや。雑草一般をさす。
32 軺 小さな軽い車。一、二頭の馬が引く。
33 長嘯 長く声を引いて吟じること。
34 嘷 ほえること。叫ぶこと。
35 倨傲 おごり高ぶること。

＊……に伍する
＊お笑い草
〈羞恥心〉〈鬼才〉
〈高雅〉〈白露〉〈尊大〉

することも潔しとしなかった。ともに、我が臆病な自尊心と、尊大な羞恥心とのせいである。己の珠《たま》にあらざることを惧《おそ》れるがゆえに、あえて刻苦して磨こうともせず、また、己の珠なるべきを半ば信ずるがゆえに、碌々《ろくろく》[36]として瓦[37]に伍することもできなかった。俺はしだいに世と離れ、人と遠ざかり、憤悶《ふんもん》[38]と慙恚《ざんい》[39]とによってますます己の内なる臆病な自尊心を飼いふとらせる結果になった。人間は誰でも猛獣使いであり、その猛獣に当たるのが、各人の性情だという。俺の場合、この尊大な羞恥心が猛獣だった。虎だったのだ。これが俺を損ない、妻子を苦しめ、友人を傷つけ、果ては、俺の外形をかくのごとく、内心にふさわしいものに変えてしまったのだ。今思えば、まったく、俺は、俺の持っていた僅かばかりの才能を空費してしまったわけだ。人生は何事をもなさぬにはあまりに長いが、何事かをなすにはあまりに短いなどと口先ばかりの*警句を弄しながら、事実は、才能の不足を暴露するかもしれないとの卑怯《ひきょう》な危惧と、刻苦をいとう怠惰とが俺のすべてだったのだ。俺よりもはるかに乏しい才能でありながら、それを専一に磨いたがために、堂々たる詩家となった者がいくらでもいるのだ。虎となり果てた今、俺はようやくそれに気がついた。それを思うと、俺は今も*胸を焼かれるような悔いを感じる。俺にはもはや人間としての生活はできない。たとえ、今、俺が頭の中で、どんな優れた詩を作ったにしたところで、どういう手段で発表できよう。まして、俺の頭は日ごとに虎に近づいていく。どうすればいいのだ。俺の空費された過去は？　俺はたまらなくな

36 碌々　石がごろごろしているさま。平凡で役に立たないさま。

37 瓦　値打ちの低いもののたとえ。

38 憤悶　いきどおりもだえること。

39 慙恚　恥じていきどおること。

る。そういうとき、俺は、向こうの山の頂の巌《いわお》に登り、空谷[40]に向かってほえる。この胸を焼く悲しみを誰かに訴えたいのだ。俺は昨夕も、あそこで月に向かってほえた。誰かにこの苦しみが分かってもらえないかと。しかし、獣どもは俺の声を聞いて、ただ、懼れ、ひれ伏すばかり。山も木も月も露も、一匹の虎が怒り狂って、哮《たけ》っているとしか考えない。天に躍り地に伏して嘆いても、誰一人俺の気持ちを分かってくれる者はない。ちょうど、人間だった頃、俺の傷つきやすい内心を誰も理解してくれなかったように。❸俺の毛皮のぬれたのは、夜露のためばかりではない。

ようやくあたりの暗さが薄らいできた。木の間《こま》を伝って、どこからか、暁角[41]が哀しげに響き始めた。

もはや、別れを告げねばならぬ。酔わねばならぬ時が、（虎に還らねばならぬ時が）近づいたから、と、李徴の声が言った。だが、お別れする前にもう一つ頼みがある。それは我が妻子のことだ。彼らはいまだ虢略にいる。もとより、俺の運命については知るはずがない。君が南から帰ったら、俺はすでに死んだと彼らに告げてもらえないだろうか。決して今日のことだけは明かさないでほしい。厚かましいお願いだが、彼らの孤弱を哀れんで、今後とも道塗[42]に飢凍することのないように計らっていただけるならば、自分にとって、恩幸[43]、これに過ぎたるはない。

言い終わって、叢中から慟哭《どうこく》の声が聞こえた。袁[44]もまた涙を浮かべ、よろこんで李徴

40 空谷 人けのないさびしい谷。

❸ 「俺の毛皮のぬれたのは、夜露のためばかりではない。」とはどのようなことか。

41 暁角 夜明けを知らせる角笛。

42 道塗 道。道途。

43 恩幸 いつくしみ。恩恵。

44 袁 袁傪のこと。

〈刻苦〉〈孤弱〉〈飢凍〉
＊警句を弄する
＊胸を焼く

の意*にそいたい旨を答えた。李徴の声はしかしたちまち先刻の自嘲的な調子に戻って、言った。

本当は、まず、このことのほうを先にお願いすべきだったのだ、俺が人間だったなら。飢え凍えようとする妻子のことよりも、己の乏しい詩業のほうを気にかけているような男だから、こんな獣に身を堕《お》とすのだ。

そうして、付け加えて言うことに、袁傪が嶺南からの帰途には決してこの道を通らないでほしい、その時には自分が酔っていて故人《とも》を認めずに襲いかかるかもしれないから。また、今別れてから、前方百歩の所にある、あの丘に登ったら、こちらを振り返って見てもらいたい。自分は今の姿をもう一度お目にかけよう。勇に誇ろうとしてではない。我が醜悪な姿を示して、もって、再びここを過ぎて自分に会おうとの気持ちを君に起こさせないためであると。

橋本《はしもと》雅邦《がほう》「龍虎《りゅうこ》図」部分（1895年）

袁傪は叢に向かって、ねんごろ*に別れの言葉を述べ、馬に上った。叢の中からは、また、堪え得ざるがごとき悲泣の声が漏れた。袁傪も幾度か叢を振り返りながら、涙の中に出発した。

一行が丘の上についた時、彼らは、言われたとおりに振り返って、先ほどの林間の草地を眺めた。たちまち、一匹の虎が草の茂みから道の上に躍り出たのを彼らは見た。虎は、すでに白く光を失った月を仰いで、二声三声咆哮《ほうこう》[45]したかと思うと、また、元の叢に躍り入って、再びその姿を見なかった。

45 咆哮　ほえること。

〈悲泣〉
＊意にそう
＊ねんごろ

●理解●

⑴「俺はしあわせになれるだろう」（二七・4）とはどのような心情か、説明しなさい。

⑵「尊大な自尊心と、臆病な羞恥心」となるところを、あえて「臆病な自尊心と、尊大な羞恥心」（二〇・1）としたのはなぜか、説明しなさい。

⑶李徴の語る部分で、「俺」と「自分」はどのように使い分けられているか、説明しなさい。

⑷「月」を描いた場面をまとめ、「月」がどのようなものとして描かれているか、説明しなさい。

ベル・エポック

絲山秋子《いとやまあきこ》

絲山秋子 一九六六(昭和四一)年―。小説家。東京都生まれ。二〇〇六年、「沖で待つ」で芥川《あくたがわ》賞。作品に『スモールトーク』『海の仙人』『末裔《まつえい》』などがある。この作品は二〇〇五年刊行の『ニート』に収められており、本文はその文庫版によった。

[1]大宮《おおみや》で[2]東武野田《とうぶのだ》線に乗り換えて、[3]七里《ななさと》駅で降りた。改札を出てみちかちゃんを探すと、切符売り場の横にふっくらした体を[*]所在なげに寄り添わせていたが、やがて私に気がついて照れくさそうに手をあげた。誠《まこと》さんからもらった指輪をしていた。

「ごめんね、あれ以来になっちゃって。」と言ってから、言わなければよかったかなと思ったが、みちかちゃんは気にするふうもなく左手に提げた洋菓子屋の袋をちょっと持ち上げるようにして、

「これ、あとでいっしょに食べようね。」と言った。袋にはちょっと崩した字で[4]ベル・エポックという店名がプリントされていた。

「この辺のお店?」私はあたりを見回した。

「うん、あっちのスーパーのほうなんだ。」

「がんばんなきゃ。」

「ありがとね。来てくれて。」

半年前、みちかちゃんは婚約者の誠さんを亡くした。誠さんは少年野球の監督をするほど元気な人だったのに、会社帰りに[5]代々木《よよぎ》駅のベンチに座ったまま心筋梗塞で亡くなった。挙式は六月の予定だった。三十四歳の突然の死は誰もが信じられなくて、お葬式の時、お母さんがいつまでも誠さんの名前を呼び続けるのも無理はなかった。みちかちゃんはいちばん後ろで、遠い親戚のような顔をして静かにうつむいていた。ゆったりとした喪服姿に、生まれつきの品の良さがあった。私がみちかちゃんの手をぎゅっと握ると、[1]きゅきゅっと握り返してきて、

「昨日の晩、いっぱい泣いたから大丈夫だよ。」と耳打ちした。

それから後もみちかちゃんはここで同じ部屋に住んで、保育園で働き続けていたが、三月のきりのいいところで辞めて、田舎に帰ると言うのだった。

桜が開ききってしまうような陽気だった。残酷なくらいいい天気だった。引っ越しには不便だけれど涙雨でも降ったほうがいいと思った。何でみちかちゃんが追われるように去っていかなければならないのか、東京育ちの私には都落ちのようにしか思えなかった。

私とみちかちゃんは池袋《いけぶくろ》[6]の英会話スクールで知り合った。すぐに仲良くなって、いっしょにオーストラリアにも行った。私はSE[7]をしていてみちかちゃんとは異業種だったが、そんなことは全然問題じゃなかった。女友達というのはいつだってオトコの話ばかりだ。そのうち、みちかちゃんが同僚の紹介で誠さんに出会って、誠さんの話をするようになった。私は次々当たって砕ける片思いの話ばかりした。

駅前にはくすんだ時計屋や処方せん薬局があるだけで、バスも通っていない。このあたりは風渡野《ふっとの》という大字《おおあざ》で、本当にちょっと前までは名前のとおり何もなかったらしいよ、とみちかちゃんは言った。大きなスーパーと反対のほうへ狭い道を進み三叉路《さんさろ》を右にまっすぐ行くと小さな電器屋の向かいに「プランタン風渡野」がある。私も何度か遊びにきたことがあった。けれど二階のいちばん奥のドアを開けると、もうそこはみちかちゃんの部屋とは思えなかった。

1大宮　埼玉《さいたま》県さいたま市の地名・駅名。　**2東武野田線**　大宮駅から千葉県の船橋《ふなばし》駅へ至る路線。　**3七里駅**　さいたま市見沼《みぬま》区にある駅。　**4ベル・エポック**　本来は「良い時代」の意。フランスでパリを中心に新しい文化・芸術が栄えた一九世紀末から二〇世紀初頭の時代をさす。［フランス語］Belle Époque　**5代々木駅**　東京都渋谷区にある駅。　**6池袋**　東京都豊島《としま》区の地名。　**7SE**　システム・エンジニア（［英語］systems engineer）の略。

❶「きゅきゅっと握り返」す動作から、どのような気持ちがうかがえるか。

〈梗塞〉〈親戚〉〈喪服〉〈涙雨〉〈同僚〉

＊所在ない

たくさんの段ボールが雑然と積んであって、箱の側面には、みちかちゃんの字で「本・アルバム」、「マット・スリッパ」などと書かれていた。床に掃除機や雑巾やゴミ袋が出ていて、もはや生活感はどこにもなかった。ところどころにみちかちゃんの好きなセサミストリート[8]のマペットの柄のタオルがはみ出していたり、知っている服が散らばっているだけだった。

「ごめんね、まだこんな状態なのよ。」

「二人でやったらすぐ片付くよ。引っ越し屋さん何時なの？」

「三時。」

「余裕余裕。私、食器やろうか？」

やっぱり他人に触られたくないものもあるだろうから、鍋とか食器がいちばん無難だと思った。

「これ使って。」

台所の調理台の上には不織布[9]でできた三角コーナー用のごみ取り袋の束が置いてあった。どうするの、と聞くと、食器包むのにいちばんいいんだよ、とみちかちゃんは言った。さっと入れて重ねていくだけでいいの。かさばらないし、絶対割れないよ。それに、後でまた使えるでしょ。私の考えた名案。今まで一度も失敗したことないんだよ。空いたとこだけ新聞紙かタオル詰めてね。

言われたとおりに皿やコップを包んで段ボールに入れながら、みちかちゃんが実家に帰ってこの段ボールを開けるのはいつだろう、と思った。また誰かと出会って、いっしょに暮らすときかな。久しぶりにこの箱を開けたら懐かしさと悲しさがむうっとこみあげるんじゃないだろうか。

「泣くんだよ、あいつ。」

ふいにみちかちゃんが言った。

「えっ？」

「夜だけね。夜、寝る前になると、まこっちゃんが泣いてるの。」

「つらいね。」

「つらくはないよ。ここに響くだけ。」

みちかちゃんはみぞおちのあたりを押さえた。

「きっとだんだん、いなくなるんだと思う。」

何と言ったらいいのか、わからなかった。

「誠さんてほんとに、泣いたりした？」

「すっごい泣き虫だったよ。」

「うっそ。」

誠さんが泣くところなんて、少年野球チームが優勝したときの嬉《うれ》し泣きくらいしか想像がつかない。

「それは外面。映画とかでも泣くし、本読んでも泣くし、喧嘩《けんか》してもいつもあっちが泣くの。泣く男となんか結婚したくないって言うと、一生懸命泣きやもうとするんだけど、でも泣くの。」

みちかちゃんはつぶやくように、優しく「ばかなやつ。」と言った。

*❷間が悪くなって手が止まって、それからまたお互いの仕事に取りかかる。私は服をハンガーケースにそろえて入れ、みちかちゃんは洋菓子の包みだけが入った冷蔵庫の中を固く絞った台布巾で拭いた。

「カーテンはどうする？」

「あ。こっちの段ボールに入れて。」

掃除機でざっとほこりを吸って、ベランダでばたばたやってからたたんで、みちかちゃんが新しく組み立てた段ボールに入れた。

みちかちゃんの実家は三重県の[10]桑名《くわな》市とは聞いていたけれど、あまり詳しいことは知らなかった。方言も全然出なかった。

「三重ってどんなとこなの。」

「三重ってとこはないのよ。」

みちかちゃんは壁からカレンダーを外してゴミ袋に捨てた。

「私は桑名だからいちばん名古屋に近いけど、[11]津も、上野《うえの》も、伊勢《いせ》も、尾鷲《おわせ》も、熊野《くまの》もみんな違うの。京都と大阪み

8セサミストリート　アメリカで一九六九年から放送されているテレビ教育番組。たくさんの「マペット」（［英語］muppet：操り人形）が登場する。**9不織布**　糸を用いずに化学的に作られた布。**10桑名市**　三重県北東部、伊勢《いせ》湾に面した市。**11津も、上野も、伊勢も、尾鷲も、熊野も**　いずれも三重県の市名。上野は現在の伊賀市。

❷「間が悪くなっ」たのはなぜか。

＊間が悪い
―〈雑巾〉〈余裕〉〈無難〉

たいに違うの。」

「へえ。」

「街が全部違うなんてイタリアみたいでしょ。」

みちかちゃんは笑った。イタリア？　……[12]ミラノ、ナポリ、ベネチア、ジェノバ……本当だ、全部違う個性の街だ。

「じゃあ方言もいろいろあるの？」

「三重県全体で、大きく分けて五つ、細かく分けると三十いくつ方言があるらしいよ。ラジオで言ってた。」

「桑名は名古屋弁ぽいの？」

「ぜーんぜん。[13]木曽川《きそがわ》越えたら近畿地方だもん。[14]近鉄《きんてつ》の車掌だって関西弁しゃべるし。大阪からは全然相手にされてないんだけど、三重の人間はみんな自分が関西人て思ってる。」

大まじめでみちかちゃんは言ったが私は笑ってしまう。

「桑名弁しゃべってみてよ。」

みちかちゃんは「うーん。」とうなってから、

「そんなことできやんやんかあ。」と言って、*はにかんだ。

それでも、うまく三重のことはイメージできない。昔、家族旅行で伊勢に行ったはずだけど、神社の中に川が流れていたことと、水族館しか覚えていない。

「名古屋までだったらすぐ…って感じだけど、三重っていうと遠い感じするなあ。」

「東京の人からしたらそうだよね。でも、遊びにきてね。あのね。」

あのね、と言うとき、みちかちゃんは小さな声になった。

「なによ。」

「秘密の場所教えてあげるから。」

校庭の隅っこにいる小学生みたいに二人でくすくす笑った。

「何よ、秘密って。」

「何があるってわけじゃないのよ。私ね、お水を一杯飲むためだけにそこに行くの。」

「湧き水とか？」

「そう。誰も知らないとこだよ。三重と滋賀《しが》の県境を越えたとこなの。すごい峠なんだ。」

みちかちゃんは少し目をつぶって、その場所を思いだしているようだった。

「水って、どんなとこに湧いてるの？」

「崖から水が滴ってるの。アルミのカップが鎖でつるしてあるからそれにお水をためて、ゆっくり飲むの。」

「お腹《なか》壊さない？」

「すっごい、おいしいんだよ。」

「そこだけなの？　水が湧いてるの。」

「たぶん、他にもそういう場所あるんだろうけど、私はそこしか知らないの。」

「秘密の場所かあ、いいなあ。」

　そうは言ったけれど、そんな湧き水が飲めるような田舎に暮らすみちかちゃんの姿を思い浮かべることはできなかった。

「東京にはそんな場所ないでしょ。」

「[15]五日市《いつかいち》とか[16]奥多摩《おくたま》ならわかんないけど、行ったことないし。」

「[17]ポリタン持ってきてる人もいる。あ、そうだ。」

「ん？」

「今度、お墓参りに東京に来るときあそこの水、持ってこよう。」

　それからみちかちゃんは急に目をうるませて、

「そんなの、いつだかわかんないけど。」と言った。

「いつでも大丈夫だよ。」

　誠さんはきっとおいしい水、喜ぶよ、と言ったらみちかちゃんを本格的に泣かせてしまいそうで、❸立ち上がって片付いたところだけ掃除機をかけた。

　二時五十分に引っ越し屋さんは二人で来て、鮮やか！と手をたたきたくなるほど手際よく荷物を積み出していった。段ボールはたちまち消えうせ、テレビも冷蔵庫もテーブルも椅子も手品のように梱包《こんぽう》されて運び出されていった。

〈手際〉
＊はにかむ

12ミラノ、**ナポリ**、**ベネチア**、**ジェノバ**　いずれもイタリアの都市名。**13木曽川**　長野県から伊勢湾に注ぐ川。愛知県と三重県との県境をなす。**14近鉄**　ここでは、近鉄名古屋線。**15五日市**　東京都あきる野市の地名。**16奥多摩**　東京都西多摩郡の町名、多摩川上流域一帯の総称。**17ポリタン**　ポリタンクの略。液体などを運ぶための容器。

❸「立ち上がって片付いたところだけ掃除機をかけた」のはなぜか。

みちかちゃんは「あっ。」と叫んで下にばたばた降りていって、「ベル・エポック」の包みを運び出された冷蔵庫の中から取り返してきた。

ぐずぐず荷造りしていたのが嘘《うそ》みたいだった。大きなトラックが灰褐色の煙をあげて走り出すのを二人で見守った。

「背の高いほうの人、誰かに似てなかった？」

「えーと誰だっけあの人、出てこない。」

「……江口洋介《えぐちようすけ》[18]？」

「ええー全然似てないよー。」

「じゃあ誰かなあ。」

床に雑巾をかけてしまうと部屋は、まるで今まで誰も住んだことがないみたいになった。みちかちゃんは管理人を呼んできて部屋を見てもらい、あとでカギ返しますね、と言っていた。管理人が出ていってドアの閉まる音がしてから、みちかちゃんは言った。

「この部屋、気に入ってたんだよね。風通しよくてさ。」

ほんとだ、今も少し風が通っている。みちかちゃんの匂いも、誠さんの匂いも、ゆっくりこの部屋から抜けて空に昇っていくんだろう。

「いい部屋だよね。私には広すぎるけど。」

「そだよね。典《のり》ちゃんは、猫みたいに狭いとこが好きだもんね。」

雑巾をゴミ袋に放り込んで私たちは手を洗った。


「さあ、食べよう。」

みちかちゃんは丁寧に紅茶をいれる。私がいれるといつも薄いか渋いかになってしまうのだけれど、みちかちゃんのいれるアールグレイ[19]は香りも味もいい。角砂糖を一個ずつ紅茶に入れて、何もない部屋のフローリングに向かい合ってあぐらをかいた。みちかちゃんは、洋菓子の箱を開けた。ドライアイスの小さなかけらとババロアが二つ入っていた。

「ここの店はババロアがおいしいの。珍しいでしょ。」

そう言えば誠さんは甘いものが好きだった。私が遊びにきたときにはみんなでおはぎを食べたのを思いだした。誠さんが言いだして三人でＵＮＯ《ウノ》[20]をやった。誠さんは言いだしっぺのくせに弱くて、たくさんカードを引いて本気で悔しがっていた。

いつまでも、[4]最後のひとすくいを残してしゃべった。物がなくなった部屋ではやけに声が響いた。ババロアが生ぬるくなったらおいしくないとわかっていても、私にみちかちゃんを引き止める権利はないんだと知っていても、いつまでもそうしていたかった。

「*名残惜しいね。」

「でも、行かなくちゃね。」

みちかちゃんは、茶色っぽい目で私に笑いかけた。それで、私たちは同時にスプーンをなめて、立ち上がった。

ポットに残ったお茶の葉を捨てた。カップとポットとスプーンとやかんを洗って、みちかちゃんはきちんと拭いてから一つだけ残してあった段ボールに入れた。それから、車とってくるから、と言って部屋を出た。

まだガムテープで封をしていない段ボールを何気なくのぞくとそれはカーテンの箱だった。さっきしまった食器のほかに、タオルと、新しい雑巾とトイレットペーパーが一巻き入っていた。

はっとして箱のフタを閉じた。

みちかちゃんは実家には帰らない。

車の音がして、みちかちゃんが上がってきたので私は何も言わずに新しい暮らしの最初の段ボール箱を持って部屋を出た。みちかちゃんはゴミ袋を持って玄関から部屋を振り返った。みちかちゃんが管理人にカギを返しにいっている間に、私はマンションの前に止まっているワゴン車の大きな荷室に段ボールを積んだ。それはいかにも頼りなげな裏切りだった。エンジンはかけっぱなしで、カーステレオからは、昔はやった[21]ブランキー・ジェット・シティの「小さな恋のメロディ」が流れていた。こんな*やるせない曲を

＊名残惜しい
＊やるせない

18江口洋介　一九六七年ー。俳優。　**19アールグレイ**　柑橘《かんきつ》系の香りをつけた紅茶の一種。　**20ＵＮＯ《ウノ》**　カードゲームの一種。手札が最後の一枚になるとき「ウノ」（スペイン語で「1」の意）と宣言する。　**21ブランキー・ジェット・シティ**　一九九〇年から二〇〇〇年まで活動したロックバンド。「小さな恋のメロディ」は一九九八年に発表。

❹「最後のひとすくいを残してしゃべった」のはなぜか。

聴きながら、みちかちゃんは私の知らないどこかへ行こうとしている。

みちかちゃんが戻ってきて、

「ほんとにありがと。」と言った。

「後ろ、閉めちゃうよ。」

「うん。」

「これ、なんて車？」

「フォードのトーラスワゴン[22]、あいつの趣味だったの。私はもっと小さい車が良かったんだけど。」

「みちかちゃんって運転、得意なの？」

「田舎者だもの、あっちは車社会だよ。私、あいつよりうまかったかも。」

そう言ってみちかちゃんは笑いながら車に乗った。そしてすぐに窓を下げて言った。

「典ちゃん、連絡するからね、絶対遊びにきてね。」

「うん。おいしい水、いっしょに飲もうね。」

手を振って、青いワゴン車が遠ざかるのを見送りながら、きっとみちかちゃんは携帯の番号さえも変えてしまうのだろうと思った。

22フォードのトーラスワゴン　「フォード」はアメリカの自動車メーカー。「トーラスワゴン」は、一九八八年から九九年にかけて日本で輸入・販売されていた車種で、先進的なデザインと充実した装備が評価された。

●理解●

(1)「私」とみちかとの間に起きた出来事を、時系列に沿って整理しなさい。

(2)「何と言ったらいいのか、わからなかった。」（二六・下18）という「私」の気持ちはどのようなものか、考えなさい。

(3)「はっとして箱のフタを閉じた。」（三一・下4）とあるが、「私」は何に気付いたのか、説明しなさい。

(4)「頼りなげな裏切り」（三一・下11）とはどのようなことか、考えなさい。

奉教人の死

芥川龍之介《あくたがわりゅうのすけ》

たとひ三百歳の齢《よはひ》を保ち、楽しみ身に余ると言ふとも、未来永々の果てしなき楽しみに比ぶれば、夢幻《ゆめまぼろし》のごとし。

——(慶長訳 Guia do pecador《ギヤドペカドル》[1])——

善の道に立ち入りたらん人は、御教へにこもる不可思議の甘味《かんみ》を覚ゆべし。

——(慶長訳 Imitatione Christi《イミタシオネクリスティ》[2])——

一

去《さ》んぬる頃、日本長崎の「さんた・るちや」[3]と申す「えけれしや」[4](寺院)に、「ろおれんぞ」と申すこの国の少年がござった。これはある年御降誕の祭り[5]の夜、その「えけれしや」の戸口に、飢え疲れてうち伏しておったを、参詣の奉教人衆[6]が介抱し、それより伴天連《ばてれん》[7]の憐《あわ》れみにて、寺中に養われることとなったげ[8]でござるが、なぜかその身の素性を問えば、故郷《ふるさと》は「はらいそ」[9](天国)父の名は「でうす」[10](天主)などと、いつもこ

芥川龍之介 一八九二(明治二五)—一九二七(昭和二)年。小説家。東京都生まれ。一九一六年、『鼻』が夏目漱石《そうせき》により激賞され、作家の地位を確立した。作品に『芋粥《いもがゆ》』『地獄変』などがある。この作品は一九一八年に発表されたもので、本文は「芥川龍之介全集」第二巻によった。

1 Guia do Pecador 邦名は「罪人の導き」。キリシタン版(日本イエズス会刊行)の一つ。スペイン語からの抄訳で、一五九九(慶長四)年に長崎で刊行。信仰修養の書として、広く読まれた。

ともなげな笑みに[11]紛らいて、とんとまことは明かしたこともござない。なれど親の代から[12]「ぜんちよ」（異教徒）の輩《ともがら》であらなんだことだけは、手くびにかけた青玉の[13]「こんたつ」（念珠）を見ても、知れたと申す。されば伴天連はじめ、多くの[14]「いるまん」衆（法兄弟）も、よも怪しいものではござるまいとおぼされて、ねんごろに[15]扶持《ふじ》しておかれたが、その信心の堅固なは、幼いにも似ず[16]「すぺりおれす」（長老衆）が舌を捲《ま》くばかりであったれば、一同も「ろおれんぞ」は[17]天童の生まれがわりで[18]あろうずなど申し、いずくの生まれ、たれの子とも知れぬものを、[19]無下にめでいつくしんでおったげでござる。

してまたこの「ろおれんぞ」は顔かたちが玉のように清らかであったに、声ざまも女のように優しかったれば、ひとしお人々のあわれみを惹《ひ》いたのでござろう。中でもこの国の「いるまん」に「しめおん」と申したは、「ろおれんぞ」を弟のようにもてなし、「えけれしや」の出入りにも、必ず仲よう手を組み合わせておった。この「しめおん」は、元さる大名に仕えた、槍《やり》一すじの家がらなものじゃ。されば身のたけも抜群なに、性得の剛力であったによって、伴天連が「ぜんちよ」ばらの石瓦にうたるるを、防いで進ぜたことも、一度二度の[20]沙汰ではござない。それが「ろおれんぞ」と睦《むつ》まじゅうするさまは、とんと鳩《はと》になずむ荒鷲《あらわし》のようであったとも申そうか。あるいは[21]「ればのん」山の檜《ひのき》に、[22]葡萄《えび》かずらがまといついて、花咲いたようであったとも申そうず。

---

2 Imitatione Christi 邦名は「キリストに倣《なら》いて」。キリスト教修徳文学の古典の一つ。一四〇〇年代前半の成立。慶長年間に日本で抄訳された。

3 さんた・るちや ［イタリア語］Santa Lucia 聖ルチア。聖人名。

4 えけれしや ［ラテン語］ecelesia

5 御降誕の祭り キリスト降誕祭。クリスマス。

6 奉教人 キリシタン。キリスト教信徒。

7 伴天連 ［ポルトガル語］padre キリスト教宣教師・神父の呼称。

8 なったげでござるが なったそうでありますが。

9 はらいそ ［ポルトガル語］paraíso

10 でうす ［ポルトガル語］Deus キリスト教で創造主、神。

さるほどに三年《みとせ》あまりの年月は、流るるようにすぎたによって、「ろおれんぞ」はやがて元服もすべき時節となった。したが[23]その頃怪しげな噂《うわさ》が伝わったと申すは、「さんた・るちや」から遠からぬ町方[24]の傘張りの娘が、「ろおれんぞ」と親しゅうするということじゃ。この傘張りの翁《おきな》も天主の御教えを奉ずる人ゆえ、娘ともども「えけれしや」へはまいる習わしであったに、御祈りの暇《いとま》にも、娘は香炉をさげた「ろおれんぞ」の姿から、目を離したと申すことがござない。まして「えけれしや」への出入りには、必ず髪かたちを美しゅうして、「ろおれんぞ」のいるほうへ目づかいをするが定《じょう》であった。さればおのずと奉教人衆の人目にも止まり、娘が行きずりに「ろおれんぞ」の足を踏んだと言い出すものもあれば、二人が艶書[25]をとりかわすをしかと見とどけたと申すものも出てきたげでござる。

よって伴天連にも、すて置かれず思《おぼ》されたのでござろう。ある日「ろおれんぞ」を召されて、白ひげを噛《か》みながら、「その方、傘張りの娘ととかくの噂ある由を聞いたが、よもやまことではあるまい。どうじゃ。」ともの優しゅう尋ねられた。したが「ろおれんぞ」は、ただ憂わしげに頭《こうべ》を振って、「そのようなことは一向に存じようはずもござらぬ。」と、涙声に繰り返すばかりゆえ、伴天連もさすがに*我を折られて、年配といい、日頃の信心といい、こうまで申すものに偽りはあるまいと思されたげでござる。

さて一応伴天連の疑いは晴れてじゃが、「さんた・るちや」へ参る人々の間では、容

11 紛らいて　紛らわせて。
12 ぜんちよ　［ポルトガル語］gentio
13 こんたつ　［ポルトガル語］contas　キリスト教信徒の用いる数珠。
14 いるまん　［ポルトガル語］irumão
15 扶持　助けること。
16 すぺりおれす　［ポルトガル語］superiores
17 天童　子供の姿の天使。
18 あろうず　あるのだろう。
19 無下に　むやみに。
20 沙汰　処置。行い。
21 「ればのん」山　『旧約聖書』に見え、種々の樹木が生育し、果物を産した。
22 葡萄かずら　ぶどう。
23 したが　だが。
24 町方　町人。
25 艶書　恋文。

＊我を折る
〈剛力〉〈石瓦〉〈沙汰〉

易に、[26]とこうの沙汰が絶えそうもござない。されば兄弟同様にしておった「しめおん」の気がかりは、また人一倍じゃ。始めはかような淫らなことを、もののしゅう詮議立てするが、己にも恥ずかしゅうて、[27]うちつけに尋ねようはもとより、「ろおれんぞ」の顔さえ[28]まさかとは見られぬほどであったが、ある時「さんた・るちや」の後ろの庭で、「ろおれんぞ」へ宛てた娘の艶書を拾うたによって、人気ない部屋にいたを幸い、「ろおれんぞ」の前にその文をつきつけて、嚇《おど》しつ賺《すか》しつ、さまざまに問いただいた。なれど「ろおれんぞ」はただ、美しい顔を赤らめて、「娘は私に心を[29]寄せましたげでござれど、私は文をもろうたばかり、とんと口を利いたこともござらぬ。」と申す。なれど世間のそしりもあることでござれば、「しめおん」はなおも押して問い詰《なじ》ったに、「ろおれんぞ」はわびしげな目で、じっと相手を見つめたと思えば、「私はお主にさえ、嘘《うそ》をつきそうな人間に[30]見えるそうな。」ととがめるように言い放って、とんと燕《つばくら》かなんぞのように、そのままつと部屋を出《た》っていってしもうた。こう言われてみれば、「しめおん」も己の疑い深かったのが恥ずかしゅうもなったによって、すごすごその場を去ろうとしたに、いきなり駆けこんできたは、少年の「ろおれんぞ」じゃ。それが飛びつくように「しめおん」の頭を抱くと、あえぐように「私が悪かった。許してくだされい。」と、ささやいて、こなたが一言も答えぬ間に、涙に濡《ぬ》れた顔を隠そうためか、相手をつきのけるように身を開いて、一散にまた元来たほうへ、走って往《い》んでしもうたと申す。されば

26 **とこうの沙汰**　とかくのうわさ。
27 **うちつけに**　無遠慮に。
28 **まさかとは**　面と向かっては。
29 **寄せましたげでござれど**　寄せたそうですが。
30 **見えるそうな**　見えるらしい。

その「私が悪かった。」とささやいたのも、娘と密通したのが悪かったと言うのやら、あるいは「しめおん」につれのうしたのが悪かったと言うのやら、[31]一円合点の致そうようがなかったとのことでござる。

するとその後間ものう起こったのは、その傘張りの娘がみごもったという騒ぎじゃ。しかも腹の子の父親は、「さんた・るちや」の「ろおれんぞ」じゃと、まさしゅう父の前で[32]申したげでござる。されば傘張りの翁は火のように怒って、即刻伴天連のもとへ委細を訴えにまいった。こうなる上は「ろおれんぞ」も、[33]かつふつ言い訳の致しようがござない。その日のうちに伴天連を始め、「いるまん」衆一同の談合によって、[34]破門を申し渡されることになった。もとより破門の沙汰がある上は、伴天連の手もとを追い払われることでござれば、*糊口《ここう》のよすがに困るのも目前じゃ。したがかような罪人を、このまま「さんた・るちや」に止《とど》めておいては、[35]御主《おんあるじ》の「[36]ぐろおりや」（栄光）にも関わることゆえ、日頃親しゅう致いた人々も、涙をのんで「ろおれんぞ」を追い払ったと申すことでござる。

その中でも哀れをとどめたは、兄弟のようにしておった「しめおん」の身の上じゃ。これは「ろおれんぞ」が追い出されるという悲しさよりも、「ろおれんぞ」に欺かれたという腹立たしさが一倍ゆえ、あのいたいけな少年が、折からの凩《こがらし》が吹く中へ、しおしおと戸口を出かかったに、傍らから拳をふるうて、したたかその美しい顔を打った。

31 **一円合点の**　いっこうに納得の。

32 **申したげでござる**　申したそうです。

33 **かつふつ**　まったく。下に打ち消しの語を伴う。

34 **破門**　信徒を宗門から除名すること。

35 **御主**　イエス・キリスト。

36 **ぐろおりや**　［ポルトガル語］gloria

〈詮議〉〈一散〉〈合点〉
〈委細〉
*糊口のよすが

「ろおれんぞ」は剛力に打たれたによって、思わずそこへ倒れたが、やがて起きあがると、涙ぐんだ目で、空を仰ぎながら、「[1]御主も許させたまえ。『しめおん』は、おのが仕業もわきまえぬものでござる。」と、わななく声で祈ったと申すことじゃ。「しめおん」もこれには気がくじけたのでござろう。しばらくはただ戸口に立って、拳を空にふるうておったが、そのほかの「いるまん」衆も、いろいろととりないたれば、それを機会《しお》に手を束《つか》ねて、嵐も[37]吹き出《い》でようず空のごとく、すさまじく顔を曇らせながら、すごすご「さんた・るちや」の門《かど》を出る「ろおれんぞ」の後ろ姿を、貪るようにきっと見送っておった。その時居合わせた奉教人衆の話を伝え聞けば、[38]時しも凩にゆらぐ日輪が、うなだれて歩む「ろおれんぞ」の頭のかなた、長崎の西の空に[39]沈もうず景色であったによって、あの少年のやさしい姿は、とんと一天の火炎の中に、立ちきわまったように見えたと申す。

その後の「ろおれんぞ」は、「さんた・るちや」の内陣に香炉をかざした昔とは打って変わって、町はずれの[40]非人小屋に起き伏しする、世にも哀れな乞食《こつじき》であった。ましてその前身は、「ぜんちょ」の輩には[41]えとりのようにさげしまるる、天主の御教えを奉ずるものじゃ。されば町を行けば、心ない童に嘲らるるはもとより、[42]刀杖瓦石《とうじょうがせき》の難に遭うたことも、度々《どど》ござるげに聞き及んだ。いや、かつては、長崎の町にはびこった、恐ろしい熱病にとりつかれて、七日七夜の間、道ばたに伏しまろんでは、苦しみもだえたと

1 「御主も許させたまえ」を現代語に直しなさい。

37 **吹き出でようず**　吹き出すであろう。

38 **時しも**　まさにそのとき。

39 **沈もうず**　沈もうとする。

40 **非人小屋**　非人の住む小屋。「非人」は、近世封建社会で士農工商の下に置かれ、厳しい差別を受けた階層。

41 **えとり**　牛馬を殺して皮や肉を商う人。餌取《えとり》。かつて差別を受けていた。

も申すことでござる。したが、「でうす」無量無辺[43]の御愛憐《ごあいれん》は、そのつど「ろおれんぞ」が一命を救わせたもうたのみか、施物《せもつ》の米銭のない折々には、山の木の実、海の魚介など、その日の糧を恵ませたもうのが常であった。よって「ろおれんぞ」も、朝夕の祈りは「さんた・るちや」にあった昔を忘れず、手くびにかけた「こんたつ」も、青玉の色を変えなかったと申すことじゃ。何のそれのみか、夜ごとに更闌《こうた》けて人音も静まる頃となれば、この少年はひそかに町はずれの非人小屋を脱け出だいて、月を踏んで住み慣れた「さんた・るちや」へ、御主「ぜす・きりしと」[44]の御加護を祈りまいらせに詣でておった。

なれど同じ「えけれしや」に詣ずる奉教人衆も、その頃はとんと、「ろおれんぞ」を疎んじはてて、伴天連はじめ、誰一人憐れみをかくるものもござらなんだ。ことわりかな、破門の折から所行無慚《むざん》[45]の少年と思いこんでおったによって、何として夜ごとに、独り「えけれしや」へ参るほどの、信心ものじゃとは知らりょうぞ。これも「でうす」千万無量の御計らいの一つゆえ、よしない儀[46]とは申しながら、「ろおれんぞ」が身にとっては、いみじくもまた哀れなことでござった。

さるほどに、こなたはあの傘張りの娘じゃ。「ろおれんぞ」が破門されると間もなく、月も満たず女の子を産み落といたが、さすがにかたくなしい父の翁も、初孫《ういまご》の顔は憎からず思うたのでござろう、娘ともども大切に介抱して、自ら抱きもし、かかえもし、時

42 刀杖瓦石の難　刀剣や石で追い払われること。

43 無量無辺　かぎりない。

44 ぜす・きりしと　［ポルトガル語］Jesu Cristo イエス・キリスト。

45 所行無慚　行いについて罪を恥じることがない。

46 よしない儀　しかたのないこと。

一〈日輪〉〈施物〉〈介抱〉

にはもてあそびの人形などもとらせたと申すことでござる。翁はもとより[47]さもあろうずなれど、ここに稀有《けう》なは「いるまん」の「しめおん」じゃ。あの[48]「じゃぼ」（悪魔）をも挫《ひし》ごうず大男が、娘に子が産まれるや否や、暇あるごとに傘張りの翁を訪れて、無骨な腕《かいな》に幼子を抱き上げては、にがにがしげな顔に涙を浮べて、弟と愛《いつく》しんだ、[49]あえかな「ろおれんぞ」の優姿《やさすがた》を、思い慕っておったと申す。ただ、娘のみは、「さんた・るちや」を出でてこの方、絶えて「ろおれんぞ」が姿を見せぬのを、うらめしゅう嘆きわびた気色であったれば、「しめおん」の訪れるのさえ、何かと快からず思うげに見えた。

この国の諺《ことわざ》にも、[50]光陰に関守なしと申す通り、とこうするほどに、一年《ひととせ》あまりの年月は、瞬くひまに過ぎたと思し召されい。ここに思いもよらぬ大変が起ったと申すは、一夜のうちに長崎の町の半ばを焼き払った、あの大火事のあったことじゃ。まことにその折の景色のすさまじさは、[51]末期の御裁判《おんさばき》の喇叭《らっぱ》の音《ね》が、一天の火の光をつんざいて、鳴り渡ったかと思われるばかり、世にも身の毛のよだつものでござった。その時、あの傘張りの翁の家は、運悪う風下にあったによって、見る見る炎に包まれたが、さて親子眷族《けんぞく》、慌てふためいて、逃げ出だいてみれば、娘が産んだ女の子の姿が見えぬという始末じゃ。[52]一定《いちじょう》、一間《ひとま》どころに寝かいておいたを、忘れてここまで逃げのびたのであろうず。されば翁は足ずりをして罵りわめく。娘もまた、人に遮られずば、火の中へも馳《は》せ入って、助け出だそう気色に見えた。なれど風はますます加わって、炎の舌は天上の星

47 さもあろうずなれど　そうであろうが。

48 じゃぼ　［ポルトガル語］diabo

49 あえかな　かよわいさま。

50 光陰に関守なし　月日の過ぎゆくのをとめる番人はいない。

51 末期の御裁判　キリスト教でいう最後の審判のこと。この世の終わりに神が全人類を裁くとされる。

52 一定　きっと。

をも焦そうず吼《たけ》りようじゃ。それゆえ火を救いに集まった町方の人々も、ただ、あれよあれよと立ち騒いで、狂気のような娘をとり鎮めるよりほかに、[53]せん方もまたあるまじい。ところへひとり、多くの人を押しわけて、駆けつけてまいったは、あの「いるまん」の「しめおん」でござる。これは矢玉の下もくぐったげな、たくましい大丈夫でござれば、ありようを見るより早く、勇んで炎の中へ向こうたが、あまりの火勢に辟易《へきえき》致いたのでござろう。二、三度煙をくぐったと見る間に、背《そびら》をめぐらして、一散に逃げ出だいた。して翁と娘とがたたずんだ前へ来て、「これも『でうす』万事に[54]かなわせたもう御計らいの一つじゃ。詮ないこととあきらめられい。」と申す。その時翁の傍らから、誰とも知らず、高らかに「御主、助けたまえ。」と叫ぶものがござった。声ざまに聞き覚えもござれば、「しめおん」が頭をめぐらして、その声の主をきっと見れば、いかなこと、これはまがいもない「ろおれんぞ」じゃ。清らかに痩せ細った顔は、火の光に赤《あこ》うかがやいて、風に乱れる黒髪も、肩に余るげに思われたが、哀れにも美しい眉目《みめ》のかたちは、一目見てそれと知られた。その「ろおれんぞ」が、乞食の姿のまま、群がる人々の前に立って、目もはなたず燃えさかる家を眺めておる。と思うたのは、まことに*瞬く間もないほどじゃ。ひとしきり炎をあおって、恐ろしい風が吹き渡ったと見れば、「ろおれんぞ」の姿はまっしぐらに、早くも火の柱、火の壁、火の梁《うつばり》の中にはいっておった。「しめおん」は思わず遍身に汗を流いて、空高く「[55]くるす」(十字)を描きながら、

53 せん方もまたあるまじい　やりようもまた、ないようだ。

54 かなわせたもう　当てはめられた。

55 くるす　[ポルトガル語] cruz　十字。十字架。

＊瞬く間
〈遍身〉
〈無骨〉〈光陰〉〈末期〉

己も「御主、助けたまえ。」と叫んだが、なぜかその時[2]心の目には、凩に揺るる日輪の光を浴びて、「さんた・るちや」の門に立ちきわまった、美しく悲しげな、「ろおれんぞ」の姿が浮かんだと申す。

なれどあたりにおった奉教人衆は、「ろおれんぞ」が健気《けなげ》な振る舞いに驚きながらも[56]破戒の昔を忘れかねたのでもござろう。たちまちとかくの批判は風に乗って、人どよめきの上を渡ってまいった。と申すは、「さすが親子の情あいは争われぬものと見えた。おのが身の罪を恥じて、このあたりへは影も見せなんだ『ろおれんぞ』が、今こそ一人《ひとり》子《ご》の命を救おうとて、火の中へはいったぞよ。」と、誰ともなく罵りかわしたのでござる。これには翁さえ同心と覚えて、「ろおれんぞ」の姿を眺めてからは、怪しい心の騒ぎを隠そうずためか、立ちつ居つ身をもだえて、何やら愚かしいことのみを、声高にひとりわめいておった。なれど当の娘ばかりは、狂おしく大地にひざまずいて、両の手で顔をうずめながら、一心不乱に祈誓を凝らいて、身動きをする気色さえもござない。その空には火の粉が雨のように降りかかる。煙も地をはらって、面《おもて》を打った。したが、娘は黙然と頭を垂れて、身も世も忘れた祈り三昧でござる。

とこうするほどに、再び火の前に群がった人々が、一度にどっとどよめくかと見れば、髪をふり乱いた「ろおれんぞ」が、もろ手に幼子をかい抱いて、乱れとぶ炎の中から、天くだるように姿を現《あらわ》いた。なれどその時、燃え尽きた梁の一つが、にわかに半ばから

2 「しめおん」の「心の目」に浮かんだという「ろおれんぞ」の姿は、以前、どのように叙述されていたか。

56 破戒 戒律を破ること。

折れたのでござろう。すさまじい音とともに、ひとなだれの煙炎が半空《なかぞら》にほとばしったと思う間もなく、「ろおれんぞ」の姿ははたと見えずなって、跡にはただ火の柱が、珊瑚《さんご》のごとくそば立ったばかりでござる。

あまりの凶事に心も消えて、「しめおん」をはじめ翁まで、居合わせたほどの奉教人衆は、皆目のくらむ思いがござった。中にも娘はけたたましゅう泣き叫んで、一度は脛《はぎ》もあらわに躍り立ったが、やがて雷《いかずち》に打たれた人のように、そのまま大地にひれふしたと申す。さもあらばあれ、ひれふした娘の手には、いつかあの幼い女の子が、生死不定《しょうじふじょう》の姿ながら、ひしと抱かれておったをいかにしようぞ。ああ、広大無辺なる「でうす」の御知恵、御力は、何とたたえたてまつる言葉だにござない。燃え崩れる梁に打たれながら、「ろおれんぞ」が必死の力をしぼって、こなたへ投げた幼子は、折よく娘の足もとへ、怪我《けが》もなくまろび落ちたのでござる。

されば娘が大地にひれ伏して、嬉《うれ》し涙にむせんだ声とともに、もろ手をさしあげて立った翁の口からは、「でうす」の御慈悲をほめたてまつる声が、自《おのず》からおごそかにあふれてまいった。いや、まさにあふれようずけはいであったとも申そうか。それより先に「しめおん」は、さかまく火の嵐の中へ、「ろおれんぞ」を救おうず一念から、真一文字《まいちもんじ》に躍りこんだによって、翁の声は再び気づかわしげな、いたましい祈りの言葉となって、夜空に高くあがったのでござる。これはもとより翁のみではござない。親子を囲んだ奉

―〈声高〉〈三昧〉〈凶事〉

教人衆は、皆一同に声をそろえて、「御主、助けたまえ。」と、泣く泣く祈りを捧《ささ》げたのじゃ。して「びるぜん・まりや」[57]の御子、なべての人の苦しみと悲しみとをおのがもののごとくに見そなわす、われらが御主「ぜす・きりしと」は、ついにこの祈りを聞き入れたもうた。見られい。むごたらしゅう焼けただれた「ろおれんぞ」は、「しめおん」が腕に抱かれて、早くも火と煙とのただ中から、救い出されてまいったではないか。

なれどその夜の大変は、これのみではござなんだ。息も絶え絶えな「ろおれんぞ」が、とりあえず奉教人衆の手に舁《か》かれて、風上にあったあの「えけれしや」の門へ横たえられた時のことじゃ。それまで幼子を胸に抱きしめて、涙にくれていた傘張りの娘は、折から門へ出でられた伴天連の足もとに跪くと、並みいる人々の目前で、「この女子《おなご》は『ろおれんぞ』様の種ではおじゃらぬ。まことは妾《わらわ》が家隣の『ぜんちよ』の子と密通して、もうけた娘でおじゃるわいの。」と、思いもよらぬ「こひさん」[58]（懺悔《ざんげ》）をつかまつった。その思いつめた声《こわ》ざまの震えと申し、その泣きぬれた*双の眼のかがやきと申し、この「こひさん」には、*露ばかりの偽りさえ、あろうとは思われ申さぬ。道理《ことわり》かな、肩を並べた奉教人衆は、天を焦がす猛火も忘れて、息さえつかぬように声をのんだ。

娘が涙をおさめて申し次いだは、「妾は日ごろ『ろおれんぞ』様を恋い慕うておったなれど、御信心の堅固さからあまりにつれなくもてなされるゆえ、ついうらむ心も出て、腹の子を『ろおれんぞ』様の種と申し偽り、妾につらかった[59]口惜しさを思い知らそうと

57 びるぜん・まりや Virgem Maria［ポルトガル語］処女マリア。イエスの母。

58 こひさん［ポルトガル語］confissão　告白。懺悔。

59 つらかった　つめたかっ

致いたのでおじゃる。なれど『ろおれんぞ』様の御心《みこころ》の気高さは、妾が大罪をも憎ませたまわいで、今宵《こよい》は御身の危うさをもうち忘れ、[60]『いんへるの』（地獄）にもまがう火炎の中から、妾娘《わらわむすめ》の一命をかたじけなくも救わせたもうた。その御憐れみ、御計らい、まことに御主『ぜす・きりしと』の再来かともおがまれ申す。さるにても妾が重々の極悪を思えば、この五体はたちまち『じゃぼ』の爪にかかって、寸々に裂かれようとも、[61]なかなかうらむところはおじゃるまい。」娘は「こひさん」を致いも果てず、大地に身を投げて泣き伏した。

二重三重《ふたえみえ》に群がった奉教人衆の間から、[62]「まるちり」（殉教）[3]じゃ、「まるちり」じゃと言う声が、波のように起こったのは、ちょうどこの時のことでござる。殊勝にも「ろおれんぞ」は、罪人を憐れむ心から、御主「ぜす・きりしと」の御行跡を踏んで、乞食にまで身を落といた。して父と仰ぐ伴天連も、兄とたのむ「しめおん」も、皆その心を知らなんだ。これが「まるちり」でのうて、何でござろう。

したが、当の「ろおれんぞ」は、娘の「こひさん」を聞きながらも、わずかに二、三度うなずいてみせたばかり、髪は焼け肌は焦げて、手も足も動かぬ上に、口をきこう気色さえも、今は全く尽きたげでござる。娘の「こひさん」に胸を破った翁と「しめおん」とは、その[63]枕がみにうずくまって、何かと介抱を致いておったが、「ろおれんぞ」の息は、刻々に短うなって、最期ももはや遠くはあるまじい。ただ、日頃と変わらぬの

た。

60 いんへるの　［ポルトガル語］inferno

61 なかなかうらむところはおじゃるまい　決してうらむことはございますまい。

62 まるちり　［ポルトガル語］martírio「殉教」は、信仰のために生命を捨てること。

3 ここでいう「殉教」とは、具体的にどのようなことか。

63 枕がみ　枕もと。

〈猛火〉〈殉教〉〈殊勝〉
＊双の眼
＊露ばかり

は、はるかに天上を仰いでいる、星のような瞳の色ばかりじゃ。

やがて娘の「こひさん」に耳をすまされた伴天連は、吹きすさぶ夜風に白ひげをなびかせながら、「さんた・るちや」の門を後ろにして、おごそかに申されたは、「悔い改むるものは、幸いじゃ。何[64]しにその幸いなものを、人間の手に罰しようぞ。これよりますます、『でうす』の御戒めを身にしめて、心静かに末期の御裁判《おんさばき》の日を待ったがよい。また『ろおれんぞ』がわが身の行儀を、御主『ぜす・きりしと』とひとしく奉ろうず志はこの国の奉教人衆の中にあっても、類稀《たぐいまれ》なる徳行でござる。別[65]して少年の身とはいい――」ああ、これはまた何としたことでござろうぞ。ここまで申された伴天連は、にわかにはたと口をつぐんで、あたかも「はらいそ」の光を望んだように、じっと足もとの「ろおれんぞ」の姿を見守られた。その恭しげな様子は、どうじゃ。その両の手のふるえざまも、尋常《よのつね》のことではござるまい。おう、伴天連のから[66]びた頬の上には、とめどなく涙があふれ流れるぞよ。見られい。「しめおん」。見られい。傘張りの翁。御主「ぜす・きりしと」の御血潮よりも赤い、火の光を一身に浴びて、声もなく「さんた・るちや」の門に横たわった、いみじくも美しい少年の胸には、焦げ破れた衣のひまから、清らかな二つの乳房が、玉のように現れておるではないか。今は焼けただれた面輪《おもわ》にも、自らなやさしさは、隠れようすべもあるまじい。おう、「ろおれんぞ」は女じゃ。「ろおれんぞ」は女じゃ。見られい。猛火を後ろにして、垣のようにたたずんでいる奉教人衆。

64 何しに　どうして。なぜ。

65 別して　とりわけ。

66 からびた　水気のなくなった。干からびた。

邪淫の戒めを破ったによって「さんた・るちや」を追われた「ろおれんぞ」は、傘張りの娘と同じ、眼《まな》ざしのあでやかなこの国の女じゃ。

まことにその刹那の尊い恐ろしさは、あだかも「でうす」の御声が、星の光も見えぬ遠い空から、伝わってくるようであったと申す。されば「さんた・るちや」の前に居並んだ奉教人衆は、風に吹かれる穂麦のように、誰からともなく頭を垂れて、ことごとく「ろおれんぞ」のまわりにひざまずいた。その中で聞こえるものは、ただ、空をどよもして燃えしきる、万丈の炎の響きばかりでござる。いや、誰やらのすすり泣く声も聞こえたが、それは傘張りの娘でござろうか。あるいはまた自ら兄とも思うた、あの「いるまん」の「しめおん」でござろうか。やがてその寂寞《じゃくまく》たるあたりをふるわせて、「ろおれんぞ」の上に高く手をかざしながら、伴天連の[67]御経《おんきょう》を誦《ず》せられる声が、おごそかに悲しく耳にはいった。して御経の声がやんだ時、「ろおれんぞ」と呼ばれた、この国のうら若い女は、まだ暗い夜のあなたに、「はらいそ」の「ぐろおりや」を仰ぎ見て、安らかなほほ笑みを唇にとどめたまま、静かに息が絶えたのでござる。

その女の一生は、このほかに何一つ、知られなんだげに聞き及んだ。なれどそれが、何事でござろうぞ。なべて人の世の尊さは、何ものにも換え難い、刹那の感動に極まるものじゃ。闇夜の海にもたとえようず煩悩心の空に一波[68]をあげて、いまだ出ぬ月の光を、水沫《みなわ》の中へ捕らえてこそ、生きて甲斐《かい》ある命とも申そうず。されば「ろおれんぞ」が最

67 御経　『聖書』のこと。

68 一波をあげて　波紋を起こして。
—〈血潮〉〈邪淫〉〈煩悩〉

期を知るものは「ろおれんぞ」の一生を知るものではござるまいか。

二

予が所蔵に係る、長崎耶蘇会《やそかい》[69]出版の一書、題して「れげんだ・おうれあ」と言う。けだし[70]、LEGENDA AUREA[71]の意なり。されど内容は必ずしも、西欧のいわゆる「黄金伝説」ならず。かの土《ど》の使徒[72]聖人が言行を録するとともに、併せて本邦西教徒[73]が勇猛精進の事跡をも採録し、もって福音伝道の一助たらしめんとせしもののごとし。

体裁は上下二巻美濃紙《みのがみ》[74]摺《ず》り草体[75]交じり平仮名文にして、印刷甚だしく鮮明を欠き、活字なりや否やを明らかにせず。上巻の扉[76]には、羅甸《ラテン》字にて書名を横書きし、その下に漢字にて「御出世以来千五百九十六年、慶長二年[77]三月上旬鏤刻也《るこくなり》[78]。」の二行を縦書きす。年代の左右には喇叭《らっぱ》を吹ける天使の画像あり。技巧すこぶる幼稚なれども、また掬《きく》[79]すべき趣致なしとせず。下巻も扉に「五月中旬鏤刻也。」の句あるを除いては、全く上巻と異同なし。

両巻とも紙数は約六十頁《ページ》にして、載するところの黄金伝説は、上巻八章、下巻十章を数う。その他各巻の巻首に著者不明の序文および羅甸字を加えたる目次あり。序文は文章雅馴《がじゅん》ならずして、まま欧文を直訳せるごとき語法を交え、一見その伴天連たる西人の

69 **耶蘇会** イエズス会。カトリック教会の修道会。イグナティウス・デ・ロヨラによって一五三四年に結成された。

70 **けだし** 思うに。

71 **LEGENDA AUREA** 黄金の聖人伝。一三世紀、ジェノバの大司教ヤコブス・デ・ウォラギネによる同名の書がある。[ラテン語]

72 **使徒** キリストの福音(救済の教え)を伝えた弟子たち。十二使徒。

73 **西教徒** キリスト教徒。

74 **美濃紙** 和紙の一種。丈夫で厚く、岐阜《ぎふ》県美濃市で多く作られている。

75 **草体** 草書体。

76 **扉** 書物の巻頭にあって、書名などが印刷されているページ。

77 **慶長二年** 一五九七年。

手になりしやを疑わしむ。

以上採録したる「奉教人の死」は、該「れげんだ・おうれあ」下巻第二章によるものにして、おそらくは当時長崎の一西教寺院に起こりし、事実の忠実なる記録ならんか。ただし、記事中の大火なるものは、『[80]長崎港草《みなとぐさ》』以下諸書に徴するも、その有無をすら明らかにせざるをもって、事実の正確なる年代に至っては、全くこれを決定するを得ず。

予は「奉教人の死」において、発表の必要上、多少の文飾をあえてしたり。もし原文の平易雅馴なる筆致にして、甚だしく毀損《きそん》せらるることなからんか、予の幸甚とするところなりと云爾《しかいう》[81]。

78 **鏤刻** 彫りつけること。ここでは印刷の意。
79 **掬す** 手に取って味わう。
80 **『長崎港草』** 熊野正紹《くまのせいしょう》の著。一七九二年成立。長崎の故事来歴を記す。
81 **云爾** 文章の末尾などに置かれ、「上述のとおり」という意を表す。

——〈精進〉〈幼稚〉〈平易〉〈筆致〉〈幸甚〉

●理解●——
(1)「ろおれんぞ」の身に起きた出来事を、話の順序に従ってまとめなさい。
(2)「れげんだ・おうれあ」（四八・2）の語り手がこの話をとおして伝えたかったことはどこに表れているか、考えなさい。
(3)「二」の表現上の特色をまとめ、その効果について説明しなさい。
(4)冒頭の引用句や「二」は、この小説全体のなかでどのような役割を果たしているか、考えなさい。

知識の扉

港《みなと》 千《ち》尋《ひろ》

日本の通勤電車の光景は世界的に有名である。ラッシュアワーを体験する観光ツアーがあると言われるくらいだ。世界じゅうの写真家が撮影しているが、そうした写真を見ると、だいたい三種類の乗客がテーマとなっていることが分かる。まず満員の車内に押し込まれる人、そして運よく座席のなかで眠り込んでいる人、三番目は新聞や文庫本を読んでいる人である。この光景に比較的最近、第四の乗客が付け加わることになった。立つ人、眠る人、読む人に続いて、「書く人」が登場したのだ。もちろん携帯電話でメールを打っているのだが、挨拶メールと言えど、書くことには違いない。睡眠と読書の空間であった車内は、今や記述の空間にもなっている。

親指一本で手紙を書く種族の登場は、親指で本を読む習慣の登場を予感させる。すでにインターネット上では、電子の本が並んだ仮想の図書館を、電子化した「わたし」であるエージェント[1]が徘徊《はいかい》する光景が当たり前になるほど、デジタル[2]化は進んでいる。電子テキスト化された古典の数はかなりのものになるし、携帯用の電子文庫も登場した。

港 千尋 一九六〇（昭和三五）年―。写真家・評論家。神奈川《かながわ》県生まれ。世界各地を巡りながら、映像にかかわる幅広い領域で活動している。著書に『群衆論』『予兆としての写真』などがある。この文章は二〇〇一年刊行の『第三の眼《め》』に収められており、本文は同書によった。

1 エージェント ユーザーの代行者として、情報収集や選別などの処理を行うプログラム。［英語］agent

2 デジタル 量やデータを数字列として表現すること。［英語］digital

「グーテンベルク聖書」[3]のような、物理的な制約のために閲覧の難しい貴重本の電子化も試みられている。本屋で買ったり図書館で借りたりする本の時代から、「ダウンロード」[4]して読む本の時代が近づいている。物質性を離れることで、文字文化は確実に新たな段階へ進もうとしているように見える。

これまでわたしたちが親しんできた、❶モノとしての本の属性が失われようとしている。電子化された本にパルプはいらない。しかし、電気がなければ存在しないも同じである。インターネット上で公開されている文書もCD‐ROM[5]のようなパッケージ化されたものにも、本が持っていた「厚み」がない。はたして「厚み」や指先で触る紙の「感触」といった本の属性と、書かれている内容とはまったく無関係だろうか。一般的には、形態がどうあれ、問題は中身だということになるかもしれない。印刷されていようが、液晶画面[6]で見ようが、内容は、器から独立していると考える人が多いだろう。しかし本の物質性と読書とのあいだには、もっと深遠な関係があるかもしれない。物質と情報のあいだにあるもの、具体的には読書における身体性と知識の習得との関係である。物質としての形を持たない本に慣れてしまう前に、やっておかなければならないことは、まだまだあるような気がする。

読む人の身体を眺めてみよう。表紙を開け、ページをめくり、読み終えたら閉じる。

3 **グーテンベルク聖書** 一五世紀半ば、ドイツのグーテンベルクが世界で初めて活字を用いて印刷した聖書。

4 **ダウンロード** ネットワーク上で、情報などを端末コンピュータに伝送すること。［英語］download

❶「モノとしての本の属性」とは、具体的にどのようなものか。

5 **CD‐ROM** compact disk read only memoryの略。読み出し専用の外部記憶媒体。

6 **液晶画面** 「液晶」は、液体と結晶の中間的性質をもつ物質。コンピュータやテレビの画面として用いられている。

一〈挨拶〉〈閲覧〉〈属性〉

印刷された本と電子の本との差異は、まず触覚にある。「開陳する」という表現や「扉」という言葉に示されるように、開いたり閉じたりする動作には、❷建築的な含み*があるし、「啓《ひら》く」あるいは「啓示」という言葉には、書かれた言葉の宗教的な起源を見ることができる。

わたしたちは、電子ファイル[7]を「開く」と言うが、実際の動作は、マウスを動かしているだけで、何かを「開いて」いるわけではない。だいたいマウスを握った手は、何かを開く動作とは逆の状態である。普通は手を握ったままの状態で本を読むことはできない。電子化された本の登場によって、はじめて人間は、握りこぶしでページをめくれるようになったと言うべきである。さらに携帯電話の登場によって、親指一本で文章を書けるようになったのだから、ここにおよんで、読み書きする身体は大きく変化していると言ってよい。読書という活動が培ってきた指先や手の動作が、電子化によって、失われてゆく。❸紙や活字といった物質が潜在的に持っていた役割を、わたしたちはもはや必要としていないのだろうか。

しばらく前、ある本の冒頭で、とても印象深い「学び」の風景に出会ったことがある。『世界の再魔術化』で知られる著者モリス・バーマン[8]が書きとめているエピソードによれば、ヘブライ語[9]のアルファベットを習う最初の日、教師は子どもたちにそれぞれの石盤に最初の文字を蜜で書かせ、それをなめさせたという。子どもたちは、文字を学ぶ最

❷「建築的な含み」「宗教的な起源」とは、それぞれどのようなことか。

7 **電子ファイル** コンピュータで記憶装置に記録されたひとまとまりの情報。

❸「紙や活字といった物質が潜在的に持っていた役割」とは何か。

8 **モリス・バーマン** Morris Berman 一九四四年—。アメリカの文明批評家。『アメリカ文化の黄昏《たそがれ》』などの著書がある。『世界の再魔術化』は一九八一年の刊行。

9 **ヘブライ語** セム語族に属する言語。古代から伝わり、現在もイスラエルで公用語の一つとして用いられている。

10 **カリグラフィー** 文字を装飾的に書く技法。［英

初の瞬間に、知識は甘美なるものであることを感得する。いったい今の世界で、誰が「文字」に味があることを教えられるだろうか。文字が視覚以外の感覚を刺激するということは、無論、活字では不可能だし、まして電子テキストではありえない。「文字」を単なる伝達媒体《メディア》とする考えからは、絶対に出てこないような「教育」が、かつて存在していたということである。

　文字が「味覚」と直接に結びつくことは、おそらくまれなことだろう。だが触覚なら、まだ分かる。わたしたちはもともと文字を、つねに触覚を通して学んできた。漢字文化圏には幸いにして書道が生きているし、アラブ語圏にもみごとなカリグラフィー[10]の伝統がある。細々とではあるが、ヨーロッパにもペンとインクの伝統は残っている。たとえばフランスでは、小学校でアルファベットを書き始める際に、今日でもインクとペンを子どもたちに使わせる。かの有名な写真家ロベール・ドワノー[11]の作品に、両手をインクだらけにしながら勉強している小学生たちを活写した傑作写真集がある。これは半世紀近く昔の撮影だが、今日でもそれほど変わらないようだ。パリに駐在しているアメリカ人のジャーナリストが、フランスの小学校に通う息子が、手をインクだらけにし

語」calligraphy

11 ロベール・ドワノー Robert Doisneau　一九一二―九四年。フランスの写真家。『旅行者とアパッチ・ダンス』などの写真集がある。

――〈開陳〉〈啓示〉〈蜜〉
＊含みがある

ペンとインクで学ぶ小学生たち（ドワノー撮影）

て帰ってくるのに疑問を投げかける*[4]エッセイを読んだことがある。インク壺《つぼ》はさすがに少数になり、万年筆を使わせているようだが、それでも普通に考えれば、小学校の一年生がいまどき手やシャツに、インクの染みをつけている光景は、全小学校にインターネットが完備されている合衆国の親には理解し難いものかもしれない。

文字が意味の媒体でしかないならば、インクまみれの手やシャツは時代遅れの産物である。文字は「染み」を作るものであることを、手を汚しながら身体で理解することの重要性は、まさしくこの点にかかっている。ペン先の角度、インクの染み、筆圧、視線の集中といった、それ自体かなり複雑な諸力が組み合わさり、意識と物質との相互的作用のなかから生まれ出るものが、「文字」であり「言葉」なのだ。そこをおろそかにすると、「創造」という最も重要な出発点を、子どもの時代に逃がしてしまいかねないのではないだろうか。文字がそうであるように、それが印刷される紙や、束ねられている表紙といった本の物理的な構造にも、同様の検討を加えてみる価値はありそうである。

[4] 「アメリカ人のジャーナリスト」が抱いた「疑問」とはどのようなものか。

＊疑問を投げかける

●理解●

(1)本を読む際、私たちはどのように身体を動かし、感覚を働かせているか、具体的な状況を思い描きながら整理しなさい。
(2)「内容は、器から独立している」（五一・11）とはどのようなことか、考えなさい。
(3)「読み書き」において、「電子化によって、失われてゆく」（五二・11）ものは何か、箇条書きにしなさい。
(4)筆者は「『創造』という最も重要な出発点」（五四・10）をどのようにとらえているか、まとめなさい。

鈴虫の間《ま》、ぼくの六畳間

アーサー・ビナード

「日本人には間という微妙な意識がある。」『小学館日本大百科全書』の「間」の記事はこう始まる。日本人のための日本語による日本大百科だから、ま、これでよかろう。が、ホントはもっと大きな普遍的な、人間だれもが持っている「意識」なのじゃないかと、ぼくは思う。

もちろん、間が日本で重んじられ、芸術の各分野においてテクニックとして打ち立てられ、めざましい発展を遂げたことは間違いない。能楽の間、日本建築の間、[1]古今亭志《ここんていし》ん生《しょう》の間……。でも[2]チャップリンの作品にだって、ぼくは見事な間が（一種の〈洋間〉かもしれないが）繰り広げられている気がする。

一ついえることは、百年前の西洋人と今の西洋人と比較した場合、今の人のほうが空間・時間の複合体たる「間」を理解し、その意識がかなり深まっている。なぜかというと、日本文化の影響もなくはないけれど、いちばん大きな要因は[3]アインシュタインだ。彼は人々の間の捉え方、考え方をガラリと変えた――「時間と空間は別々ではなく、相通ずる地続きのものだ。」と。その証拠に space-time（時空）という、アインシュタ

アーサー・ビナード Arthur Binard　一九六七年―。詩人。アメリカ生まれ。来日後、日本語で執筆を始める。二〇〇一年、『釣り上げては』で中原中也賞。随筆に『日本語ぽこりぽこり』などがある。この文章は二〇〇三年刊行の『空からやってきた魚』に収められており、本文は同書によった。

1 **古今亭志ん生**　五代目。一八九〇―一九七三年。昭和を代表する落語家。

2 **チャップリン**　Charlie Chaplin　一八八九―一九七七年。イギリス出身の俳優・映画監督。

インが生み出した物理学用語が今や一般に広く、ときには日本語の間に相当する意味で使われている。思えば相対性理論[4]も、間の科学的証明みたいなものだ。

日本VS西洋今昔はともかくとして、ぼくが興味を持っているのは、人間以外の生き物にも「間という微妙な意識がある」かどうかだ。そして、私論に過ぎないが、少なくとも鈴虫[5]にはきっとあると考えている。

六年前の夏のこと。友人から雌雄計十三匹の入った小さな虫籠をもらい受け、ナスやキュウリ、各種の野菜果物の皮、鮭《さけ》の皮、煮干し、鰹節《かつおぶし》などこまめにやり、秋が深まったころに十三匹の最期を見届けた。冬の間、ときおり籠の中の土を湿らせ、わくわくしながら待っていると、春には土中からゴマ粒大のかわいい鈴虫の子が五、六十匹出てきた。もっと大きい虫籠を入手、引っ越しさせて、たっぷり餌をやり、やがてまたみなの最期を……。

翌年の春は、正確な数は分からないが、少なく見積もっても二百匹は生まれてきた。今度はガラス製の大きな水槽を入手、土を敷いてまたもや引っ越し、しかしそれでも過密状態で、友だちに虫籠付きで配ったり押しつけたり、共食いもあったり。残った百匹前後が成虫となり、迫力の大合唱を毎晩繰り広げてくれた。以後、春になるとかわいいのがうじゃうじゃ出てきてどんどん大きくなり、周りに配れど配れどなお我が鈴虫あまり減らざり、じっとナスを見る、といった有り様だ。

3 **アインシュタイン** Albert Einstein 一八七九―一九五五年。ドイツ出身の理論物理学者。

4 **相対性理論** アインシュタインによって展開された物理学の理論体系。それまで絶対的な基準とされていた空間・時間の相対性を明らかにし、物理学を一新したとされる。

5 **鈴虫** スズムシ科の昆虫。雄は、澄んだ声で鳴く。

6 **イメチェン** 印象を変えること。イメージ・チェ

翅を震わせて鳴く雄の鈴虫

初鳴きから鳴き納めまでずっと聴いていると、その途中で起こる変化というか、一種の「イメチェン」[6]に気がつく。鳴き初めのころはたどたどしいが、めきめきと上達して真夏にはもう、ホルモンを持て余した思春期のパンクロッカー[7]よろしく、ガンガン雌たちを口説こうとしている。一匹が鳴き出すとほかのやつもみんな一斉に、翅《はね》を限りに鳴く。これが絶え間なく、夜通し繰り返される。

だが、秋めいてくるとふと、あるときを境にちょっと渋い、いい味を出すようになる。すでに交尾を済ませて少し余裕ができていることも、関係しているかもしれない。しかしそれだけでなく、夜な夜な鳴いているうちに、❶間の奥義を会得したのだなと、ぼくの耳にはそう聞こえる。さっきのたとえでいえば、パンクロッカーたちがクールジャズ[8]に目覚めるといった感じか。リン・リフレーン[9]の最後のリンをほんの一瞬早く切り上げ、そしてこっちにおやッ、鳴き止んだのかなと思わせるところまで間を引き伸ばし、そこでまた澄み切ったリーンをじっくり聞かせてくれる——初秋の鈴虫が到達するサウンドは、マイルス・デイビス[10]さながらだ。

ぼくが来日したのは、すでにパンクロッカーを

ンジ（［和製英語］）の略。

7 **パンクロッカー**　一九七〇年代に興隆したパンク・ロックの演奏者。攻撃的なサウンドと反体制的な歌詞を特徴とする。［英語］punk rocker

❶「間の奥義を会得した」とは、具体的にどのようなことか。

8 **クールジャズ**　抑制の効いた演奏スタイルのジャズ。［英語］cool jazz

9 **リフレーン**　同じ旋律を繰り返すこと。［英語］refrain

10 **マイルス・デイビス**　Miles Davis　一九二六—九一年。アメリカの作曲家・ジャズトランペット奏者。「クール・ジャズ」の先駆者とされる。

一〈虫籠〉〈水槽〉〈会得〉

卒業した後の二十二歳。一九九〇年初夏のことで、最初の一カ月あまり、池袋[11]の「外人ハウス」[12]に寝泊まりした。保証人のいない各国人がごたまぜに住み込んでいたそのぼろ家は、一階が男子、二階は女子で、どっちも二段ベッドのぎゅうぎゅう詰め。おまけにたまたまW杯[13]の時期と重なり、サッカーに興味がないのはぼく一人。みんなテレビの前で夜通しの観戦、ドイツ語やスペイン語、イギリスとオーストラリアの英語、ハングル[14]、ヘブライ語[15]も飛び交った。盛夏の鈴虫籠*にひけを取らないぐらい賑《にぎ》やかだった。

梅雨が明けたころ、ぼくはどうにか六畳一間の部屋を借りることができた。持ち物といえばアメリカから引きずってきたスーツケース一つ、身軽な引っ越しだった。それまでの人生の中で、きれいさっぱりなにもない部屋に長時間いる経験のなかったぼくは、持ち物を全部押し入れの中へ片付けて、畳の上にぺたりと座り、六畳という新鮮な広さを味わった。また腕時計、靴下、歯ブラシ、爪切りなど、持ち物の中からいくつか選んでポツンと、部屋のあちこちに置いてみたり、位置を変えてみたりした。変わった遊びではあったが、やっているうちに何だかストーリーライン[16]というか、筋のようなものが見えてくることもあった。

しばらくして小型冷蔵庫と炊飯器を買って、ゴミからテレビを拾い、ちゃぶ台を友だちからもらい……物が増えてだんだんと、部屋は満杯になった。ぼくの日本語の多くは、このゴチャゴチャした満杯の中で覚えたものだ。けれど、詩を作るときは、いつしか自

11 **池袋** 東京都豊島《としま》区の地名。

12 **外人ハウス** 外国人向けの集合住宅の俗称。現在のシェアハウスの前身。

13 **W杯** ここでは、一九九〇年にイタリアで開催された、サッカーのワールドカップのこと。

14 **ハングル** ここでは、朝鮮語・韓国語のこと。

15 **ヘブライ語** イスラエルの公用語の一つ。

16 **ストーリーライン** 物語の流れ、筋。［英語］story line

分の中にできたきれいさっぱりの一間へ立ち返り、題材を並べてみたり、位置を変えてみたりしている。もしぼく独特の間があるとしたら、あの六畳間が原点かもしれない。

今年の鈴虫たちはもう「間」を会得して、クールジャズに切り換えた。そしてだれもいなくなり、ガラス張りの鈴虫の間はまったく、きれいさっぱりになる。

2 「きれいさっぱりの一間へ立ち返」るのはなぜか。

〈炊飯〉〈満杯〉
＊ひけを取る

●理解●

(1)この随想を四つの段落に分けて、それぞれの内容をまとめなさい。
(2)筆者が気づいた「イメチェン」(五七・2)の過程を整理しなさい。
(3)「ぼくの耳にはそう聞こえる」(五七・8)とは、何が、どのように聞こえるのか、説明しなさい。
(4)「ぼく独特の間」(五九・2)とはどのようなものか、説明しなさい。

ささやかな時計の死

村上春樹《むらかみはるき》

僕の家には全部で十五、六個の時計がある。腕時計、置き時計、目覚まし時計……等々、ありとあらゆる種類の時計が家のあちこちでカタコトと律儀に*時を刻んでいる。どうしてこんなにたくさん時計があるのかということについては以前どこかで書いたことがあるのでここでは触れないけれど、とにかくまあたくさんの時計がある。昔なら毎日ひとつひとつ時計を巻いてまわるだけでひと苦労というところだが、最近の時計はほとんどが電池式で何をせずとも二年くらいは一人で動いてくれるから、まあ手間は省けて楽である。同じ屋根の下で暮らしながら、時計は時計で動いてなさい、我々は我々で生きるから――という、何というか、わりにクールな関係にあるわけだ。

昔は、といってもほんの少し前のことなのだけれど、こうではなかった。時計のねじを巻くことは歯を磨いたり、猫に餌をやったり、朝に新聞を読んだりするのと同じような種類の、生活の中にしっかりとくいこんだ日常的行為であり、我々はねじを巻くことを通して時計と触れあっていた。そのような時代にあっては、大げさに言えば時計は我々の家族の一員であった。父親は古いスイス製腕時計のねじを巻き、母親は柱時計の

村上春樹　一九四九（昭和二四）年―。小説家。京都府生まれ。一九七九年の『風の歌を聴け』以来、読者の強い支持を受けてきた。作品に『ねじまき鳥クロニクル』『ノルウェイの森』などがある。この文章は一九八九年刊行の『村上朝日堂はいほー！』に収められており、本文はその文庫版によった。

ねじを蝶《ちょう》型の金具で巻き、子供は目覚まし時計のねじを巻いた。それはいちいち考えたり思いだしたりするほどのこともない、ごく自然な行為であって、ふと時計と目があうと、我々は反射的にそのねじを巻いた。変な話だけれど、昔はよく時計と目があったものである。最近はそんなこともなくなってしまった。もちろん我々は毎日時計を見ているけれど、■1「目があう」というあの感じはもうない。仲は良いけれど情熱がさめてしまった恋人どうしのように。

ねじを巻くというのは、面倒だけれどそれなりに手ごたえのある行為である。くりっくりっくりっとねじをまわしていくと、最初は開きっぱなしになっていたものがだんだん固まり、きちっとした形をとりはじめ、そしてやがてキュッと最終的に収束する。それはささやかな取り引きの儀式であった。私はねじを巻く、君は動け、というわけだ。そして我々がねじを巻きさえすれば、時計は少なくとも丸一日はきちんと動いた。

そしてある日を境にしてすべてが変わった。小型の高性能電池が開発され、放っておいても時計は何年か動きつづけるということになったのだ。もうねじを巻く必要はありません、と彼らは言った。あなたはねじ巻きから解放されたのです、と。そして我々はねじ巻き行為から遠ざかってしまうことになった。

ところが、あらゆる現象がパラドックス[1]を内包しているように、この電池時計の便利さの中にもやはりその便利さゆえの欠点というものがある。それは――たぶん皆さんに

■1「『目があう』というあの感じ」とはどのようなものか。

1 **パラドックス** 逆説。矛盾。[英語] paradox

〈律儀〉〈餌〉〈収束〉
＊時を刻む

も経験があると思うのだけれど――ある日突然唐突に電池が切れて時計がサドンデス[2]的に死んでしまうことである。何の前ぶれもなく何の悲鳴もなく、気がついたときにはそれはもう文字どおり死んでしまっているわけだ。そしてどのような手*を尽くしたところで、電池を新しいものにかえない限り時計は蘇生《そせい》しない。

でもそんなことは二、三年に一度しか起こらないし、毎日ねじを巻く不便さに比べたらほんの些細《ささい》なことじゃないか、とあなたは言うかもしれないし、僕も原則的にはそれに同意する。僕は決して昔のものは全部良かったと主張する懐古的な人間ではない。僕が言いたいのは電池時計の死にはなにかしら冷たく重いものがある、ということだ。何年かに一度しか止まらないからこそ、その死は余計に宿命の避けがたい到来を思わせるのだ。朝、目が覚めて枕もとに針の止まった（あるいはデジタル数字の消えた）時計を発見することは、僕にとってはいつも少なからざるショックである。❷明け方の白い月のように、その死はささやかな沈黙に包まれている。

僕が彼女からその時計をもらったのは、昨年の夏のことである。我々（僕、僕の女房、彼女、彼女のご主人）は偶然同時期にハワイに行くことになって、じゃあ何日か共同でマウイ島[3]のコテージ[4]を借りようということになった。レンタカーもコテージも、四人で借りたほうがずっと安い、我々は同年代、同じ大学で、彼女と僕の女房は古くからの友

2 サドンデス　急死。突然の死去。［英語］sudden death

❷「明け方の白い月のように」とはどのような状態か。

3 マウイ島　ハワイ諸島の島で、ハワイ島に次いで大きい。

達で、気心もまあ知れている。

そのとき彼女がこのトラベル・ウォッチを持っていたのである。航空会社がノベルティー[5]として配った小さなアナログ式の時計で、目盛りをあわせると、世界主要都市の現在時刻がわかるようになっている。僕はいつも時差の計算で苦労するので「これ、便利だね。」と言って（たぶんモノ欲しそうに）見ていたら、「いいわよ、ふたつあるから一個あげる。」ということになったのである。このようにしてそのトラベル・ウォッチは僕のものになった。普段は目覚まし時計として使い、もちろん旅行には必ず持っていく。

彼女はハワイから帰った一年後に亡くなった。突然の死である。僕はこれまでにもずいぶんたくさんの（平和時にしてはたくさんすぎるくらいたくさんの）同年代の知人・友人の死に立ちあってきたし、そのどの死も同じように悲しかったけれど、三十代後半

柱時計（ねじ式）　文字盤下方の左右に、ねじ巻き用の金具を差し込む穴が見える

トラベル・ウォッチ

4 コテージ　保養地などに建てられた小さな別荘。［英語］cottage

5 ノベルティー　ここでは、社名などを入れて贈呈用に配る品物をいう。［英語］novelty

――

〈唐突〉〈懐顧〉

＊手を尽くす

の死には二十代の死とはまた違った悲しみがある。正直に言って、悲しいというよりは悔しさのほうが先に立つ。お互い今までいろいろとヤバイことがあって、それを何とか乗り越えてここまで来たのに、何で今頃……と思ってしまうのだ。でもこういう気持ちはおそらく同年代の人にしかわからないだろう。

彼女は世の中の多くの女性がそうであるようにいくぶん少女趣味的な傾向を残した現実主義者であり、正直な言辞とうまい料理を好み、ビーチボーイズ[6]とアントニオ・カルロス・ジョビン[7]の音楽を一九八〇年代に至るまで聴きつづけていた。そして——死者を鞭《むち》打つようで申しわけないがうちの女房の言葉を借りるなら——ケチだった。いや、正確にはケチというんじゃないな、けっこう楽しくお金は使った。ただ他人に物をあげるよりは、他人から物をもらうほうがずっと好きな人だった——ということだ。だから彼女だって進んで僕にその時計をくれたわけではなく、ご主人に「ふたつあるんだから一個あげなよ。」と言われて渋々くれたのである。僕はそのかわりに彼女の好きなウォルター・ワンダレイ[8]の珍しいレコードをみつけてそれをプレゼントしようと思ったのだが、結局レコードがみつかる前に彼女は亡くなってしまった。

とにかくその女の子（たとえ三十七でも同い年の女の人って、僕にしてみればみんな女の子なのだ）にもらった時計がある朝起きると止まっていたのだ。腹を減らした猫がニャアァァアと騒いで僕を起こすので、「あれ、今何時かな？」と思って、枕もとのその

6 **ビーチボーイズ** The Beach Boys　一九六一年に結成されたアメリカのロック・グループ。「サーフィン・USA」「ファン・ファン・ファン」などのヒット曲がある。

7 **アントニオ・カルロス・ジョビン** Antonio Carlos Jobim　一九二七—九四年。ブラジルの作曲家。ボサノバの創始者とされる。「イパネマの娘」などの曲を作った。

8 **ウォルター・ワンダレイ** Walter Wanderley　一九三二—八六年。ブラ

トラベル・ウォッチを見ると、針は午前二時十五分でぴたりと止まっていた。
猫にキャット・フードを与え、自分のためにコーヒーを沸かし目玉焼きを作りながら、そういえばあの子も死んじゃってもういないんだなとふと思った。時計は、まるで生の余韻にとどめをさすかのように、ぷつんと止まっていたのだ。

ジル出身のオルガン奏者。「サマー・サンバ」などのヒット曲がある。

──〈言辞〉〈渋々〉〈余韻〉

──＊とどめをさす

●理解●──

(1)「ある日を境にしてすべてが変わった」（六一・12）とあるが、その前後の「時計」と「我々」の関係はそれぞれどのようなものだったか、まとめなさい。

(2)「ハワイから帰った一年後に亡くなった」（六三・8）「彼女」は、「僕」にとってどのような存在だったか、整理しなさい。

(3)「生の余韻にとどめをさすかのように」（六五・3）という表現には、筆者のどのような思いが込められているか、考えなさい。

(4)もう一つの「トラベル・ウォッチ」（六三・2）は今どこにあり、それに対して誰がどのような思いを抱いているか、想像してみよう。

神様

川上弘美《かわかみひろみ》

くまにさそわれて散歩に出る。川原に行くのである。歩いて二十分ほどのところにある川原である。春先に、鴫《しぎ》[1]を見るために、行ったことはあったが、暑い季節にこうして弁当まで持っていくのは初めてである。散歩というよりハイキングといったほうがいいかもしれない。

くまは、雄の成熟したくまで、だからとても大きい。三つ隣の305号室に、つい最近越してきた。ちかごろの引っ越しには珍しく、引っ越し蕎麦《そば》を同じ階の住人にふるまい、葉書を十枚ずつ渡してまわっていた。ずいぶんな気の遣いようだと思ったが、くまであるから、やはりいろいろと❶まわりに対する配慮が必要なのだろう。

ところでその蕎麦を受け取ったときの会話で、くまとわたしとはまんざら*赤の他人というわけでもないことがわかったのである。

表札を見たくまが、

「もしや某町のご出身では。」

と尋ねる。確かに、と答えると、以前くまがたいへん世話になった某君の叔父という人が町の役場助役[2]であったという。その助役の名字がわたしのものと同じであり、たどっ

川上弘美　一九五八（昭和三三）年—。小説家。東京都生まれ。一九九六年、『蛇を踏む』で芥川《あくたがわ》賞。作品に『いとしい』『物語が、始まる』『センセイの鞄《かばん》』などがある。この作品は一九九八年刊行の『神様』に収められており、本文はその文庫版によった。

1 鴫　水辺にすむシギ科の渡り鳥。長いくちばしと脚をもつ。

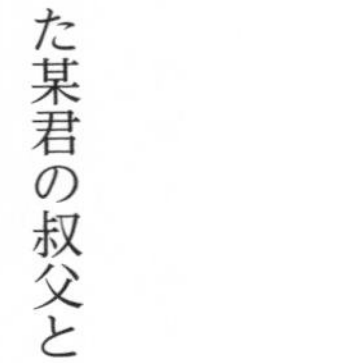

てみると、どうやら助役はわたしの父のまたいとこに当たるらしいのである。あるかなしかわからぬような繋《つな》がりであるが、くまはたいそう感慨深げに「縁《えにし》」というような種類の言葉を駆使していろいろと述べた。どうも引っ越しの挨拶のしかたといい、この喋《しゃべ》り方といい、昔気質《かたぎ》のくまらしいのではあった。

そのくまと、散歩のようなハイキングのようなことをしている。動物には詳しくないので、ツキノワグマ[3]なのか、ヒグマ[4]なのか、はたまたマレーグマ[5]なのかは、わからない。面と向かって尋ねるのも失礼である気がする。名前もわからない。なんと呼びかければいいのかと質問してみたのであるが、近隣にくまが一匹もいないことを確認してから、

「今のところ名はありませんし、僕しかくまがいないのなら今後も名をなのる必要がないわけですね。呼びかけの言葉としては、貴方《あなた》、が好きですが、ええ、漢字の貴方です、まあ、口に出すときに、ひらがなではなく漢字を思い浮かべてくだされればいいんですが、どうぞご自由に何とでもお呼びください。」

との答えである。どうもやはり少々大時代なくまである。大時代なうえに理屈を好むとみた。

川原までの道は水田に沿っている。舗装された道で、時おり車が通る。どの車もわたしたちの手前でスピードを落とし、[2]徐行しながら大きくよけていく。すれちがう人影は

[1]「まわりに対する配慮が必要」なのはなぜか。

2 **助役**　市町村などで長を補佐し、職務を代行する役。現在は廃止され、副市町村長制度に移行した。

3 **ツキノワグマ**　本州・四国の山地に生息する前胸に三日月形の白斑があるクマ。

4 **ヒグマ**　北海道に生息する大型のクマ。

5 **マレーグマ**　小型のクマで、マレーシアなど東南アジアの森林に生息する。

[2]「徐行しながら大きくよけていく」のはなぜか。

＊赤の他人

〈配慮〉〈叔父〉〈感慨〉〈大時代〉〈理屈〉

ない。たいへん暑い。田で働く人も見えない。くまの足がアスファルトを踏む、かすかなしゃりしゃりという音だけが規則正しく響く。

暑くない？　と尋ねると、くまは、

「暑くないけれど長くアスファルトの道を歩くと少し疲れます。」

と答えた。

「川原まではそう遠くないから大丈夫、ご心配くださってありがとう。」

続けて言う。さらには、

「もしあなたが暑いのなら国道に出てレストハウス[6]にでも入りますか。」

などと、細かく気を配ってくれる。わたしは帽子をかぶっていたし暑さには強いほうなので断ったが、もしかするとくま自身が一服したかったのかもしれない。しばらく無言で歩いた。

遠くに聞こえはじめた水の音がやがて高くなり、わたしたちは川原に到着した。たくさんの人が泳いだり釣りをしたりしている。荷物を下ろし、タオルで汗をぬぐった。くまは舌を出して少しあえいでいる。そうやって立っていると、男性二人子供一人の三人連れが、そばに寄ってきた。どれも海水着をつけている。男の片方はサングラスをかけ、もう片方はシュノーケル[7]を首からぶらさげていた。

「お父さん、くまだよ。」

6 レストハウス　行楽地などの休憩施設。［英語］rest house

7 シュノーケル　潜水用具の一つ。棒状の短い管を

子供が大きな声で言った。
❸「そうだ、よくわかったな。」
シュノーケルが答える。

「くまだよ。」

「そうだ、くまだ。」

「ねえねえくまだよ。」

何回かこれが繰り返された。シュノーケルはわたしの表情をちらりとうかがったが、くまの顔を正面から見ようとはしない。サングラスの方は何も言わずにただ立っている。子供はくまの毛を引っ張ったり、蹴りつけたりしていたが、最後に「パーンチ。」と叫んでくまの腹のあたりにこぶしをぶつけてから、走って行ってしまった。男二人はぶらぶらと後を追う。
❹「いやはや。」
しばらくしてからくまが言った。

「小さい人は*邪気がないですなあ。」

わたしは無言でいた。

「そりゃいろいろな人間がいますから。でも、子供さんはみんな無邪気ですよ。」

そう言うと、わたしが答える前に急いで川のふちへ歩いていってしまった。

小さな細い魚がすいすい泳いでいる。水の冷気がほてった顔に心地よい。よく見ると

つけ、吸排気できるようにしたもの。［ドイツ語］Schnorchel

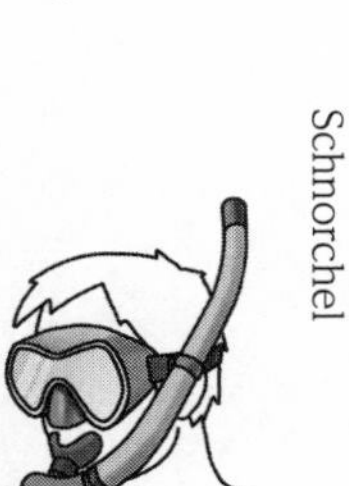

❸「そうだ、よくわかったな。」とはどのような口調か。

❹「いやはや。」には、どのような気持ちが込められているか。

〈帽子〉〈一服〉

*邪気がない

魚は一定の幅の中で上流へ泳ぎまた下流へ泳ぐ。細長い四角の辺をたどっているように見える。その四角が魚の縄張りなのだろう。くまも、じっと水の中を見ている。何を見ているのか。くまの目にも水の中は人間と同じに見えているのであろうか。

　突然水しぶきが上がり、くまが水の中にざぶざぶ入っていった。川の中ほどで立ち止まると右掌《みぎてのひら》をさっと水にくぐらせ、魚を摑《つか》み上げた。岸辺を泳ぐ細長い魚の三倍はありそうなものだ。

「驚いたでしょう。」

　戻ってきたくまが言った。

「おことわりしてから行けばよかったのですが、つい足が先に出てしまいまして。大きいでしょう。」

　くまは、魚をわたしの目の前にかざした。魚のひれが陽《ひ》を受けてきらきら光る。釣りをしている人たちがこちらを指さして何か話❺している。くまはかなり得意そうだ。

「さしあげましょう。今日の記念に。」

　そう言うと、くまは担いできた袋の口を開けた。取り出した布の包みの中からは、小さなナイフとまな板が出てきた。くまは器用にナイフを使って魚を開くと、これもかねて用意してあったらしい粗塩をぱっぱと振りかけ、広げた葉の上に魚を置いた。

「何回か引っくり返せば、帰る頃にはちょうどいい干物になっています。」

　何から何まで行き届*いたくまである。

❺「話している」内容を想像しなさい。

わたしたちは、草の上に座って川を見ながら弁当を食べた。くまは、フランスパンのところどころに切れ目を入れてパテ[8]とラディッシュ[9]をはさんだもの、わたしは梅干し入りのおむすび、食後には各自オレンジを一個ずつ。ゆっくりと食べおわると、くまは、

「もしよろしければオレンジの皮をいただけますか。」

と言い、受け取ると、[6]わたしに背を向けて、いそいで皮を食べた。

少し離れたところに置いてある魚を引っくり返しに行き、ナイフとまな板とコップを流れで丁寧に洗い、それを拭き終えると、くまは袋から大きいタオルを取り出し、わたしに手渡した。

「昼寝をするときにお使いください。僕はそのへんをちょっと歩いてきます。もしよかったらその前に子守歌を歌ってさしあげましょうか。」

真面目に聞く。

子守歌なしでも眠れそうだとわたしが答えると、くまはがっかりした表情になったが、すぐに上流の方へ歩み去った。

目を覚ますと、木の影が長くなっており、横にくまが寝ていた。タオルはかけていない。小さくいびきをかいている。川原には、もう数名の人しか残っていない。みな、釣りをする人である。くまにタオルをかけてから、干し魚を引っくり返しにいくと、魚は三匹に増えていた。

8 パテ 肉などをすりつぶし調味した料理。［フランス語］pâté

9 ラディッシュ ハツカダイコン。大根の変種で、サラダの彩りなどに用いる。［英語］radish

6 「わたしに背を向けて、いそいで皮を食べた」のはなぜか。

＊行き届く

〈縄張り〉〈真面目〉

「いい散歩でした。」

くまは305号室の前で、袋から鍵を取り出しながら言った。

「またこのような機会を持ちたいものですな。」

わたしも頷《うなず》いた。それから、干し魚やそのほかの礼を言うと、くまは大きく手を振って、

「とんでもない。」

と答えるのだった。

「では。」

と立ち去ろうとすると、くまが、

「あの。」

と言う。次の言葉を待ってくまを見上げるが、もじもじして黙っている。ほんとうに大きなくまである。その大きなくまが、喉の奥で「ウルル。」というような音をたてながら恥ずかしそうにしている。言葉を喋るときには人間と同じ発声法なのであるが、こうして言葉にならない声を出すときや笑うときは、やはりくま本来の発声なのである。

「抱擁を交わしていただけますか。」

くまは言った。

「親しい人と別れるときの故郷の習慣なのです。もしお嫌ならもちろんいいのですが。」

わたしは[7]承知した。

[7] 「わたし」が「承知した」

くまは一歩前に出ると、両腕を大きく広げ、その腕をわたしの肩にまわし、頬をわたしの頬にこすりつけた。くまの匂いがする。反対の頬も同じようにこすりつけると、もう一度腕に力を入れてわたしの肩を抱いた。思ったよりもくまの体は冷たかった。

「今日はほんとうに楽しかったです。遠くへ旅行して帰ってきたような気持ちです。熊の神様のお恵みがあなたの上にも降り注ぎますように。それから干し魚はあまりもちませんから、今夜のうちに召し上がるほうがいいと思います。」

部屋に戻って魚を焼き、風呂に入り、眠る前に少し日記を書いた。熊の神とはどのようなものか、想像してみたが、見当がつかなかった。悪くない一日だった。

のはなぜか。

一〈機会〉〈抱擁〉

●理解●

(1)「シュノーケル」が「くまの顔を正面から見ようとはしない」（六九・8）のはなぜか、説明しなさい。

(2)「いい散歩でした。」（七二・1）とあるが、「くま」はこの散歩に向けてどのような準備をしていたか、整理しなさい。

(3)「遠くへ旅行して帰ってきたような気持ちです。」（七三・4）ということばから、「くま」がこれまでどのような気持ちで生活してきたか、考えなさい。

(4)「わたし」が「悪くない一日だった。」（七三・8）と思ったのはなぜか、説明しなさい。

こころ

夏目《なつめ》漱石《そうせき》

夏目漱石　一八六七（慶応三）―一九一六（大正五）年。小説家・英文学者。東京都生まれ。『坊《ぼ》っちゃん』『三四郎』『門』など、鋭い文明批判の精神によって独自の文学を打ち立てた。この作品は一九一四年に発表されたもので、本文は「漱石全集」第六巻によった。

東京の学校で学ぶ地方出身の青年が、ある夏、海岸で見いだした中年男性を「先生」と呼び、以後交際を重ねるうちに、人生の師として慕うようになった。やがて大学卒業後、故郷で重病の父を看病していた青年のもとに「先生」からの遺書が送られてくる。青年は危篤の父を置いて、東京行きの汽車に飛び乗った。遺書には「先生」の生い立ちと、自殺を覚悟するに至った事情が述べられていた。ここに採ったのは、その遺書の一部である。

資産家の両親を相次いで失った「私」（「先生」）は、叔父による遺産管理のもと、上京し高等学校に通う。同郷の友人Kと同居し、学校生活を送ったが、故郷の叔父が遺産をごまかしていたことを知り、財産を整理して故郷を捨てる。その後、財産を手に入れた「私」はKと離れ、素人下宿から大学に通うようになった。その家には軍人の未亡人である奥さんとそのお嬢さんがおり、「私」は次第に、人を疑う気持ちをもちながらも、お嬢さんに対してひそかな恋心を抱くようになった。

Kは寺の次男で、医者の家に養子に出され、養家の資金で東京の高等学校に通っていた。「私」と同じ大学に進学するにあたり、養家の意向に反して別の道を進んでいることを自ら告げたため、Kは養家からも実家からも見放され、学資が途絶える。自活して、生活苦に耐えながらも自分の道を進みはじめるKの窮状を見た「私」は、奥さんを説得して、自分の下宿に同居するようにはからい、物心両面から支援する。Kの大学生活は安定するが、「私」はKとお嬢さんとの親しみが増すにつれて、嫉妬心に苦しむようになっていった。

大学卒業の年の正月、Kは「私」の部屋にやってきて、折から外出している奥さんとお嬢さんのことを、あれこれ質問してやめようとしない。

Kはなかなか奥さんの話をやめませんでした。しまいには私も答えられないような立ち入ったことまで聞くのです。私は面倒よりも[1]不思議の感に打たれました。以前私のほうから二人を問題にして話しかけた時の彼を思い出すと、私はどうしても彼の調子の変わっているところに気がつかずにはいられないのです。私はとうとうなぜ今日に限ってそんなことばかり言うのかと彼に尋ねました。その時彼は突然黙りました。しかし私は彼の結んだ口元の肉が震えるように動いているのを注視しました。彼は元来無口な男でした。平生《へいぜい》から何か言おうとすると、言う前によく口のあたりをもぐもぐさせる癖がありました。彼の唇がわざと彼の意志に反抗するようにたやすく開《あ》かないところに、彼の言葉の重みも籠もっていたのでしょう。いったん声が*口を破って出るとなると、その声には普通の人よりも倍の強い力がありました。

　彼の口元をちょっと眺めた時、私はまた何か出てくるなとすぐ感づいたのですが、それがはたしてなんの準備なのか、私の予覚はまるでなかったのです。だから驚いたのです。彼の重々しい口から、彼のお嬢さんに対する切ない恋を打ち明けられた時の私を想像してみてください。私は彼の魔法棒のために一度に化石されたようなものです。口をもぐもぐさせる働きさえ、私にはなくなってしまったのです。

　その時の私は恐ろしさの塊と言いましょうか、または苦しさの塊と言いましょうか、なにしろ一つの塊でした。石か鉄のように頭から足の先までが急に堅くなったのです。呼吸をする弾力性さえ失われたくらいに堅くなったのです。幸いなことにその状態は長く続きませんでした。私は一瞬間の後《のち》に、また人間らしい気分を取り戻しました。そうして、すぐしまったと思いました。先《せん》を越されたなと思いました。

　しかしその先をどうしようという分別はまるで起こりません。おそらく起こるだけの余裕がなかったのでしょう。私は腋《わき》の下から出る気味の悪い汗がシャツにしみとおるのをじっと我慢して動かずにいました。Kはその間いつもの

[1]「不思議の感に打たれ」たのはなぜか。

—*口を破る

とおり重い口を切っては、ぽつりぽつりと自分の心を打ち明けてゆきます。私は苦しくってたまりませんでした。おそらくその苦しさは、大きな広告のように、私の顔の上にはっきりした字で貼り付けられてあったろうと私は思うのです。いくらKでもそこに気のつかないはずはないのですが、彼はまた彼で、自分のことに一切を集中しているから、私の表情などに注意する暇がなかったのでしょう。彼の自白は最初から最後まで同じ調子で貫いていました。重くてのろい代わりに、とても容易なことでは動かせないという感じを私に与えたのです。私の心は半分その自白を聞いていながら、半分どうしようどうしようという念に絶えずかき乱されていましたから、細かい点になるとほとんど耳へ入らないと同様でしたが、それでも彼の口に出す言葉の調子だけは強く胸に響きました。そのために私は前言った苦痛ばかりでなく、時には一種の恐ろしさを感ずるようになったのです。つまり相手は自分より強いのだという恐怖の念がきざし始めたのです。

Kの話がひととおり済んだ時、私はなんとも言うことができませんでした。こっちも彼の前に同じ意味の自白をしたものだろうか、それとも打ち明けずにいるほうが得策だろうか、私はそんな利害を考えて黙っていたのではありません。ただ何事も言えなかったのです。また言う気にもならなかったのです。

昼飯の時、Kと私は向かい合わせに席を占めました。下女に給仕をしてもらって、私はいつにないまずい飯を済ませました。二人は食事中もほとんど口をききませんでした。奥さんとお嬢さんはいつ帰るのだか分かりませんでした。

＊

二人は各自《めいめい》の部屋に引き取ったぎり顔を合わせませんでした。Kの静かなことは朝と同じでした。私もじっと考え込んでいました。

私は当然自分の心をKに打ち明けるべきはずだと思いました。しかしそれにはもう時機が遅れてしまったという気も起こりました。なぜさっきKの言葉を遮って、こっちから逆襲しなかったのか、そこが非常な*手抜かりのように見えてきました。せめてKの後に続いて、自分は自分の思うとおりをその場で話してしまったら、まだよかったろうにとも考えました。Kの自白に一段落がついた今となって、こっちからまた同じことを切り出すのは、どう思案しても変でした。私はこの不自然に打ち勝つ方法を知らなかったのです。私の頭は悔恨に揺られてぐらぐらしました。

私はKが再び❷仕切りの襖《ふすま》を開けて向こうから突進してきてくれればいいと思いました。私に言わせれば、さっきはまるで不意打ちにあったも同じでした。私にはKに応ずる準備も何もなかったのです。私は午前に失ったものを、今度は取り戻そうという下心を持っていました。それで時々目を上げて、襖を眺めました。しかしその襖はいつまでたっても開《あ》きません。そうしてKは永久に静かなのです。

そのうち私の頭はだんだんこの静かさにかき乱されるようになってきました。Kは今襖の向こうで何を考えているだろうと思うと、それが気になってたまらないのです。普段もこんなふうにお互いが仕切り一枚を間に置いて黙り合っている場合は始終あったのですが、私はKが静かであればあるほど、彼の存在を忘れるのが普通の状態だったのですから、その時の私はよほど調子が狂っていたものと見なければなりません。それでいて私はこっちから進んで襖を開けることができなかったのです。いったん言いそびれた私は、また向こうから働きかけられる時機を待つよりほかにしかたがなかったのです。

しまいに私はじっとしておられなくなりました。無理にじっとしていれば、Kの部屋へ飛び込みたくなるのです。私はしかたなしに立って縁側へ出ました。そこから茶の間へ来て、なんという目的もなく、鉄瓶の湯を湯飲みについで一杯飲みました。それから玄関へ出ました。私はわざとKの部屋を回避するようにして、こんなふうに自分を往来の真ん中に見いだしたのです。私には無論どこへ行くというあてもありません。ただじっとしていられないだけでした。それで方角も何も構わずに、正月の町を、むやみに歩き回ったのです。私の頭はいくら歩いてもKのことでいっぱいになっていました。私もKを振るい落とす気で歩き回るわけではなかったのです。むしろ自分から進んで彼の姿を咀嚼《そしゃく》しながらうろついていたのです。

❷「仕切りの襖」の描写にはどのような効果があるか。

—＊手抜かり

私には第一に彼が解しがたい男のように見えました。どうしてあんなことを突然私に打ち明けたのか、またどうして打ち明けなければいられないほどに、彼の恋が募ってきたのか、そうして平生の彼はどこに吹き飛ばされてしまったのか、すべて私には解しにくい問題でした。私は彼の強いことを知っていました。また彼の真面目なことを知っていました。私はこれから私の取るべき態度を決する前に、彼について聞かなければならない多くを持っていると信じました。同時にこれから先彼を相手にするのが変に気味が悪かったのです。私は夢中に町の中を歩きながら、自分の部屋にじっと座っている彼の容貌を始終目の前に描き出しました。しかもいくら私が歩いても彼を動かすことはとうていできないのだという声がどこかで聞こえるのです。つまり私には彼が一種の魔物[3]のように思えたからでしょう。私は永久彼に祟《たた》られたのではなかろうかという気さえしました。

私が疲れてうちへ帰った時、彼の部屋は依然として人気のないように静かでした。

＊

私がうちへ入ると間もなく俥《くるま》[1]の音が聞こえました。今のように護謨輪《ゴムわ》のない時分でしたから、がらがらいう嫌な響きがかなりの距離でも耳に立つのです。俥はやがて門前で止まりました。

私が夕飯《ゆうめし》に呼び出されたのは、それから三十分ばかりたった後のことでしたが、まだ奥さんとお嬢さんの晴れ着が脱ぎ捨てられたまま、次の部屋を乱雑に彩っていました。二人は遅くなると私たちにすまないというので、飯の支度に間に合うように、急いで帰ってきたのだそうです。しかし奥さんの親切はKと私とにとってほとんど無効も同じことでした。私は食卓に座りながら、言葉を惜しがる人のように、そっけない挨拶ばかりしていました。Kは私よりもなお寡言でした。たまに親子連れで外出した女二人の気分が、また平生よりはすぐれて晴れやかだったので、我々の態度はなおのこと目につきます。奥さんは私にどうかしたのかと聞きました。私は少し心持ちが悪いと答えました。実際私は心持ちが悪かったのです。すると今度はお嬢さんがKに同じ問いを掛けました。Kは私のように心持ちが悪いとは答えません。ただ口がききたくないからだと言いました。お嬢さんはなぜ口がききたくないのかと追窮しました。私はその時ふと重たいまぶたを上げてKの顔を見ました。私にはKがなんと答えるだろうかという好奇心があったのです。Kの唇は例のように少し震えていました。それが知らない人から見ると、まるで返事に迷っているとしか思われないのです。お嬢さんは笑いながらまた何かむずかしいことを考えているのだろうと言いました。Kの顔は心持ち薄赤くなりました。

その晩私はいつもより早く床へ入りました。私が食事の時気分が悪いと言ったのを気にして、奥さんは十時頃蕎麦《そば》湯《ゆ》を持ってきてくれました。しかし私の部屋はもう真っ暗でした。奥さんはおやおやと言って、仕切りの襖を細目に開けました。ランプの光がKの机から斜めにぼんやりと私の部屋に差し込みました。Kはまだ起きていたものと見えます。奥さんは枕元に座って、おおかた風邪を引いたのだろうから体を暖《あった》めるがいいと言って、湯飲みを顔のそばへ突きつけるのです。私は*やむを得ず、どろどろした蕎麦湯を奥さんの見ている前で飲みました。

私は遅くなるまで暗い中で考えていました。無論一つ問題をぐるぐる回転させるだけで、他になんの効力もなかったのです。私は突然Kが今隣の部屋で何をしているだろうと思い出しました。私は半ば無意識においと声を掛けました。すると向こうでもおいと返事をしました。Kもまだ起きていたのです。私はまだ寝ないのかと襖越しに聞きました。もう寝るという簡単な挨拶がありました。何をしているのだと私は重ねて問いました。今度はKの答えがありません。その代わり五、六分たったと思う頃に、押し入れをがらりと開けて、床を延べる音が手に取るように聞こえました。私はもう何時かとまた尋ねました。Kは一時二十分だと答えました。やがてランプをふっと吹き消す音がして、うちじゅうが真っ暗なうちに、しんと静まりました。

しかし私の目はその暗い中でいよいよさえてくるばかり

1俥　人力車。当初は木輪だったが、しだいにゴム輪のものが普及した。一九二ページ参照。

3「魔物のように思えた」のはなぜか。

〈容貌〉〈寡言〉

＊やむを得ず

です。私はまた半ば無意識な状態で、おいとKに声を掛けました。Kも以前と同じような調子で、おいと答えました。私は今朝彼から聞いたことについて、もっと詳しい話をしたいが、彼の都合はどうだと、とうとうこっちから切り出しました。私は無論襖越しにそんな談話を交換する気はなかったのですが、Kの返答だけは即座に得られることと考えたのです。ところがKはさっきから二度おいと呼ばれて、二度おいと答えたような素直な調子で、今度は応じません。[4]そうだなあと低い声で渋っています。私はまたはっと思わせられました。

＊

Kの生返事は翌日になっても、その翌日になっても、彼の態度によく現れていました。彼は自分から進んで例の問題に触れようとする気色をけっして見せませんでした。もっとも機会もなかったのです。奥さんとお嬢さんがそろって一日うちを空けでもしなければ、二人はゆっくり落ち着いて、そういうことを話し合うわけにもいかないのですから。私はそれをよく心得ていました。心得ていながら、変にいらいらし出すのです。その結果初めは向こうから来るのを待つつもりで、暗に用意をしていた私が、折があったらこっちで口を切ろうと決心するようになったのです。

同時に私は黙ってうちのものの様子を観察してみました。しかし奥さんの態度にもお嬢さんの素振りにも、別に平生と変わった点はありませんでした。Kの自白以前と自白以後とで、彼らの挙動にこれという差違が生じないならば、彼の自白は単に私だけに限られた自白で、肝心の本人にも、またその監督者たる奥さんにも、まだ通じていないのは確かでした。そう考えた時私は少し安心しました。それで無理に機会をこしらえて、わざとらしく話を持ち出すよりは、自然の与えてくれるものを取り逃さないようにするほうがよかろうと思って、例の問題にはしばらく手を着けずにそっとしておくことにしました。

こう言ってしまえばたいへん簡単に聞こえますが、そうした心の経過には、潮の満ち干と同じように、いろいろの高低《たかびく》があったのです。私はKの動かない様子を見て、それにさまざまの意味を付け加えました。奥さんとお嬢さんの言語動作を観察して、二人の心がはたしてそこに現れているとおりなのだろうかと疑ってもみました。そうして人間の胸の中に装置された複雑な器械が、時計の針のように、明瞭に偽りなく、**5**盤上の数字を指し得《う》るものだろうかと考えました。要するに私は同じことをこうも取り、ああも取りしたあげく、ようやくここに落ち着いたものと思ってください。さらにむずかしく言えば、落ち着くなどという言葉は、この際けっして使われた義理でなかったのかもしれません。

そのうち学校がまた始まりました。私たちは時間の同じ日には連れ立ってうちを出ます。都合がよければ帰る時にもやはりいっしょに帰りました。外部から見たKと私は、なんにも前と違ったところがないように親しくなったのです。けれども腹の中では、各自《てんでん》に各自《てんでん》のことを勝手に考えていたに違いありません。ある日私は突然往来でKに肉薄しました。私が第一に聞いたのは、この間の自白が私だけに限られているか、または奥さんやお嬢さんにも通じているかの点にあったのです。私のこれから取るべき態度は、この問いに対する彼の答え次第できめなければならないと、私は思ったのです。すると彼は他の人にはまだ誰にも打ち明けていないと明言しました。私は事情が自分の推察どおりだったので、内心うれしがりました。私はKの私より横着なのをよく知っていました。彼の度胸にもかなわないという自覚があったのです。けれども一方ではまた妙に彼を信じていました。学資のことで養家を三年も欺いていた彼ですけれども、彼の信用は私に対して少しも損なわれていなかったのです。私はそれがためにかえって彼を信じ出したくらいです。だからいくら疑い深い私でも、明白な彼の答えを腹の中で否定する気は起こりようがなかったのです。

私はまた彼に向かって、彼の恋をどう取り扱うつもりかと尋ねました。それが単なる自白に過ぎないのか、またはその自白についで、実際的の効果をも収める気なのかと問うたのです。しかるに彼はそこになると、なんにも答えません。黙って下を向いて歩き出します。私は彼に隠し立て

4「はっと思わせられ」たのはなぜか。

5「盤上の数字を指し得るものだろうか」とはどのようなことか。

——〈談話〉〈生返事〉〈挙動〉

〈明瞭〉〈肉薄〉〈横着〉

をしてくれるな、すべて思ったとおりを話してくれと頼み[6]ました。彼は何も私に隠す必要はないとはっきり断言しました。しかし私の知ろうとする点には、一言《いちごん》の返事も与えないのです。私も往来だからわざわざ立ち止まってそこまで突き止めるわけにいきません。ついそれなりにしてしまいました。

＊

　ある日私は久しぶりに学校の図書館に入りました。私は広い机の片隅で窓からさす光線を半身《はんしん》に受けながら、新着の外国雑誌を、あちらこちらと引っ繰り返して見ていました。私は担任教師から専攻の学科に関して、次の週までにある事項を調べてこいと命ぜられたのです。しかし私に必要な事柄がなかなか見つからないので、私は二度も三度も雑誌を借り替えなければなりませんでした。最後に私はやっと自分に必要な論文を探し出して、一心にそれを読み出しました。すると突然幅の広い机の向こう側から小さな声で私の名を呼ぶものがあります。私はふと目を上げてそこに立っているKを見ました。Kはその上半身を机の上に折り曲げるようにして、彼の顔を私に近づけました。ご承知のとおり図書館では他の人の邪魔になるような大きな声で話をするわけにはゆかないのですから、Kのこの所作は誰でもやる普通のことなのですが、私はその時に限って、一[7]種変な心持ちがしました。

　Kは低い声で勉強かと聞きました。私はちょっと調べものがあるのだと答えました。それでもKはまだその顔を私から離しません。同じ低い調子でいっしょに散歩をしないかと言うのです。私は少し待っていればしてもいいと答えました。彼は待っていると言ったまま、すぐ私の前の空席に腰を下ろしました。すると私は気が散って急に雑誌が読めなくなりました。なんだかKの胸に＊一物《いちもつ》があって、談判でもしにこられたように思われてしかたがないのです。私はやむを得ず読みかけた雑誌を伏せて、立ち上がろうとしました。Kは落ち着き払ってもう済んだのかと聞きます。私はどうでもいいのだと答えて、雑誌を返すとともに、Kと図書館を出ました。

　二人は別に行く所もなかったので、[2]竜岡町《たつおかちょう》から[3]池《いけ》の端《はた》へ出て、[4]上野《うえの》の公園の中へ入りました。その時彼は例の事件について、突然向こうから口を切りました。前後の様子を総合して考えると、Kはそのために私をわざわざ散歩に引っ張り出したらしいのです。けれども彼の態度はまだ実際的の方面へ向かってちっとも進んでいませんでした。彼は私に向かって、ただ漠然と、どう思うと言うのです。どう思うというのは、そうした恋愛の淵《ふち》に陥った彼を、どんな目で私が眺めるかという質問なのです。一言《いちごん》で言うと、彼は現在の自分について、私の批判を求めたいようなのです。そこに私は彼の平生と異なる点を確かに認めることができたと思いました。たびたび繰り返すようですが、彼の天性は他《ひと》の思わくをはばかるほど弱くできあがってはいなかったのです。こうと信じたら一人でどんどん進んでゆくだけの度胸もあり勇気もある男なのです。[5]養家事件でその特色を強く胸のうちに彫り付けられた私が、これは様子が違うと明らかに意識したのは当然の結果なのです。

私がKに向かって、この際なんで私の批評が必要なのかと尋ねた時、彼はいつもにも似ない悄然《しょうぜん》とした口調で、自分の弱い人間であるのが実際恥ずかしいと言いました。そうして迷っているから自分で自分が分からなくなってしまったので、私に公平な批評を求めるよりほかにしかたがないと言いました。私はすかさず迷うという意味を聞きただしました。彼は進んでいいか退いていいか、それに迷うのだと説明しました。私はすぐ一歩先へ出ました。そうして退こうと思えば退けるのかと彼に聞きました。すると彼の言葉がそこで不意に行き詰まりました。彼はただ苦しいと言っただけでした。実際彼の表情には苦しそうなところがありありと見えていました。もし相手がお嬢さんでなかったならば、私はどんなに彼に都合のいい返事を、その渇き切った顔の上に慈雨のごとく注いでやったか分かりません。

2竜岡町　東京都文京区にあった町名（当時は東京市本郷《ほんごう》区）。　**3池の端**　東京都台東区上野・不忍池《しのばずのいけ》の池畔一帯。
4上野の公園　上野恩賜公園（当時は東京市下谷《したや》区）。　**5養家事件**　「K」が養家の方針にさからって医学の道に進まず、文科系の大学へと通っていたことが明らかとなり、離籍された事件のこと。七四ページ参照。

6「思ったとおりを話してくれと頼」んだのはなぜか。

7「一種変な心持ちがし」たのはなぜか。

〈所作〉〈談判〉〈漠然〉
〈慈雨〉
＊胸に一物がある

私はそのくらいの美しい同情を持って生まれてきた人間と自分ながら信じています。しかしその時の私は違っていました。

*

　私はちょうど他流試合でもする人のようにKを注意して見ていたのです。私は、私の目、私の心、私の体、すべて私という名のつくものを五分の隙間もないように用意して、Kに向かったのです。罪のないKは穴だらけというよりむしろ明け放しと評するのが適当なくらいに無用心でした。私は彼自身の手から、彼の保管している要塞[8]の地図を受け取って、彼の目の前でゆっくりそれを眺めることができたも同じでした。

　Kが理想と現実の間に彷徨《ほうこう》してふらふらしているのを発見した私は、ただ一打ちで彼を倒すことができるだろうという点にばかり目を着けました。そうしてすぐ彼の虚に付け込んだのです。私は彼に向かって急に厳粛な改まった態度を示し出しました。無論策略からですが、その態度に相応するくらいな緊張した気分もあったのですから、自分に滑稽だの羞恥だのを感ずる余裕はありませんでした。私はまず「精神的に向上心のないものは馬鹿だ。」と言い放ちました。これは二人で房州[6]を旅行している際、Kが私に向かって使った言葉です。私は彼の使ったとおりを、彼と同じような口調で、再び彼に投げ返したのです。しかしけっして復讐《ふくしゅう》ではありません。私は復讐以上に残酷な意味を持っていたということを自白します。私はその一言《いちごん》でKの前に横たわる恋の行く手を塞ごうとしたのです。

　Kは[7]真宗寺《しんしゅうでら》に生まれた男でした。しかし彼の傾向は中学時代からけっして生家の宗旨に近いものではなかったのです。教義上の区別をよく知らない私が、こんなことを言う資格に乏しいのは承知していますが、私はただ男女《なんにょ》に関係した点についてのみ、そう認めていたのです。Kは昔から精進という言葉が好きでした。私はその言葉の中に、禁欲という意味も籠もっているのだろうと解釈していました。しかし後で実際を聞いてみると、それよりもまだ厳重な意味が含まれているので、私は驚きました。道のためにはすべてを犠牲にすべきものだというのが彼の第一信条なのですから、摂欲や禁欲は無論、たとい欲を離れた恋そのものでも道の妨害《さまたげ》になるのです。Kが自活生活をしている時分に、私はよく彼から彼の主張を聞かされたのでした。その頃からお嬢さんを思っていた私は、勢いどうしても彼に反対しなければならなかったのです。私が反対すると、彼はいつでも気の毒そうな顔をしました。そこには同情よりも侮蔑のほうが余計に現れていました。

　こういう過去を二人の間に通り抜けてきているのですから、精神的に向上心のないものは馬鹿だという言葉は、Kにとって痛いに違いなかったのです。しかし前にも言ったとおり、私はこの一言で、彼がせっかく積み上げた過去を蹴散らしたつもりではありません。かえってそれを今までどおり積み重ねてゆかせようとしたのです。それが道に達しようが、天に届こうが、私は構いません。私はただKが急に生活の方向を転換して、私の利害と衝突するのを恐れたのです。要するに私の言葉は単なる利己心の発現でした。

「精神的に向上心のないものは、馬鹿だ。」

当時の本郷周辺略図

6房州　千葉県の南部、旧国名・安房《あわ》の異称。　**7真宗寺**　浄土真宗の寺。浄土真宗は、親鸞《しんらん》（一一七三―一二六二年）を開祖とする仏教の一派。妻帯を認め、自力の修行によらず阿弥陀仏《あみだぶつ》の本願の力にすがることを説く。

8「要塞の地図」ということばから、「私」のどのような気持ちがうかがえるか。

―〈厳粛〉〈滑稽〉〈残酷〉〈宗旨〉〈精進〉〈侮蔑〉

私は二度同じ言葉を繰り返しました。そうして、その言葉がKの上にどう影響するかを見つめていました。

「馬鹿だ。」とやがてKが答えました。「僕は馬鹿だ。」

Kはぴたりとそこへ立ち止まったまま動きません。彼は地面の上を見つめています。私は思わずぎょっとしました。私にはKがその刹那に居直り強盗のごとく感ぜられたのです。しかしそれにしては彼の声がいかにも力に乏しいということに気がつきました。私は彼の目遣いを参考にしたかったのですが、彼は最後まで私の顔を見ないのです。そうして、そろそろとまた歩き出しました。

＊

私はKと並んで足を運ばせながら、彼の口を出る次の言葉を腹の中で暗に待ち受けました。あるいは待ち伏せと言ったほうがまだ適当かもしれません。その時の私はたといKをだまし打ちにしても構わないくらいに思っていたのです。しかし私にも教育相当の良心はありますから、もし誰か私のそばへ来て、おまえは卑怯《ひきょう》だと一言《ひとこと》ささやいてくれるものがあったなら、私はその瞬間に、はっと我に立ち返ったかもしれません。もしKがその人であったなら、私はおそらく彼の前に赤面したでしょう。ただKは私をたしなめるにはあまりに正直でした。あまりに単純でした。あまりに人格が善良だったのです。*目のくらんだ私は、そこに敬意を払うことを忘れて、かえってそこに付け込んだのです。そこを利用して彼を打ち倒そうとしたのです。

Kはしばらくして、私の名を呼んで私のほうを見ました。今度は私のほうで自然と足を止めました。するとKも止まりました。私はその時やっとKの目を真向きに見ることができたのです。Kは私より背《せい》の高い男でしたから、私は勢い彼の顔を見上げるようにしなければなりません。私はそうした態度で、狼《おおかみ》のごとき心を罪のない羊に向けたのです。

「もうその話はやめよう。」と彼が言いました。彼の目にも彼の言葉にも変に悲痛なところがありました。私はちょっと挨拶ができなかったのです。するとKは、「やめてくれ。」と今度は頼むように言い直しました。私はその時彼に向かって残酷な答えを与えたのです。狼が隙を見て羊の喉笛へ食らいつくように。

「やめてくれって、僕が言い出したことじゃない、もともと君のほうから持ち出した話じゃないか。しかし君がやめたければ、やめてもいいが、ただ口の先でやめたってしかたがあるまい。君の心でそれをやめるだけの覚悟がなければ。いったい君は君の[9]平生の主張をどうするつもりなのか。」

私がこう言った時、背の高い彼は自然と私の前に萎縮して小さくなるような感じがしました。彼はいつも話すとおりすこぶる強情な男でしたけれども、一方ではまた人一倍の正直者でしたから、自分の矛盾などをひどく非難される場合には、けっして平気でいられないたちだったのです。私は彼の様子を見てようやく安心しました。すると彼は卒然「覚悟？」と聞きました。そうして私がまだなんとも答えない先に「覚悟、――覚悟ならないこともない。」と付け加えました。彼の調子は独り言のようでした。また夢の中の言葉のようでした。

二人はそれぎり話を切り上げて、[8]小石川《こいしかわ》の宿のほうに足を向けました。わりあいに風のない暖かな日でしたけれども、何しろ冬のことですから、公園の中は寂しいものでした。ことに霜に打たれて青みを失った杉の木立の茶褐色が、薄黒い空の中に、梢《こずえ》を並べてそびえているのを振り返って見た時は、寒さが背中へかじりついたような心持ちがしました。我々は夕暮れの[9]本郷台《ほんごうだい》を急ぎ足でどしどし通り抜けて、また向こうの岡へ登るべく小石川の谷へ下りたのです。私はその頃になって、ようやく外套《がいとう》の下に体《たい》の温かみを感じ出したくらいです。

急いだためでもありましょうが、我々は帰り道にはほとんど口をききませんでした。うちへ帰って食卓に向かった時、奥さんはどうして遅くなったのかと尋ねました。私はKに誘われて上野へ行ったと答えました。奥さんはこの寒いのにと言って驚いた様子を見せました。お嬢さんは上野に何があったのかと聞きたがります。私は何もないが、た

8小石川　東京都文京区の一部。同区は当時、東京市小石川区・本郷区の二区に分かれていた。　**9本郷台**　西は小石川、東は上野・谷中に接する一帯の台地。

[9]「平生の主張」とはどのようなものか。

〈刹那〉〈喉笛〉〈萎縮〉
〈卒然〉
＊目がくらむ

だ散歩したのだという返事だけしておきました。平生から無口なKは、いつもよりなお黙っていました。奥さんが話しかけても、お嬢さんが笑っても、ろくな挨拶はしませんでした。それから飯を飲み込むようにかき込んで、私がまだ席を立たないうちに、自分の部屋へ引き取りました。

*

その頃は覚醒とか新しい生活とかいう文字《もんじ》のまだない時分でした。しかしKが古い自分をさらりと投げ出して、一意に新しい方角へ走り出さなかったのは、現代人の考えが彼に欠けていたからではないのです。彼には投げ出すことのできないほど尊《たっと》い過去があったからです。彼はそのために今日《こんにち》まで生きてきたと言ってもいいくらいなのです。だからKが一直線に愛の目的物に向かって猛進しないと言って、けっしてその愛の生ぬるいことを証拠立てるわけにはゆきません。いくら熾烈《しれつ》な感情が燃えていても、彼はむやみに動けないのです。前後を忘れるほどの衝動が起こる機会を彼に与えない以上、Kはどうしてもちょっと踏みとどまって自分の過去を振り返らなければならなかったのです。そうすると過去が指し示す道を今までどおり歩かなければならなくなるのです。その上彼には現代人の持たない強情と我慢がありました。私は[10]この双方の点においてよく彼の心を見抜いていたつもりなのです。

上野から帰った晩は、私にとって比較的安静な夜《よ》でした。私はKが部屋へ引き上げたあとを追いかけて、彼の机のそばに座り込みました。そうして取りとめもない世間話をわざと彼に仕向けました。彼は迷惑そうでした。私の目には勝利の色が多少輝いていたでしょう、私の声には確かに得意の響きがあったのです。私はしばらくKと一つ火鉢に手をかざした後、自分の部屋に帰りました。他のことにかけては何をしても彼に及ばなかった私も、その時だけは恐るるに足りないという自覚を彼に対して持っていたのです。

私はほどなく穏やかな眠りに落ちました。しかし突然私の名を呼ぶ声で目を覚ましました。見ると、間の襖が二尺[10]ばかり開《あ》いて、そこにKの黒い影が立っています。そうして彼の部屋には宵のとおりまだあかりがついているのです。急に世界の変わった私は、少しの間口をきくこともできずに、ぼうっとして、その光景を眺めていました。

その時Kはもう寝たのかと聞きました。Kはいつでも遅くまで起きている男でした。私は黒い影法師のようなKに向かって、何か用かと聞き返しました。Kは大した用でもない、ただもう寝たか、まだ起きているかと思って、便所へ行ったついでに聞いてみただけだと答えました。Kはランプの灯を背中に受けているので、彼の顔色や目つきは、全く私には分かりませんでした。けれども彼の声は普段よりもかえって落ち着いていたくらいでした。

　Kはやがて開けた襖をぴたりと立て切りました。私の部屋はすぐ元の暗闇に帰りました。私はその暗闇より静かな夢を見るべくまた目を閉じました。私はそれぎり何も知りません。しかし翌朝《よくあさ》になって、昨夕《ゆうべ》のことを考えてみると、なんだか不思議でした。私はことによると、すべてが夢ではないかと思いました。それで飯を食う時、Kに聞きました。Kは確かに襖を開けて私の名を呼んだと言います。なぜそんなことをしたのかと尋ねると、別にはっきりした返事もしません。調子の抜けた頃になって、近頃は熟睡ができるのかとかえって向こうから私に問うのです。私はなんだか変に感じました。

　その日はちょうど同じ時間に講義の始まる時間割になっていたので、二人はやがていっしょにうちを出ました。今朝から昨夕のことが気にかかっている私は、途中でまたKを追窮しました。けれどもKはやはり私を満足させるような答えをしません。私はあの事件について何か話すつもりではなかったのかと念を押してみました。Kはそうではないと強い調子で言い切りました。昨日上野で「その話はもうやめよう。」と言ったではないかと注意するごとくにも聞こえました。Kはそういう点にかけて鋭い自尊心を持った男なのです。ふとそこに気のついた私は突然彼の用いた「覚悟」という言葉を連想し出しました。すると今までまるで気にならなかったその二字が[11]妙な力で私の頭を抑え始

10尺　長さの単位。一尺は、約三〇センチメートル。

10「この双方の点」とは何をさすか。

11「妙な力で私の頭を抑え始めた」とはどのようなことか。

〈覚醒〉〈猛進〉〈暗闇〉
〈熟睡〉

めたのです。

*

Kの果断に富んだ性格は私によく知れていました。彼のこの事件についてのみ優柔なわけも私にはちゃんと飲み込めていたのです。つまり私は一般を心得た上で、例外の場合をしっかり[11]つらまえたつもりで得意だったのです。ところが「覚悟」という彼の言葉を、頭の中で何遍も咀嚼しているうちに、私の得意はだんだん[*]色を失って、しまいにはぐらぐら動き始めるようになりました。私はこの場合もあるいは彼にとって例外でないのかもしれないと思い出したのです。すべての疑惑、煩悶《はんもん》、懊悩《おうのう》、を一度に解決する最後の手段を、彼は胸の中に畳み込んでいるのではなかろうかとうたぐり始めたのです。そうした新しい光で覚悟の二字を眺め返してみた私は、はっと驚きました。その時の私がもしこの驚きをもって、もう一遍彼の口にした覚悟の内容を公平に見回したらば、まだよかったかもしれません。悲しいことに私は[12]めっかちでした。私はただKがお嬢さんに対して進んでゆくという意味にその言葉を解釈しました。果断に富んだ彼の性格が、恋の方面に発揮されるのがすなわち彼の覚悟だろうといちずに思い込んでしまったのです。

私は私にも最後の決断が必要だという声を心の耳で聞きました。私はすぐその声に応じて勇気を振り起こしました。私はKより先に、しかもKの知らない間《ま》に、事を運ばなくてはならないと覚悟をきめました。私は黙って機会をねらっていました。しかし二日たっても三日たっても、私はそれをつらまえることができません。私はKのいない時、またお嬢さんの留守な折を待って、奥さんに談判を開こうと考えたのです。しかし片方がいなければ、片方が邪魔をするといったふうの日ばかり続いて、どうしても「今だ。」と思う好都合が出てきてくれないのです。私はいらいらしました。

一週間の後私はとうとう堪え切れなくなって仮病を遣いました。奥さんからもお嬢さんからも、K自身からも、起きろという催促を受けた私は、生返事をしただけで、十時頃まで布団をかぶって寝ていました。私はKもお嬢さんもいなくなって、家の中がひっそり静まった頃を見計らって寝床を出ました。私の顔を見た奥さんは、すぐどこが悪いかと尋ねました。食べ物は枕元へ運んでやるから、もっと寝ていたらよかろうと忠告してもくれました。体に異状のない私は、とても寝る気にはなれません。顔を洗っていつものとおり茶の間で飯を食いました。その時奥さんは長火鉢の向こう側から給仕をしてくれたのです。私は朝飯とも昼飯とも片づかない茶碗《ちゃわん》を手に持ったまま、どんなふうに問題を切り出したものだろうかと、それぱかりに屈託していたから、外観からは実際気分のよくない病人らしく見えただろうと思います。

　私は飯をしまってたばこを吹かし出しました。私が立たないので奥さんも火鉢のそばを離れるわけにゆきません。下女を呼んで膳を下げさせた上、鉄瓶に水をさしたり、火鉢の縁を拭いたりして、私に調子を合わせています。私は奥さんに特別な用事でもあるのかと問いました。奥さんはいいえと答えましたが、今度は向こうでなぜですと聞き返してきました。私は実は少し話したいことがあるのだと言いました。奥さんはなんですかと言って、私の顔を見ました。奥さんの調子はまるで私の気分に入り込めないような軽いものでしたから、私は次に出すべき文句も少し渋りました。

　私はしかたなしに言葉の上で、いい加減にうろつき回った末、⓬Kが近頃何か言いはしなかったかと奥さんに聞いてみました。奥さんは思いもよらないというふうをして、「何を？」とまた反問してきました。そうして私の答える前に、「あなたには何かおっしゃったんですか。」とかえって向こうで聞くのです。

＊

　Kから聞かされた打ち明け話を、奥さんに伝える気のなかった私は、「いいえ。」と言ってしまった後で、すぐ自分のうそを快からず感じました。しかたがないから、別段何も頼まれた覚えはないのだから、Kに関する用件ではない

〈果断〉〈催促〉〈屈託〉
＊色を失う

11つらまえた　つかまえた、の意。　**12めっかち**　物事が十分に見えていないことのたとえ。現在では、不適切な表現として使われなくなっている。

⓬「Kが近頃何か言いはしなかったか」と聞いたのはなぜか。

のだと言い直しました。奥さんは「そうですか。」と言って、後を待っています。私はどうしても切り出さなければならなくなりました。私は突然「奥さん、お嬢さんを私にください。」と言いました。奥さんは私の予期してかかったほど驚いた様子も見せませんでしたが、それでもしばらく返事ができなかったものと見えて、黙って私の顔を眺めていました。一度言い出した私は、いくら顔を見られても、それに頓着などはしていられません。「ください、ぜひください。」と言いました。「私の妻としてぜひください。」と言いました。奥さんは年を取っているだけに、私よりもずっと落ち着いていました。「あげてもいいが、あんまり急じゃありませんか。」と聞くのです。私が「急にもらいたいのだ。」とすぐ答えたら笑い出しました。そうして「よく考えたのですか。」と念を押すのです。私は言い出したのは突然でも、考えたのは突然でないというわけを強い言葉で説明しました。

それからまだ二つ三つの問答がありましたが、私はそれを忘れてしまいました。男のようにはきはきしたところのある奥さんは、普通の女と違ってこんな場合にはたいへん心持ちよく話のできる人でした。「よござんす、さしあげましょう。」と言いました。「さしあげるなんて威張った口のきける境遇ではありません。どうぞもらってください。ご存じのとおり父親のない哀れな子です。」と後では向こうから頼みました。

話は簡単でかつ明瞭に片づいてしまいました。最初からしまいまでにおそらく十五分とはかからなかったでしょう。奥さんはなんの条件も持ち出さなかったのです。親類に相談する必要もない、後から断ればそれでたくさんだと言いました。本人の意向さえ確かめるに及ばないと明言しました。そんな点になると、学問をした私のほうが、かえって形式に拘泥するくらいに思われたのです。親類はとにかく、当人にはあらかじめ話して承諾を得《う》るのが順序らしいと私が注意した時、奥さんは「大丈夫です。[13]本人が不承知のところへ、私があの子をやるはずがありませんから。」と言いました。

自分の部屋へ帰った私は、事のあまりにわけもなく進行したのを考えて、かえって変な気持ちになりました。はたして大丈夫なのだろうかという疑念さえ、どこからか頭の底にはい込んできたくらいです。けれども大体の上において、私の未来の運命は、これで定められたのだという観念が私のすべてを新たにしました。

私は昼頃また茶の間へ出かけていって、奥さんに、今朝の話をお嬢さんにいつ通じてくれるつもりかと尋ねました。奥さんは、自分さえ承知していれば、いつ話しても構わなかろうというようなことを言うのです。こうなるとなんだか私よりも相手のほうが男みたようなので、私はそれぎり引き込もうとしました。すると奥さんが私を引き止めて、もし早いほうが希望ならば、今日でもいい、稽古から帰ってきたら、すぐ話そうと言うのです。私はそうしてもらうほうが都合がいいと答えてまた自分の部屋に帰りました。しかし黙って自分の机の前に座って、二人のこそこそ話を遠くから聞いている私を想像してみると、なんだか落ち着いていられないような気もするのです。私はとうとう帽子をかぶって表へ出ました。そうしてまた坂の下でお嬢さんに行き合いました。なんにも知らないお嬢さんは私を見て驚いたらしかったのです。私が帽子をとって「今お帰り。」と尋ねると、向こうではもう病気は治ったのかと不思議そうに聞くのです。私は「ええ治りました、治りました。」と答えて、ずんずん[13]水道橋《すいどうばし》のほうへ曲がってしまいました。

＊

私は[14]猿楽町《さるがくちょう》から神保町《じんぼうちょう》の通りへ出て、小川町《おがわまち》のほうへ曲がりました。私がこの界隈《かいわい》を歩くのは、いつも古本屋をひやかすのが目的でしたが、その日は手ずれ*のした書物などを眺める気が、どうしても起こらないのです。私は歩きながら絶えずうちのことを考えていました。私にはさっきの奥さんの記憶がありました。それからお嬢さんがうちへ帰ってからの想像がありました。私はつまりこの二つのもの

13水道橋　東京都文京区と千代田区の境を流れる神田川《かんだ》に架かる橋。またその一帯の地名。　**14猿楽町から神保町の通りへ出て、小川町のほうへ**　いずれも東京都千代田区にある町名。神保町を中心に古書店が集中している。

13「本人が不承知のところへ、私があの子をやるはずがありませんから。」という発言から何が想像できるか。

〈頓着〉〈境遇〉〈拘泥〉

＊手ずれのした

で歩かせられていたようなものです。その上私は時々往来の真ん中で我[*]知らずふと立ち止まりました。そうして今頃は奥さんがお嬢さんにもうあの話をしている時分だろうなどと考えました。またある時は、もうあの話が済んだ頃だとも思いました。

私はとうとう[15]万世橋《まんせいばし》を渡って、明神の坂[16]を上がって、本郷台へ来て、それからまた[17]菊坂《きくざか》を下りて、しまいに小石川の谷へ下りたのです。私の歩いた距離はこの三区[18]にまたがって、いびつな円を描いたとも言われるでしょうが、私はこの長い散歩の間ほとんどKのことを考えなかったのです。今その時の私を回顧して、なぜだと自分に聞いてみてもいっこう分かりません。ただ不思議に思うだけです。私の心がKを忘れ得るくらい、一方に緊張していたと見ればそれまでですが、私の良心がまたそれを許すべきはずはなかったのですから。

Kに対する私の良心が復活したのは、私がうちの格子を開けて、玄関から座敷へ通る時、すなわち例のごとく彼の部屋を抜けようとした瞬間でした。彼はいつものとおり机に向かって書見をしていました。彼はいつものとおり書物から目を離して、私を見ました。しかし彼はいつものとおり今帰ったのかとは言いませんでした。彼は「病気はもういいのか、医者へでも行ったのか。」と聞きました。私はその刹那に、彼の前に手を突いて、謝りたくなったのです。しかも私の受けたその時の衝動はけっして弱いものではなかったのです。もしKと私がたった二人曠野《こうや》の真ん中にでも立っていたならば、私はきっと良心の命令に従って、その場で彼に謝罪したろうと思います。しかし奥には人がいます。[14]私の自然はすぐそこで食い止められてしまったのです。そうして悲しいことに永久に復活しなかったのです。

夕飯《ゆうめし》の時Kと私はまた顔を合わせました。なんにも知らないKはただ沈んでいただけで、少しも疑い深い目を私に向けません。なんにも知らない奥さんはいつもよりうれしそうでした。私だけがすべてを知っていたのです。私は鉛のような飯を食いました。その時お嬢さんはいつものようにみんなと同じ食卓に並びませんでした。奥さんが催促すると、次の部屋でただいまと答えるだけでした。それをKは不思議そうに聞いていました。しまいにどうしたのかと奥さんに尋ねました。奥さんはおおかたきまりが悪いのだろうと言って、ちょっと私の顔を見ました。Kはなお不思議そうに、何できまりが悪いのかと追窮しにかかりました。奥さんは微笑しながらまた私の顔を見るのです。

私は食卓に着いた初めから、奥さんの顔つきで、事の成り行きをほぼ推察していました。しかしKに説明を与えるために、私のいる前で、それをことごとく話されてはたまらないと考えました。奥さんはまたそのくらいのことを平気でする女なのですから、私はひやひやしたのです。幸いにKはまた元の沈黙に帰りました。平生より多少機嫌のよかった奥さんも、とうとう私の恐れを抱いている点までは話を進めずにしまいました。私はほっと一息して部屋へ帰りました。しかし私がこれから先Kに対して取るべき態度は、どうしたものだろうか、私はそれを考えずにはいられませんでした。私はいろいろの弁護を自分の胸でこしらえてみました。けれどもどの弁護もKに対して面と向かうには足りませんでした。卑怯な私はついに自分で自分をKに説明するのが嫌になったのです。

＊

私はそのまま二、三日過ごしました。その二、三日の間Kに対する絶えざる不安が私の胸を重くしていたのは言うまでもありません。私はただでさえなんとかしなければ、彼にすまないと思ったのです。その上奥さんの調子や、お嬢さんの態度が、始終私を突っつくように刺激するのですから、私はなおつらかったのです。どこか男らしい気性をそなえた奥さんは、いつ私のことを食卓でKにすっぱぬかないとも限りません。それ以来ことに目立つように思えた私に対するお嬢さんの挙止動作も、Kの心を曇らす不審の種とならないとは断言できません。私はなんとかして、私とこの家族との間に成り立った新しい関係を、Kに知らせ

15万世橋　東京都千代田区にあり、神田川に架かる橋。**16明神の坂**　神田明神を通る坂のこと。万世橋から本郷台に通ずる。**17菊坂**　本郷台から小石川に抜ける途中にある坂。**18この三区**　当時の東京市神田区（現在の東京都千代田区の一部）・本郷区・小石川区をさす。

14「私の自然」とは何か。

〈時分〉〈回顧〉〈書見〉
＊我知らず

なければならない位置に立ちました。しかし[15]倫理的に弱点を持っていると、自分で自分を認めている私には、それがまた至難のことのように感ぜられたのです。

私はしかたがないから、奥さんに頼んでKに改めてそう言ってもらおうかと考えました。無論私のいない時にです。しかしありのままを告げられては、直接と間接の区別があるだけで、面目のないのに変わりはありません。と言って、こしらえごとを話してもらおうとすれば、奥さんからその理由を詰問されるにきまっています。もし奥さんにすべての事情を打ち明けて頼むとすれば、私は好んで自分の弱点を自分の愛人とその母親の前にさらけ出さなければなりません。真面目な私には、それが私の未来の信用に関するとしか思われなかったのです。結婚する前から恋人の信用を失うのは、たとい一分一厘でも、私には堪え切れない不幸のように見えました。

要するに私は正直な道を歩くつもりで、つい足を滑らした馬鹿ものでした。もしくは狡猾《こうかつ》な男でした。そうしてそこに気のついているものは、今のところただ天と私の心だけだったのです。しかし立ち直って、もう一歩前へ踏み出そうとするには、今滑ったことをぜひとも周囲の人に知られなければならない窮境に陥ったのです。私はあくまで滑ったことを隠したがりました。同時に、どうしても前へ出ずにはいられなかったのです。私はこの間に挟まってまた立ちすくみました。

五、六日たった後、奥さんは突然私に向かって、Kにあのことを話したかと聞くのです。私はまだ話さないと答えました。するとなぜ話さないのかと、奥さんが私をなじるのです。私はこの問いの前に固くなりました。その時奥さんが私を驚かした言葉を、私は今でも忘れずに覚えています。

「道理で私が話したら変な顔をしていましたよ。あなたもよくないじゃありませんか。平生あんなに親しくしている間柄だのに、黙って知らん顔をしているのは。」

私はKがその時何か言いはしなかったかと奥さんに聞きました。奥さんは別段何にも言わないと答えました。しかし私は進んでもっと細かいことを尋ねずにはいられませんでした。奥さんはもとより何も隠すわけがありません。大した話もないがと言いながら、いちいちKの様子を語って聞かせてくれました。

奥さんの言うところを総合して考えてみると、Kはこの最後の打撃を、最も落ち着いた驚きをもって迎えたらしいのです。Kはお嬢さんと私との間に結ばれた新しい関係について、最初はそうですかとただ一口言っただけだったそうです。しかし奥さんが、「あなたも喜んでください。」と述べた時、彼は初めて奥さんの顔を見て微笑を漏らしながら、「おめでとうございます。」と言ったまま席を立ったそうです。そうして茶の間の障子を開ける前に、また奥さんを振り返って、「結婚はいつですか。」と聞いたそうです。それから「何かお祝いを上げたいが、私は金がないから上げることができません。」と言ったそうです。奥さんの前に座っていた私は、その話を聞いて胸が塞がるような苦しさを覚えました。

＊

勘定してみると奥さんがKに話をしてからもう二日あまりになります。その間Kは私に対して少しも以前と異なった様子を見せなかったので、私は全くそれに気がつかずにいたのです。彼の超然とした態度はたとい外観だけにもせよ、敬服に値すべきだと私は考えました。彼と私を頭の中で並べてみると、彼のほうがはるかに立派に見えました。「おれは策略で勝っても人間としては負けたのだ。」という感じが私の胸に渦巻いて起こりました。私はその時さぞKが軽蔑していることだろうと思って、一人で顔を赤らめました。しかし今さらKの前に出て、恥をかかせられるのは、私の自尊心にとって大いな苦痛でした。

私が進もうかよそうかと考えて、ともかくも明くる日まで待とうと決心したのは土曜の晩でした。ところがその晩に、Kは自殺して死んでしまったのです。私は今でもその光景を思い出すとぞっとします。いつも東枕で寝る私が、その晩に限って、偶然西枕に床を敷いたのも、何かの因縁かもしれません。私は枕元から吹き込む寒い風でふと目を覚ましたのです。見ると、いつも立て切ってあるKと私の部屋との仕切りの襖が、この間の晩と同じくらい開《あ》いてい

15 「倫理的に弱点を持っている」とはどのようなことか。

—〈面目〉〈詰問〉〈窮境〉

ます。けれどもこの間のように、Kの黒い姿はそこには立っていません。私は暗示を受けた人のように、床の上に肘を突いて起き上がりながら、きっとKの部屋をのぞきました。ランプが暗くともっているのです。それで床も敷いてあるのです。しかし掛け布団ははね返されたように裾のほうに重なり合っているのです。そうしてK自身は向こうむきに突っ伏しているのです。

　私はおいと言って声を掛けました。しかしなんの答えもありません。おいどうかしたのかと私はまたKを呼びました。それでもKの体はちっとも動きません。私はすぐ起き上がって、敷居際まで行きました。そこから彼の部屋の様子を、暗いランプの光で見回してみました。

　その時私の受けた第一の感じは、Kから突然恋の自白を聞かされた時のそれとほぼ同じでした。私の目は彼の部屋の中を一目見るや否や、あたかもガラスで作った義眼のように、動く能力を失いました。私は棒立ちに立ちすくみました。それが疾風のごとく私を通過したあとで、私はまたああしまったと思いました。もう取り返しがつかないという黒い光が、私の未来を貫いて、一瞬間に私の前に横たわる全生涯をものすごく照らしました。そうして私はがたがた震え出したのです。

　それでも私[16]はついに私を忘れることができませんでした。私はすぐ机の上に置いてある手紙に目を着けました。それは予期どおり私の名宛てになっていました。私は夢中で封を切りました。しかし中には私の予期したようなことはなんにも書いてありませんでした。私は私にとってどんなにつらい文句がその中に書き連ねてあるだろうと予期したのです。そうして、もしそれが奥さんやお嬢さんの目に触れたら、どんなに軽蔑されるかもしれないという恐怖があったのです。私はちょっと目を通しただけで、まず助かったと思いました。（もとより世間体の上だけで助かったのですが、その世間体がこの場合、私にとっては非常な重大事件に見えたのです。）

　手紙の内容は簡単でした。そうしてむしろ抽象的でした。自分は薄志弱行でとうてい行く先の望みがないから、自殺するというだけなのです。それから今まで私に世話になった礼が、ごくあっさりした文句でその後に付け加えてありました。世話ついでに死後の片づけ方も頼みたいという言葉もありました。奥さんに迷惑をかけてすまんからよろしくわびをしてくれという句もありました。国元へは私から知らせてもらいたいという依頼もありました。必要なことはみんな一口ずつ書いてある中にお嬢さんの名前だけはどこにも見えません。私はしまいまで読んで、すぐKがわざと回避したのだということに気がつきました。しかし私の最も痛切に感じたのは、最後に墨の余りで書き添えたらしく見える、もっと早く死ぬべきだのになぜ今まで生きていたのだろうという意味の文句でした。

私は震える手で、手紙を巻き収めて、再び封の中へ入れました。私はわざとそれをみんなの目につくように、元のとおり机の上に置きました。そうして振り返って、襖にほとばしっている血潮を初めて見たのです。

—〈疾風〉〈血潮〉

16「私はついに私を忘れることができませんでした」とはどのようなことか。

●理解●

(1)「精神的に向上心のないものは馬鹿だ。」（八四・下1）という発言には「私」の「K」に対するどのような思いが表れているか、考えなさい。

(2)「覚悟、——覚悟ならないこともない。」（八七・上12）という発言をめぐって、「私」の考えはどのように変化していったか、まとめなさい。

(3)「仕切りの襖が、この間の晩と同じくらい開いてい」（九七・下17）たのはなぜか、考えなさい。

(4)「もっと早く死ぬべきだのになぜ今まで生きていたのだろう」（九九・下1）ということばには、「K」のどのような気持ちが込められているか、説明しなさい。

詩歌

永《えい》訣《けつ》の朝

宮澤賢治《みやざわけんじ》

けふのうちに
とほくへいつてしまふわたくしのいもうと[1]よ
みぞれがふつておもてはへんにあかるいのだ
（あめゆじゆとてちてけんじや）[2]
うすあかくいつさう陰惨な雲から
みぞれはびちよびちよふつてくる
（あめゆじゆとてちてけんじや）
青い蓴菜《じゆんさい》[3]のもやうのついた
これらふたつのかけた陶椀《たうわん》に
おまへがたべるあめゆきをとらうとして
わたくしはまがつたてつぽうだまのやうに[■1]
このくらいみぞれのなかに飛びだした
（あめゆじゆとてちてけんじや）

宮澤賢治　一八九六（明治二九）―一九三三（昭和八）年。詩人・童話作家。岩手県生まれ。農業学校教師・農村指導者をしながら詩や童話の創作に励んだ。作品の大部分は死後になって発表された。童話に『風の又三郎』『銀河鉄道の夜』などがある。本文は「新校本宮澤賢治全集」第二巻によった。

1 **いもうと**　作者と二歳違いの妹、トシ（とし子）。一九二二年一一月二七日逝去。
2 **あめゆじゆとてちてけんじや**　あめゆき（みぞれ）を取ってきてください。
3 **蓴菜**　スイレン科の多年生水草。若芽・若葉にぬめりがあり、食用にする。

■1 「まがつたてつぽうだまのやうに」とはどのようなことか。

蒼鉛《さうえん》[4]いろの暗い雲から
みぞれはびちよびちよ沈んでくる
ああとし子
死ぬといふいまごろになつて
わたくしをいつしやうあかるくするために
こんなさつぱりした雪のひとわんを
おまへはわたくしにたのんだのだ
ありがたうわたくしのけなげないもうとよ
わたくしもまつすぐにすすんでいくから
　　（あめゆじゆとてちてけんじや）
はげしいはげしい熱やあえぎのあひだから
おまへはわたくしにたのんだのだ
　銀河や太陽、気圏[5]などとよばれたせかいの
そらからおちた雪のさいごのひとわんを……
……ふたきれのみかげせきざい[6]に
みぞれはさびしくたまつてゐる
わたくしはそのうへにあぶなくたち

4　蒼鉛　金属元素の一つ。灰白色で赤みを帯びている。ビスマス。

5　気圏　地球を包む大気のある範囲。

6　みかげせきざい　御影《みかげ》石（花崗岩《かこうがん》）の石材。

雪と水とのまつしろな二相系[7]をたもち
すきとほるつめたい雫《しづく》にみちた
このつややかな松のえだから
わたくしのやさしいいもうとの
さいごのたべものをもらつていかう
わたしたちがいつしよにそだつてきたあひだ
みなれたちやわんのこの藍のもやうにも
もうけふおまへはわかれてしまふ
[8](Ora Orade Shitori egumo)
ほんたうにけふおまへはわかれてしまふ
あぁあのとざされた病室の
くらいびやうぶやかやのなかに
[2]やさしくあをじろく燃えてゐる
わたくしのけなげないもうとよ
この雪はどこをえらばうにも
あんまりどこもまつしろなのだ
あんなおそろしいみだれたそらから

7 二相系　ここでは、水が液体と固体の二つの状態で共存すること。

8 Ora Orade Shitori egumo　わたしはわたしで一人行きます。

[2]「やさしくあをじろく燃えてゐる」とはどのようなことか。

このうつくしい雪がきたのだ
（[9]うまれでくるたて
　こんどはこたにわりやのごとばかりで
　くるしまなあよにうまれてくる）
おまへがたべるこのふたわんのゆきに
わたくしはいまこころからいのる
どうかこれが[10]兜率《とそつ》の天の食《じき》に変《かは》つて
やがてはおまへとみんなとに
聖《きよ》い資糧《かて》をもたらすことを
わたくしのすべてのさいはひをかけてねがふ

（『春と修羅』）

9 うまれでくるたて……　また人に生まれてくる時は、こんなに自分のことばかりで苦しまないように生まれてきます。

10 兜率の天　仏教用語で、弥勒菩薩《みろくぼさつ》が住む天上の世界のこと。遠い将来、ここから弥勒菩薩がこの世にくだり、衆生を救うとされる。

●理解●

(1)「Ora Orade Shitori egumo」（一〇二・9）がローマ字表記になっているのはなぜか、説明しなさい。

(2)とし子はどのような存在として表されているか。また、作者がとし子に寄せる思いはどのようなものか、詩全体を踏まえて説明しなさい。

旅情

石垣《いしがき》りん

ふと覚めた枕もとに
秋がきていた。

遠くから来た、という
去年からか、ときく
もっと前だ、と答える。

おとしか、ときく
いやもっと遠い、という。

では去年私のところにきた秋は何なのか
ときく。
あの秋は別の秋だ、
去年の秋はもうずっと先の方へ行っている
という。

石垣りん　一九二〇（大正九）―二〇〇四（平成一六）年。詩人。東京都生まれ。銀行に勤務しながら、働く女性の立場から社会性に富む詩を書き続けた。詩集に『略歴』など、随筆に『ユーモアの鎖国』などがある。この作品は『石垣りん詩集』に収められており、本文は同書によった。

先の方というと未来か、ときく。
いや違う、
未来とはこれからくるものを指すのだろう？
ときかれる。
返事にこまる。
では過去の方へ行ったのか、ときく。
過去へは戻れない、
そのことはお前と同じだ、という。

秋
がきていた。
遠くからきた、という。
遠くへ行こう、という。

（『表札など』）

●理解●
(1)「秋」が人間のように描かれているが、このような表現技法を何というか。また、それはこの詩でどのような効果を生み出しているか、考えなさい。
(2)「旅情」という題名に込められた、作者の思いをまとめなさい。

死にたまふ母

斎藤茂吉《さいとうもきち》

[1]みちのくの母のいのちを一目見ん一目みんとぞいそぐなりけれ
灯《ともし》あかき都をいでてゆく姿かりそめ旅とひと見るらんか
[2]吾妻《あづま》やまに雪かがやけばみちのくの我が母の国に汽車入りにけり
はるばると薬をもちて来《こ》しわれを目守《まも》りたまへりわれは子なれば
死に近き母に添寝《そひね》のしんしんと遠田《とほた》のかはづ天に聞《きこ》ゆる
桑の香の青くただよふ朝明《あさあけ》に堪へがたければ母呼びにけり
母が目をしまし離《か》れ来て目守りたりあな悲しもよ蚕《かふこ》のねむり
我が母よ死にたまひゆく我が母よ我《わ》を生まし乳《ち》足らひし母よ
のど赤き[3]玄鳥《つばくらめ》ふたつ屋梁《はり》にゐて[4]足乳《たらち》ねの母は死にたまふなり
[5]おきな草口あかく咲く野の道に光ながれて我ら行きつも

斎藤茂吉　一八八二（明治一五）―一九五三（昭和二八）年。歌人・医師。山形県生まれ。伊藤左千夫《いとうさちお》に師事し、雑誌「アララギ」の編集に携わった。一九一三年、歌集『赤光』によって認められる。ほかに歌集『あらたま』『白き山』などがある。

1　みちのく　東北地方のこと。「道の奥」の意。
2　吾妻やま　福島県と山形県の県境にある連峰。磐梯《ばんだい》朝日国立公園に属する。
3　玄鳥　ツバメのこと。
4　足乳ねの　「母」「親」にかかる枕詞《まくらことば》。
5　おきな草　キンポウゲ科の多年草。四、

わが母を焼かねばならぬ火を持てり天《あま》つ空には見るものもなし
星のゐる夜ぞらのもとに赤赤と[6]ははそはの母は燃えゆきにけり
[7]はふり火を守りこよひは更けにけり今夜《こよひ》の天《てん》のいつくしきかも
灰のなかに母をひろへり朝日《あさひ》子《こ》ののぼるがなかに母をひろへり
[8]どくだみも[9]薊《あざみ》の花も焼けゐたり人葬所《ひとはふりど》の天《あめ》明けぬれば
[10]かぎろひの春なりければ木の芽みな吹き出《いづ》る山べ行きゆくわれよ
[11]酸の湯に身はすつぽりと浸りゐて空にかがやく光を見たり
山ゆゑに笹《ささ》竹の子を食ひにけりははそはの母よははそはの母よ

（『赤光《しゃっこう》』）

五月頃、内面が暗赤色で、外面に絹毛を密生した六弁の花を開く。

6 ははそはの　「母」にかかる枕詞。

7 はふり火　火葬の火。

8 どくだみ　ドクダミ科の多年草。初夏、白色の四弁花と見える苞《ほう》の上に、淡黄色の小花を密生する。

9 薊　キク科の宿根草。葉に多くの切れ込みやとげがあり、赤紫色または白色の花が咲く。

10 かぎろひの　「春」「燃ゆ」にかかる枕詞。

11 酸の湯　ここでは、山形市の蔵王《ざおう》温泉をさす。強い酸性の湯が湧く。

●理解●

(1)「母」を表現するのにどのようなことばや枕詞《まくらことば》が使われているか、説明しなさい。

(2)「我が母よ」の歌には、どのような表現上の特色があるか。また、この歌は、一連の作品のなかでどのような位置にあるか、考えなさい。

俳句

冬蜂の死に所なく歩行《ある》きけり

村上鬼城《むらかみきじょう》

自嘲

うしろすがたのしぐれてゆくか

種田山頭火《たねださんとうか》

竹馬やいろはにほへとちり〴〵[1]に

久保田万太郎《くぼたまんたろう》

月光に深雪《みゆき》の創《きず》のかくれなし

川端茅舎《かわばたぼうしゃ》

しんしんと肺碧《あを》きまで海のたび

篠原鳳作《しのはらほうさく》

そら豆はまことに青き味したり

細見綾子《ほそみあやこ》

湾曲し火傷《やけど》し爆心地のマラソン

金子兜太《かねことうた》

村上鬼城　一八六五（慶応元）―一九三八（昭和一三）年。正岡子規《まさおかしき》の後継者をもって任じた。『鬼城句集』など。

種田山頭火　一八八二（明治一五）―一九四〇（昭和一五）年。放浪生活を自由律で詠んだ。『草木塔』など。

久保田万太郎　一八八九（明治二二）―一九六三（昭和三八）年。江戸情緒の表現を得意とした。『道芝』など。

1 〳〵　「〳〵」は二文字以上を繰り返す際の記号。ここは「ぢり」と読む。

川端茅舎　一八九七（明治三〇）―一九四一（昭和一六）年。格調を重んじた句が特徴的。『川端茅舎句集』など。

篠原鳳作　一九〇六（明治三九）―三六（昭和一一）年。無季の俳句を探究した。没後、『篠原鳳作句文集』刊行。

細見綾子　一九〇七（明治四〇）―九七（平成九）年。日常を率直にとらえて定評がある。『冬薔薇《ばら》』などがある。

大寒[2]の一戸もかくれなき故郷　飯田龍太《いいだりゅうた》

軍鼓鳴り
荒涼と
秋の
痣《あざ》となる　高柳重信《たかやなぎしげのぶ》

紅梅や枝々は空奪ひあひ　鷹羽狩行《たかはしゅぎょう》

千年の留守に瀑布《ばくふ》を掛けておく　夏石番矢《なついしばんや》

●理解●―　(1)それぞれの句を、句切れや改行、音の響きに注意しながら音読しなさい。
(2)季語の意味とイメージの広がりに注意して、それぞれの句の情景を説明しなさい。

金子兜太　一九一九（大正八）―二〇一八（平成三〇）年。社会性を持つ前衛俳句を主唱した。『少年』など。

飯田龍太　一九二〇（大正九）―二〇〇七（平成一九）年。自然を鋭い感性によって表現した。『童眸《どうぼう》』など。

2 大寒　陰暦の二十四節季の一つ。陽暦の一月二〇日頃。一年で最も寒い。

高柳重信　一九二三（大正一二）―一九八三（昭和五八）年。多行形式など新生面を切り開いた。『伯爵領』など。

鷹羽狩行　一九三〇（昭和五）年―。即物的に対象を把握、斬新な見立ての境地を開いた。『誕生』など。

夏石番矢　一九五五（昭和三〇）年―。無季による宇宙・世界観の表現を試みた。『メトロポリティック』など。

舞姫

森《もり》　鷗外《おうがい》

石炭をばはや積み果てつ。中等室の卓《つくゑ》のほとりはいと静かにて、熾熱灯《しねつとう》[1]の光の晴れがましきもいたづらなり[2]。今宵《こよひ》は夜ごとにここに集ひ来る骨牌《カルタ》[3]仲間もホテルに宿りて、舟に残れるは余一人のみなれば。五年《いつとせ》前のことなりしが、平生《ひごろ》の望み足りて、洋行の官命をかうむり、このセイゴン[4]の港まで来《こ》し頃は、目に見るもの、耳に聞くもの、一つとして新たならぬはなく、筆に任せて書き記しつる紀行文◈日ごとに幾千言をかなしけむ、当時の新聞に載せられて、世の人にもてはやされしかど、今日になりて思へば、幼き思想、身のほど知らぬ放言、さらぬも尋常《よのつね》の動植金石[5]、さては風俗などをさへ珍しげに記ししを、◈心ある人はいかにか見けむ。こたびは途に上りしとき、日記《にき》ものせむとて買ひし冊子もまだ白紙のままなるは、ドイツにて物学びせし間《ま》に、一種のニル・アドミラリイ[6]の気象[7]をや養ひ得たりけむ、あらず、これには別に故あり。

げに東《ひんがし》に帰る今の我は、西に航せし昔の我ならず、学問こそなほ心に飽き足らぬところも多かれ、浮き世の憂きふし[8]をも知りたり、人の心の頼みがたきは言ふもさ[9]

森　鷗外　一八六二（文久二）—一九二二（大正一一）年。小説家・陸軍軍医。島根県生まれ。一八八四年、ドイツに留学。公務の傍ら多彩な文学活動を展開し、日本近代文学の形成に貢献した。小説に『雁《がん》』『渋江抽斎《しぶえちゅうさい》』、翻訳にアンデルセン『即興詩人』などがある。この作品は一八九〇年に発表されたもので、本文は「鷗外全集」第一巻によった。

1　**熾熱灯**　白熱電灯のこと。
2　**いたづらなり**　無駄である。役に立たない。
3　**骨牌《カルタ》**　カード。トランプ。
4　**セイゴン**　サイゴン。現在のベトナムのホーチミン。
◈　**日ごとに幾千言をかなしけむ**　毎日幾千のことばとなっただろうか。
5　**動植金石**　動物・植物・鉱物。

らなり、我と我が心さへ変はりやすきをも悟り得たり。昨日の是は今日の非なる我が瞬間の感触を、筆に写して誰《たれ》にか見せむ。これや日記の成らぬ縁故なる、あらず、これには別に故あり。

ああ、[10]ブリンヂイシイの港を出《い》でてより、早二十日あまりを経ぬ。世の常ならば[11]生面《せいめん》の客にさへ交はりを結びて、旅の憂さを慰め合ふが航海の習ひなるに、[12]微恙《びやう》にことよせて房《へや》の内にのみ籠もりて、同行の人々にも物言ふことの少なきは、人知らぬ恨みに頭《かしら》のみ悩ましたればなり。この恨みは初め一抹の雲のごとく我が心をかすめて、スイスの山色をも見せず、イタリアの古跡にも心をとどめさせず、中頃は世を厭《いと》ひ、身をはかなみて、[13]腸《はらわた》日ごとに九廻《きうくわい》すとも言ふべき惨痛を我に負はせ、今は心の奥に凝り固まりて、一点の翳《かげ》とのみなりたれど、文《ふみ》読むごとに、物見るごとに、鏡に映る影、声に応ずる響きのごとく、限りなき懐旧の情を呼び起こして、幾《いく》度《たび》となく我が心を苦しむ。ああ、いかにしてかこの恨みを[14]銷《せう》せむ。もし他の恨みなりせば、詩に詠じ歌によめる後は心地すがすがしくもなりなむ。これのみはあまりに深く我が心に彫《ゑ》りつけられたればさはあらじと思へど、今宵はあたりに人もなし、[15]房奴《ばうど》の来て電気線の鍵をひねるにはなほほどもあるべければ、[16]いで、その概略を文《ふみ》に綴《つづ》りてみむ。

余は幼き頃より厳しき[17]庭の訓へ《をしへ》を受けし甲斐《かひ》に、父をば早く失ひつれど、学問の荒《すさ》み衰ふることなく、[18]旧藩の学館に在りし日も、東京に出でて[19]予備黌《よびくわう》に通ひしとき

◈**心ある人はいかにか見けむ**　思慮分別のある人はどのように見ただろうか。

6 **ニル・アドミラリイ**　何事にも動かされないこと。外界に左右されない態度・精神。[ラテン語] nil admirari

7 **気象**　気性。気質。

8 **憂きふし**　つらい事柄。

9 **言ふもさらなり**　言うまでもない。

10 **ブリンヂイシイ**　アドリア海に臨むイタリア南部の港。ブリンディジ。

11 **生面**　初対面。

12 **微恙**　ちょっとした病気。

13 **腸日ごとに九廻す**　心の苦しみもだえるさま。

14 **銷せむ**　消そう。

15 **房奴**　船室のボーイ。

16 **いで**　さあ。どれ。

17 **庭の訓へ**　家庭での教育。

18 **旧藩の学館**　藩校のこと。

19 **予備黌**　東京大学予備門。旧制第一高等学校の前身。

〈洋行〉〈官命〉〈放言〉〈惨痛〉〈懐旧〉〈概略〉

も、大学法学部に入りし後も、太田《おほた》豊太郎《とよたらう》といふ名はいつも一級の首《はじめ》に記されたりしに、◈一人子の我を力になして世を渡る母の心は慰みけらし。十九の歳《とし》には学士の称を受けて、大学の立ちてよりその頃までにまたなき名誉なりと人にも言はれ、某《なにがし》省に出仕して、故郷なる母を都に呼び迎へ、楽しき年を送ること三年《みとせ》ばかり、官長の[20]覚え殊なりしかば、洋行して[21]一課の事務を取り調べよとの命を受け、我が名を成さむも、我が家を興さむも、今ぞと思ふ心の勇み立ちて、五十を越えし母に別るるをもさまで悲しとは思はず、はるばると家を離れてベルリンの都に来ぬ。

余は模糊《もこ》たる功名の念と、[22]検束に慣れたる勉強力とを持ちて、たちまちこの[23]ヨオロッパの新大都の中央に立てり。なんらの光彩ぞ、我が目を射むとするは。なんらの色沢ぞ、我が心を迷はさむとするは。菩提樹下《ぼだいじゆか》と訳するときは、幽静なる境なるべく思はるれど、この[24]大道髪のごとき[25]ウンテル・デン・リンデンに来て両辺なる石畳の人道を行く隊々《くみぐみ》の士女を見よ。胸張り肩そびえたる士官の、まだ[26]ウイルヘルム一世の街に臨める窓に倚《よ》りたまふ頃なりければ、様々の色に飾りなしたる礼装をなしたる、顔よき少女《をとめ》のパリまねびの粧《よそほ》ひしたる、かれもこれも目を驚かさぬはなきに、車道の[27]土瀝青《チヤン》の上を音もせで走るいろいろの馬車、雲にそびゆる楼閣の少しとぎれたる所には、晴れたる空に夕立の音を聞かせてみなぎり落つる噴井《ふきゐ》の水、遠く望めば[28]ブランデンブルク門を隔てて緑樹枝をさし交はしたる中より、半天に浮かび出《い》でたる[29]凱旋塔《がいせんたふ》の神女の像、このあまたの景物[30]目睫《もくせふ》の間《かん》に集まりたれば、初めてこ

◈ **一人子の我を力になして世を渡る母の心は慰みけらし**　一人っ子の私をよりどころとして暮らす母の心は慰められただろう。

20 **覚え**　信任。

21 **一課の事務**　割り当てられた仕事。

22 **検束**　抑制。自己を規制すること。

23 **ヨオロッパの新大都**　ベルリンのこと。

24 **大道髪のごとき**　大道のまっすぐなさまの形容。

25 **ウンテル・デン・リンデン**　ベルリンの中心街。ドイツ語で「菩提樹の下」の意。

26 **ウイルヘルム一世**　Wilhelm I　一七九七―一八八八年。プロシア王。ドイツを統一し、初代ドイツ皇帝になった。ビスマルクを首相として重用した。

27 **土瀝青**《チヤン》　アスファルト。

28 **ブランデンブルク門**　ウンテル・デン・リンデンの西端にある門。

29 **凱旋塔**　ブランデンブルク門の西北にあった戦勝記念塔。頂に勝利の女神が飾ってあった。

30 **目睫の間**　非常に近い距離。「目睫」は、目とまつげ。

こに来《こ》しものの◈応接にいとまなきもうべなり。されど我が胸にはたとひいかなる境に遊びても、あだなる美観に心をば動かさじの誓ひありて、つねに[1]我を襲ふ外物を遮りとどめたりき。

余が鈴索《すずなは》[31]を引き鳴らして謁を通じ、公の紹介状を出だして東来[32]の意を告げしプロ[33]シアの官員は、みな快く余を迎へ、公使館よりの手つづきだに事なく済みたらましかば、何事にもあれ、教へもし伝へもせむと約しき。喜ばしきは、我がふるさとにて、ドイツ、フランスの語を学びしことなり。彼らは初めて余を見しとき、いづくにていつの間にかくは学び得つると問はぬことなかりき。

さて官事のいとまあるごとに、かねて公の許しをば得たりければ、ところの大学に入りて政治学を修めむと、名を簿冊に記させつ[34]。

ひと月ふた月と過ぐすほどに、公の打ち合はせも済みて、取り調べもしだいに捗《はかど》りゆけば、急ぐことをば報告書に作りて送り、さらぬをば写しとどめて、つひには幾巻《いくまき》をかなしけむ。大学のかたにては、幼き心に思ひ計りしがごとく、政治家になるべき特科のあるべうもあらず[35]、これかかれかと心迷ひながらも、二、三の法家の[36]講筵《かうえん》に連なることに思ひ定めて、謝金を納め、行きて聴きつ。

かくて三年《みとせ》ばかりは夢のごとくにたちしが、時来《きた》れば包みても包みがたきは人の好尚[37]なるらむ、余は父の遺言を守り、母の教へに従ひ、人の神童なりなど褒むるが嬉《うれ》しさに怠らず学びしときより、官長のよき働き手を得たりと励ますが喜ばしさに

◈**応接にいとまなきもうべなり**　一つ一つじっくり見ている暇がないのも当然である。

[1]「我を襲ふ外物」とは何か。

31 **鈴索**　訪問を知らせる鈴を鳴らすためのひも。

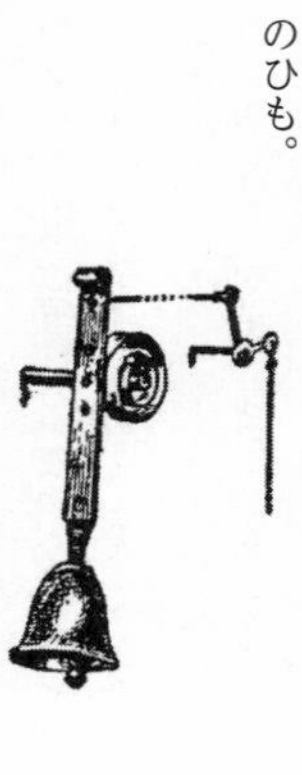

32 **東来**　東洋の国から来たこと。

33 **プロシア**　プロイセンの英語名。ドイツ帝国建設の中心となった王国。この頃日本では、ドイツ帝国全体をプロシアとも呼んだ。

34 **名を簿冊に記させつ**　姓名を登録させた。

35 **あるべうもあらず**　あるべくもない。あるはずもない。

36 **法家の講筵**　法律学者の講義の席。

37 **好尚**　好み。欲望。

一〈学士〉〈幽静〉〈楼閣〉〈遺言〉〈神童〉

たゆみなく勤めしときまで、ただ[38]所動的、器械的の人物になりて自ら悟らざりしが、今二十五歳になりて、既に久しくこの自由なる大学の風に[39]当たりたればにや、心の中なにとなく穏やかならず、奥深く潜みたりしまことの我は、やうやう表に現れて、昨日までの我ならぬ我を攻むるに似たり。余は我が身の今の世に雄飛すべき政治家になるにもよろしからず、またよく法典をそらんじて[40]獄を断ずる法律家になるにもふさはしからざるを悟りたりと思ひぬ。余はひそかに思ふやう、我が母は余を生きたる辞書となさむとし、我が官長は余を生きたる法律となさむとやしけむ。辞書たらむはなほ堪ふべけれど、法律たらむは忍ぶべからず。今までは瑣々《ささ》たる問題にも、極めて丁寧にいらへしつる余が、この頃より官長に寄する書《ふみ》にはしきりに法制の細目にかかづらふべきにあらぬを論じて、ひとたび法の精神をだに得たらむには、❖紛々たる万事は破竹のごとくなるべしなどと広言しつ。また大学にては法科の講筵《かうえん》をよそにして、歴史文学に心を寄せ、やうやく[41]蔗《しよ》を嚼《か》む境に入りぬ。

官長はもと心のままに用ゐるべき器械をこそ作らむとしたりけめ。独立の思想を抱きて、人なみならぬ面もちしたる男を[42]いかでか喜ぶべき。危ふきは余が当時の地位なりけり。されど❷これのみにては、なほ我が地位を覆すに足らざりけむを、日頃ベルリンの留学生のうちにて、ある勢力ある一群れと余との間に、面白からぬ関係ありて、かの人々は余を猜疑《さいぎ》し、またつひに余を[43]讒誣《ざんぶ》するに至りぬ。されどこれとてもその故❸なくてやは。

38 所動的　受け身の。

39 当たりたればにや　当たったからだろうか。

40 獄を断ずる　裁きを下す。

❖ **紛々たる万事は破竹のごとくなるべし**　入り乱れた万事は竹を割るように一気に片付くだろう。

41 蔗を嚼む境　次第に面白みが分かること。

42 いかでか喜ぶべき　どうして喜ぶだろうか。

❷ 「これ」は何をさすか。

43 讒誣する　事実を曲げて人のことを悪

かの人々は余がともに麦酒《ビイル》の杯をも挙げず、球突きの棒《キユウ》をも取らぬを、かたくななる心と欲を制する力とに帰して、かつは嘲りかつは嫉《ねた》みたりけむ。されどこは余を知らねばなり。ああ、この故よし[44]は、我が身だに知らざりしを、いかでか人に知らるべき。我が心はかの合歓《ねむ》[45]といふ木の葉に似て、物触《さや》れば縮みて避けむとす。我が心は処女に似たり。余が幼き頃より長者[46]の教へを守りて、学びの道をたどりしも、仕への道をあゆみしも、みな勇気ありてよくしたるにあらず、耐忍勉強の力と見えしも、みな自ら欺き、人をさへ欺きつるにて、人のたどらせたる道を、ただ一筋にたどりしのみ。よそに心の乱れざりしは、外物を棄《す》てて顧みぬほどの勇気ありしにあらず、ただ外物に恐れて自ら我が手足を縛せしのみ。故郷を立ち出《い》づる前にも、我が有為[47]の人物なることを疑はず、また我が心のよく耐へむことをも深く信じたりき。ああ、かれも一時。舟の横浜を離るるまでは、あつぱれ豪傑と思ひし身も、❖せきあへぬ涙に手巾[48]を濡《ぬ》らしつるを我ながら怪しと思ひしが、これぞなかなかに我が本性なりける。この心は生まれながらにやありけむ、また早く父を失ひて母の手に育てられしによりてや生じけむ。

かの人々の嘲るはさることなり。されど嫉むはおろかならずや。この弱くふびんなる心を。

赤く白く面《おもて》を塗りて、赫然《かくぜん》[49]たる色の衣をまとひ、珈琲店《カツフエエ》[50]に座して客を引く女《をみな》を見ては、行きてこれに就かむ勇気なく、高き帽を戴《いただ》き、眼鏡に鼻を挟ませて、プロシ

く言う。

3 どのような「故」か。

44 故よし 故由《ゆえよし》。いわれ。理由。

45 合歓 マメ科の落葉高木。その葉は夜になると閉じて垂れる。

46 長者 年長の人。目上の人。

47 有為 能力があること。

❖ せきあへぬ涙に……我が本性なりける とどめきれない涙にハンカチをぬらしたのを我ながらおかしいと思ったが、これこそむしろ私の本性だったのだ。

48 手巾 ハンカチ。

49 赫然たる けばけばしい。

50 珈琲店《カツフエエ》 コーヒーや酒類などを提供する店。[ドイツ語] Café

—〈雄飛〉〈破竹〉〈耐忍〉

アにては貴族めきたる鼻音にて物言ふレエベマン[51]を見ては、行きてこれと遊ばむ勇気なし。これらの勇気なければ、かの活発なる同郷の人々と交はらむやうもなし。この交際の疎きがために、かの人々はただ余を嘲り、余を嫉《ねた》むのみならで、また余を猜疑《さいぎ》することとなりぬ。これぞ余が冤罪《ゑんざい》を身に負ひて、暫時の間に無量の艱難《かんなん》[52]を閲《けみ》し尽くすなかだちなりける。

ある日の夕暮れなりしが、余は獣苑《じうゑん》[53]を漫歩して、ウンテル・デン・リンデンを過ぎ、我がモンビシユウ街の僑居《けうきよ》[54]に帰らむと、クロステル巷《かう》[55]の古寺の前に来ぬ。余はかの灯火《ともしび》の海を渡り来て、この狭く薄暗き巷《こうぢ》に入り、楼上の木欄《おばしま》[56]に干したる敷布、襦袢《はだぎ》などまだ取り入れぬ人家、頬髭《ほほひげ》長きユダヤ教[57]徒の翁《おきな》が戸前にたたずみたる居酒屋、一つの梯《はしご》はただちに楼《たかどの》に達し、他の梯は穴蔵住まひの鍛冶が家に通じたる貸家などに向かひて、凹字の形に引き込みて建てられたる、この三百年前の遺跡を望むごとに、心の恍惚《くわうこつ》となりてしばしたたずみしこと幾度《いくたび》なるを知らず。

今この所を過ぎむとするとき、鎖《とざ》したる寺門の扉に倚《よ》りて、声をのみつつ泣くひとりの少女《をとめ》あるを見たり。年は十六、七なるべし。被《かむ》りし巾《きれ》を洩《も》れたる髪の色は、薄きこがね色にて、着たる衣は垢《あか》つき汚れたりとも見えず。我が足音に驚かされてかへりみたる面《おもて》、余に詩人の筆なければこれを写すべくもあらず。この青く清らにて物問ひたげに愁ひを含める目《まみ》の、半ば露を宿せる長き睫毛《まつげ》に覆はれたるは、何故に一顧したるのみにて、用心深き我が心の底までは徹したるか。

51 レエベマン　道楽者。遊び人。［ドイツ語］Lebemann

52 艱難　苦しみ。困難。

53 獣苑　ティーアガルテン（［ドイツ語］Tiergarten）の訳。ブランデンブルク門の西にある大森林公園。

54 僑居　仮住まい。下宿。

55 クロステル巷　クロステル街。

56 木欄　手すり。

57 ユダヤ教　ユダヤ人の宗教。絶対唯一神ヤハウェ（エホバ）を信奉し、モーゼの律法を奉ずる。聖典は『旧約聖書』。

彼[58]ははからぬ深き嘆きに遭ひて、前後を顧みるいとまなく、ここに立ちて泣くにや。我が臆病なる心は憐憫《れんびん》の情に打ち勝たれて、余は覚えずそばに倚り、「何故に泣きたまふか。[59]ところに係累なき外人《よそびと》は、かへりて力を貸しやすきこともあらむ。」と言ひ掛けたるが、我ながら我が大胆なるにあきれたり。

彼は驚きて我が黄なる面をうち守りしが、我が真率なる心や色[60]に現れたりけむ。

「君は善き人なりと見ゆ。❹彼のごとく酷《むご》くはあらじ。また我が母のごとく。」しばし涸《か》れたる涙の泉はまたあふれて愛らしき頰を流れ落つ。

「我を救ひたまへ、君。我が恥なき人とならむを。母は我が彼の言葉に従はねばとて、我を打ちき。父は死にたり。明日は葬らではかなはぬに、家に一銭の貯《たくは》へだになし。」

あとは[61]欷歔《ききよ》の声のみ。我が眼はこのうつむきたる少女の震ふ項《うなじ》にのみ注がれたり。

「君が家《や》に送り行かむに、まづ心を鎮めたまへ。※声をな人に聞かせたまひそ。ここは往来なるに。」彼は物語するうちに、覚えず我が肩に倚りしが、このときふと頭《かしら》をもたげ、また初めて我を見たるがごとく、恥ぢて我が側《そば》を飛びのきつ。

人の見るが厭《いと》はしさに、早足に行く少女の跡につきて、寺の筋向かひなる大戸を入れば、欠け損じたる石の梯あり。これを上りて、四階目に腰を折りてぐるべきほどの戸あり。少女は錆《さ》びたる針金の先をねぢ曲げたるに、手を掛けて強く引きしに、中にはしはがれたる老媼《おうな》の声して、「誰《た》ぞ。」と問ふ。エリス帰りぬと答ふる間

58 彼　この少女をさす。「彼」は、明治時代まで男女の区別なく用いられた。

59 ところに係累なき　この地につながりのある人を持たない。

60 色　表情。

❹「彼」とは誰のことか。

61 欷歔　すすり泣き。

※ 声をな人に聞かせたまひそ　泣き声を人に聞かせてはなりません。

一〈暫時〉〈鍛冶〉〈一顧〉〈真率〉

もなく、戸をあらかに[62]引き開けしは、半ば白みたる髪、悪《あ》しき相にはあらねど、貧苦の跡を額《ぬか》に印《しる》せし面《おもて》の老媼《おうな》にて、古き獣綿[63]の衣を着、汚れたる上靴を履きたり。エリスの余に会釈して入るを、彼は待ちかねしごとく、戸を激しくたて切りつ。

余はしばし茫然《ばうぜん》として立ちたりしが、ふと油灯《ランプ》の光に透かして戸を見れば、エルンスト・ワイゲルトと漆もて書き、下に仕立物師と注したり。これすぎぬといふ少女《をとめ》が父の名なるべし。内には言ひ争ふごとき声聞こえしが、また静かになりて戸は再び開きぬ。先の老媼は慇懃《いんぎん》におのが無礼の振る舞ひせしを詫《わ》びて、余を迎へ入れつ。戸の内は厨《くりや》[64]にて、右手《めて》の低き窓に、真白に洗ひたる麻布を掛けたり。左手《ゆんで》には粗末に積み上げたる煉瓦《れんぐわ》のかまどあり。正面の一室の戸は半ば開きたるが、内には白布を覆へる臥床《ふしど》[65]あり。伏したるはなき人なるべし。かまどの側《そば》なる戸を開きて余を導きつ。この所はいはゆるマンサルド[66]の街に面したる一間なれば、天井もなし。隅の屋根裏より窓に向かひて斜めに下がれる梁《はり》を、紙にて張りたる下の、立たば頭《かしら》のつかふべき所に臥床あり。中央なる机には美しき氈《かも》[67]を掛けて、上には書物一、二巻と写真帳とを並べ、陶瓶《たうへい》[68]にはここに似合はしからぬ価《あたひ》高き花束を生けたり。そが傍らに少女は羞《はぢ》を帯びて立てり。

彼は優れて美なり。乳《ち》のごとき色の顔は灯火《ともしび》に映じて微紅《うすくれなゐ》を潮《さ》[69]したり。手足のか細くたをやかなるは、貧家の女《をみな》に似ず。老媼の室《へや》を出でし後にて、少女は少し訛《なま》りたる言葉にて言ふ。「許したまへ。君をここまで導きし心なさを。君は善き人な

62 あららかに　荒々しく。

63 獣綿　ラシャ。羊毛を原料とした厚地の毛織物。

64 厨　台所。

65 臥床　ベッド。

66 マンサルド　屋根裏部屋。［フランス語］mansarde

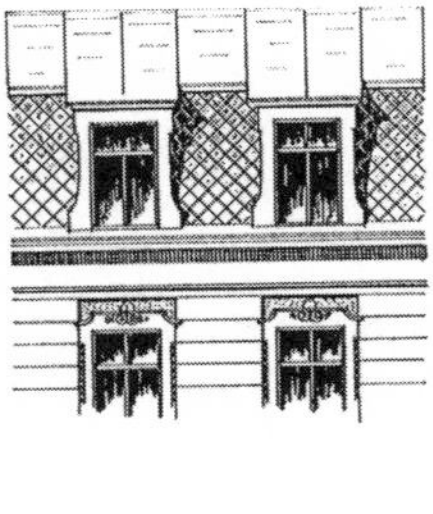

67 氈　毛織りのテーブル・クロス。

68 陶瓶　陶製の花瓶。

69 潮したり　帯びている。

❖ よも憎みたまはじ　まさかお憎みにならないでしょう。

70 ヴィクトリア座　ウンテル・デン・リンデンの北東にあった劇場。

71 抱へ　雇われ人。

るべし。我をばよも憎みたまはじ。明日に迫るは父の葬《はふ》り、たのみに思ひしシヤウムベルヒ、君は彼を知らでやおはさむ。彼はヴイクトリア座[70]の座頭《ざがしら》なり。彼が抱へ[71]となりしより、早二年《ふたとせ》なれば、事なく我らを助けむと思ひしに、人の憂ひにつけ込みて、身勝手なる言ひ掛け[72]せむとは。我を救ひたまへ、君。◈金をばさき給金をさきて返しまゐらせむ。よしや[73]我が身は食らはずとも。それもならずば母の言葉に。」彼は涙ぐみて身を震はせたり。その見上げたる目《まみ》には、人に否とは言はせぬ媚態《びたい》あり。この目の働きは知りてするにや、また自らは知らぬにや。

我が隠しには二、三マルク[74]の銀貨あれど、それにて足るべくもあらねば、余は時計をはづして机の上に置きぬ。「これにて一時の急をしのぎたまへ。質屋の使ひのモンビシユウ街三番地にて太田《おほた》と訪ね来《こ》む折には価を取らすべきに。」

少女は驚き感ぜしさま見えて、余が辞別《わかれ》のために出《い》だしたる手を唇に当てたるが、はらはらと落つる熱き涙《なんだ》を我が手の背《そびら》に注ぎつ。

ああ、なんらの悪因ぞ。5 この恩を謝せむとて、自ら我が僑居《けうきよ》に来し少女は、シヨオペンハウエル[75]を右にし、シルレル[76]を左にして、終日《ひねもす》兀坐《こつざ》[77]する我が読書の窓下に、一輪の名花を咲かせてけり。このときを初めとして、余と少女との交はりやうやくしげくなりもて行きて、同郷人にさへ知られぬれば、彼らは速了[78]にも、余をもて色を舞姫の群れに漁するものとしたり。我ら二人の間にはまだ痴騃《ちがい》[79]なる歓楽のみ存したりしを。

72 言ひ掛け 言いがかり。

◈ **金をば薄き給金をさきて返しまゐらせむ** お金は少ない給料を割いてお返しいたしましょう。

73 よしや たとえ。

74 マルク かつてドイツで使用されていた貨幣の単位。[ドイツ語] Mark

5 「悪因」という言い方をしたのはなぜか。

75 シヨオペンハウエル Arthur Schopenhauer 一七八八―一八六〇年。ドイツの哲学者。著書に『意志と表象としての世界』などがある。ショーペンハウアー。

76 シルレル Friedrich von Schiller 一七五九―一八〇五年。ドイツの詩人・劇作家。戯曲に『ヴィルヘルム・テル』などがある。シラー。

77 兀坐 じっと座っていること。

78 速了にも 早合点して。

79 痴騃 子供っぽいさま。

〈貧苦〉〈仕立物〉〈質屋〉〈悪因〉〈歓楽〉

その名を指さむは憚《はばか》りあれど、同郷人の中に事*を好む人ありて、余がしばしば芝居に出入りして、女優と交はるといふことを、官長のもとに報じつ。さらぬだに[80]余がすこぶる学問の岐路に走るを知りて憎み思ひし官長は、つひに旨を公使館に伝へて、我が官を免じ、我が職を解いたり。公使がこの命を伝ふるとき余に言ひしは、御身《おんみ》もし即時に郷に帰らば、路用[81]を給すべけれど、もしなほここに在らむには、公の助けをば仰ぐべからずとのことなりき。余は一週日の猶予を請ひて、とやかうと[82]思ひ煩ふうち、我が生涯にて最も悲痛を覚えさせたる二通の書状に接しぬ。この二通はほとんど同時に出《い》だししものなれど、一は母の自筆、一は親族なる某《なにがし》が、母の死を、我がまたなく慕ふ母の死を報じたる書《ふみ》なりき。余は母の書中の言《こと》をここに反覆するに堪へず、涙の迫り来て筆の運びを妨ぐればなり。

余とエリスとの交際は、このときまではよそ目に見るより清白なりき。彼は父の貧しきがために、充分なる教育を受けず、十五のとき舞の師のつのりに応じて、この恥づかしき業《わざ》を教へられ、クルズス[83]果てて後、ヴィクトリア座に出でて、今は場中第二の地位を占めたり。されど詩人ハックレンデル[84]が当世の奴隷と言ひしごとく、はかなきは舞姫の身の上なり。薄き給金にて繋《つな》がれ、昼の温習[85]、夜の舞台と厳しく使はれ、芝居の化粧部屋に入りてこそ紅粉をも粧《よそほ》ひ、美しき衣をもまとへ、場外にては独り身の衣食も足らずがちなれば、親はらからを養ふものはその辛苦いかにぞや。されば彼らの仲間にて、賤《いや》しき限りなる業に堕《お》ちぬは稀《まれ》なりとぞいふなる。エ

80 さらぬだに　そうでなくてさえ。

81 路用　旅費。

82 とやかうと　あれこれと。

83 クルズス　Kursus　講習。課程。［ドイツ語］

84 ハックレンデル　Friedrich Wilhelm von Hackländer　一八一六—七七年。ドイツの作家。著書『ヨーロッパの奴隷生活』に、踊り子を奴隷の例として挙げている。ハックレンダー。

85 温習　おさらい。

リスがこれを逃れしは、おとなしき性質と、剛気ある父の守護とによりてなり。彼は幼きときより物読むことをばさすがに好みしかど、手に入るは卑しきコルポルタ[86]アジユと唱ふる貸本屋の小説のみなりしを、余と相知る頃より、余が貸しつる書を読みならひて、やうやく趣味をも知り、言葉の訛《なま》りをも正し、いくほどもなく余に寄する文《ふみ》にも誤字少なくなりぬ。かかれば余ら二人の間にはまづ師弟の交はりを生じたるなりき。我が不時の免官を聞きしときに、彼は色を失ひつ。余は彼が身の事に関はりしを包み隠しぬれど、彼は余に向かひて母にはこれを[6]秘めたまへと言ひぬ。こは母の余が学資を失ひしを知りて余を疎んぜむを恐れてなり。

ああ、詳しくここに写さむも要なけれど、余が彼を愛《め》づる心のにはかに強くなりて、つひに離れ難き仲となりしはこの折なりき。我が一身の大事は前に横たはりて、まことに*危急存亡の秋《とき》なるに、この行ひありしをあやしみ、またそしる人もあるべけれど、余がエリスを愛する情は、初めて相見しときよりあさくはあらぬに、今我が[87]数奇《さくき》を哀れみ、また別離を悲しみて伏し沈みたる面《おもて》に、鬢《びん》の毛の解けてかかりたる、その美しき、いぢらしき姿は、余が悲痛感慨の刺激によりて常ならずなりたる脳髄を射て、※恍惚の間《かん》にここに及びしをいかにせむ。

公使に約せし日も近づき、我が命《めい》は迫りぬ。このままにて郷に帰らば、学成らずして汚名を負ひたる身の*浮かぶ瀬あらじ。さればとてとどまらむには、学資を得べき手だてなし。

86 コルポルタアジユ　行商。［フランス語］colportage

6「秘めたまへ」と言ったのはなぜか。

87 数奇　不運。不幸せ。

※ **恍惚の間にここに及びしをいかにせむ**　心奪われている間にこうなってしまったのをどうしたらよいのか。

〈岐路〉〈猶予〉〈免官〉〈脳髄〉
*事を好む
*危急存亡の秋
*浮かぶ瀬

このとき余を助けしは今我が同行の一人なる相沢謙吉《あひざはけんきち》なり。彼は東京に在りて、既に天方《あまがた》伯の秘書官たりしが、余が免官の官報[88]に出《い》でしを見て、某《なにがし》新聞紙の編集長に説きて、余を社の通信員となし、ベルリンにとどまりて政治学芸のことなどを報道せしむることとなしつ。

社の報酬は言ふに足らぬほどなれど、住みかをもうつし、午餐《ひるげ》に行く食店《たべものみせ》をもかへたらむには、微《かす》かなる暮らしは立つべし。とかう[89]思案するほどに、心の誠を顕《あらは》して、助けの綱を我に投げ掛けしはエリスなりき。彼はいかに母を説き動かしけむ、余は彼ら親子の家に寄寓《きぐう》することとなり、エリスと余とはいつよりとはなしに、有るか無きかの収入を合はせて、憂きが中にも楽しき月日を送りぬ。

朝の珈琲《カッフエェ》果つれば、彼は温習に行き、さらぬ日には家にとどまりて、余はキヨオニヒ街[90]の間口狭く奥行きのみいと長き休息所[91]に赴き、あらゆる新聞を読み、鉛筆取り出《い》でてかれこれと材料を集む。この切り開きたる引き窓[92]より光を取れる室《へや》にて、定まりたる業《わざ》なき若人、多くもあらぬ金を人に貸して己は遊び暮らす老人、取引所の業の隙を盗みて足を休むる商人《あきうど》などと臂《ひぢ》を並べ、冷ややかなる石卓《いしづくゑ》の上にて、忙はしげに筆を走らせ、小女《こをんな》が持て来る一盞《ひとつき》[93]の珈琲の冷むるをも顧みず、空きたる新聞の細長き板ぎれに挟みたるを、幾種《いくいろ》となく掛け連ねたるかたへの壁に、幾度《いくたび》となく往来《ゆきき》する日本人を、知らぬ人は何とか見けむ。また一時近くなるほどに、温習に行きたる日には帰り路《ぢ》によぎりて[94]、余とともに店を立ち出づるこの常ならず軽き、

88 **官報** 日刊の政府機関紙。詔勅・法令・辞令など各省の通達事項を掲載する。

89 **とかう** とかく。あれこれと。

90 **キヨオニヒ街** ケーニヒ街。

91 **休息所** 「珈琲店」と同じ。

92 **引き窓** 綱を引いて開閉する天窓。

93 **一盞** 一杯。

94 **よぎりて** 立ち寄って。

95 **掌上の舞** 身振りのごく軽い舞。

[95]掌上の舞をもなし得つべき少女《をとめ》を、怪しみ見送る人もありしなるべし。

我が学問は荒《すさ》みぬ。屋根裏の一灯微かに燃えて、エリスが劇場より帰りて、椅子に寄りて縫ひ物などする側《そば》の机にて、余は新聞の原稿を書けり。昔の法令条目の枯れ葉を紙上にかき寄せしとは[96]殊にて、今は活発々《くわつはつはつ》たる政界の運動、文学美術に係る新現象の批評など、かれこれと結び合はせて、力の及ばむ限り、[97]ビヨルネよりはむしろ[98]ハイネを学びて思ひを構へ、様々の文《ふみ》を作りし中にも、引き続きてウイルヘルム一世と[99]フレデリック三世との[100]崩殂《ほうそ》ありて、[101]新帝の即位、[102]ビスマルク侯の進退いかんなどのことにつきては、ことさらに詳《つまびら》かなる報告をなしき。さればこの頃よりは思ひしよりも忙はしくして、多くもあらぬ蔵書を繙《ひもと》き、旧業を尋ぬることも難く、大学の籍はまだ削られねど、謝金を納むることの難ければ、ただ一つにしたる講筵《かうえん》だに行きて聴くことは稀《まれ》なりき。

我が学問は荒みぬ。されど余は別に一種の見識を長じき。そをいかにと言ふに、およそ民間学の流布したることは、欧州諸国の間にてドイツにしくはなからむ。幾百種の新聞雑誌に散見する議論にはすこぶる高尚なるも多きを、余は通信員となりし日より、かつて大学にしげく通ひし折、養ひ得たる[103]一隻の眼孔もて、読みてはまた読み、写してはまた写すほどに、今まで一筋の道をのみ走りし知識は、おのづから総括的になりて、同郷の留学生などの大かたは、夢にも知らぬ境地に至りぬ。彼らの仲間にはドイツ新聞の◈社説をだによくはえ読まぬがあるに。

96 **殊にて**　異なって。

97 **ビヨルネ**　Ludwig Börne 一七八六―一八三七年。ドイツの評論家。著書に『パリだより』などがある。ベルネ。

98 **ハイネ**　Heinrich Heine 一七九七―一八五六年。ドイツの詩人。詩集に『歌の本』などがある。

99 **フレデリック三世**　Friedrich III 一八三一―八八年。一八八八年三月、父ヴィルヘルム一世の死によって跡を継いだが、六月に死去。フリードリッヒ三世。

100 **崩殂**　崩御。

101 **新帝**　フレデリック三世の子、ヴィルヘルム二世（一八五九―一九四一年）。

102 **ビスマルク**　Otto Eduard Leopold von Bismarck 一八一五―九八年。ドイツの政治家。ヴィルヘルム二世と政策上の意見が対立し、一八九〇年三月に首相を辞職した。

103 **一隻の眼孔**　ものを見通すすぐれた見識のこと。

◈ **社説をだによくはえ読まぬがあるに**　社説さえ満足に読めない者がいるのに。

一〈旧業〉〈散見〉〈高尚〉〈総括的〉

明治二十一年の冬は来にけり。表街《おもてまち》の人道にてこそ砂をも蒔《ま》け、鍤《すき》をもふるへ、クロステル街のあたりは凸凹[104]坎坷《かんか》の所は[105]見ゆめれど、表のみは一面に凍りて、朝《あした》に戸を開けば飢ゑ凍えし雀《すずめ》の落ちて死にたるも哀れなり。室《へや》を温め、かまどに火を焚《た》きつけても、壁の石を通し、衣の綿を穿《うが》つ北ヨオロツパの寒さは、[106]なかなかに堪へ難かり。エリスは二、三日前の夜、舞台にて卒倒しつとて、人に扶《たす》けられて帰り来《こ》しが、それより心地悪《あ》しとて休み、物食ふごとに吐くを、悪阻《つはり》といふものならむと初めて心づきしは母なりき。ああ、さらぬだにおぼつかなきは我が身の行く末なるに、◈もしまことなりせばいかにせまし。

今朝は日曜なれば家に在れど、❼心は楽しからず。エリスは床に臥《ふ》すほどにはあらねど、小さき[107]鉄炉のほとりに椅子さし寄せて言葉少なし。このとき戸口に人の声して、ほどなく[108]庖厨《はうちう》に在りしエリスが母は、郵便の書状を持て来て余に渡しつ。見れば見覚えある相沢が手なるに、郵便切手はプロシアのものにて、消印にはベルリンとあり。いぶかりつつも開きて読めば、[109]とみのことにてあらかじめ知らするに由なかりしが、昨夜《よべ》ここに着せられし天方大臣につきて我も来たり。伯の汝《なんぢ》を[110]見まほしとのたまふに疾《と》く来《こ》よ。汝が名誉を回復するもこのときにあるべきぞ。心のみ急がれて用事をのみ言ひやるとなり。読み終はりて茫然《ばうぜん》たる面もちを見て、エリス言ふ。「故郷よりの文《ふみ》なりや。◈悪しき便りにてはよも。」彼は例の新聞社の報酬に関する書状と思ひしならむ。「否、心にな掛けそ。御身も名を知る相沢が、大臣とともにこ

104 **坎坷** 平らでないこと。また、行き悩むこと。

105 **見ゆめれど** 見えるようだが。

106 **なかなかに** なまじのことでは。

◈ **もしまことなりせばいかにせまし** もし本当であったならどうしたらよいだろう。

❼ 「心は楽しからず」なのはなぜか。

107 **鉄炉** 鉄製のストーブ。

108 **庖厨** 台所。

109 **とみのこと** 急なこと。

110 **見まほし** 会いたい。

◈ **悪しき便りにてはよも** 悪い知らせではまさかないでしょうね。

111 **まみえもやせむ** 面会もするだろうか。

112 **上襦袢** ワイシャツ。

113 **ゲエロツク** フロックコート。男性用の昼間の礼服。[ドイツ語] Gehrock

114 **襟飾り** ネクタイ。

こに来て我を呼ぶなり。急ぐと言へば今よりこそ。」
かはゆき独り子を出《い》だしやる母もかくは心を用ゐじ。大臣に[111]まみえもやせむと思へばならむ、エリスは病をつとめて起《た》ち、[112]上襦袢《うはじゆばん》も極めて白きを選び、丁寧にしまひ置きし[113]ゲエロックといふ二列ぼたんの服を出だして着せ、[114]襟飾りさへ余がために手づから結びつ。

「これにて見苦しとは誰《たれ》もえ言はじ。我が鏡に向きて見たまへ。何故にかく不興なる面もちを見せたまふか。我ももろともに行かまほしきを。」少し容《かたち》をあらためて。「否、かく衣を改めたまふを見れば、なにとなく我が豊太郎の君とは見えず。」また少し考へて。「よしや富貴になりたまふ日はありとも、我をば見捨てたまはじ。我が病は母ののたまふごとくならずとも。」

[8]「何、富貴。」余は微笑しつ。「政治社会などに出でむの望みは絶ちしより幾年《いくとせ》をか経ぬるを。大臣は見たくもなし。ただ年久しく別れたりし友にこそ逢《あ》ひには行け。」エリスが母の呼びし一等[115]ドロシユケは、輪下にきしる雪道を窓の下まで来《き》ぬ。余は手袋をはめ、少し汚れたる外套《ぐわいたう》を背に被《おほ》ひて手をば通さず帽を取りてエリスに接吻《せつぷん》して楼《たかどの》を下りつ。彼は凍れる窓を開け、乱れし髪を[116]朔風《さくふう》に吹かせて余が乗りし車を見送りぬ。

余が車を下りしは[117]カイゼルホオフの入り口なり。門者《かどもり》に秘書官相沢が室《へや》の番号を問ひて、久しく踏み慣れぬ大理石の階《きざはし》を上り、中央の柱に[118]プリユッシユを被へる[119]ゾ

[8] 「何、富貴。」とはどのような気持ちで言ったものか。

115 **ドロシユケ**　一頭立ての辻《つじ》馬車。[ドイツ語] Droschke

116 **朔風**　北風。

117 **カイゼルホオフ**　ホテルの名。ドイツ語で「皇帝ホテル」の意。[ドイツ語] Kaiser Hof

118 **プリユッシユ**　毛織りビロード。[フランス語] peluche

119 **ゾファ**　ソファ。長椅子。[ドイツ語] Sofa

—〈卒倒〉〈不興〉〈富貴〉

フアを据ゑつけ、正面には鏡を立てたる前房[120]に入りぬ。外套《ぐわいたう》をばここにて脱ぎ、廊《わたどの》をつたひて室《へや》の前まで行きしが、余は少し踟躕《ちちう》[121]したり。同じく大学に在りし日に、余が品行の方正なるを激賞したる相沢が、今日はいかなる面もちして出《い》で迎ふらむ。室に入りて相対して見れば、形こそ旧《もと》に比ぶれば肥えてたくましくなりたれ、依然たる快活の気象、我が失行をもさまで意に介せざりきと見ゆ。別後の情を細叙するにもいとまあらず、引かれて大臣に謁し、委託せられしはドイツ語にて記せる文書《もんじよ》の急を要するを翻訳せよとのことなり。余が文書を受領して大臣の室を出でしとき、相沢は後より来て余と午餐《ひるげ》を共にせむと言ひぬ。

　食卓にては彼多く問ひて、我多く答へき。彼が生路[122]はおほむね平滑なりしに、轗《かん》軻《か》[123]数奇《さくき》なるは我が身の上なりければなり。

　余が胸臆を開いて物語りし不幸なる閲歴を聞きて、彼はしばしば驚きしが、なかなかに余を責めむとはせず、かへりて他の凡庸なる諸生輩を罵りき。されど物語の終はりしとき、彼は色を正していさむるやう、この一段のことはもと生まれながらなる弱き心より出でしなれば、今さらに言はむも甲斐《かひ》なし。とはいへ、学識あり、才能あるものが、いつまでか一少女《をとめ》の情にかかづらひて、目的なき生活《なりはひ》をなすべき。今は天方伯もただドイツ語を利用せむの心のみなり。己もまた伯が当時の免官の理由を知れるが故に、強ひてその成心[124]を動かさむとはせず、伯が心中にて曲庇者《きよくひもの》[125]なりなんど思はれむは、朋友《ほういう》に利なく、己に損あればなり。人を薦むるはまづその能を

120 **前房**　ロビー。
121 **踟躕**　ためらうこと。
122 **生路**　生活の道。生きてきた道。
123 **轗軻**　不遇。
124 **成心**　心にある考え。思い込み。
125 **曲庇者**　道理を曲げて人をかばう者。

示すにしかず。これを示して伯の信用を求めよ。またかの少女との関係は、よしや彼に誠ありとも、よしや情交は深くなりぬとも、人材を知りての恋にあらず、慣習といふ一種の惰性より生じたる交はりなり。意を決して断てと。これその言《こと》のおほむねなりき。

大洋に舵《かぢ》を失ひし舟人が、[9]遥《はる》かなる山を望むごときは、相沢が余に示したる前途の方針なり。されどこの山はなほ重霧の間に在りて、いつ行きつかむも、否、はたして行きつきぬとも、我が中心[126]に満足を与へむも定かならず。貧しきが中にも楽しきは今の生活、棄《す》て難きはエリスが愛。❈我が弱き心には思ひ定めむ由なかりしが、しばらく友の言に従ひて、この情縁を断たむと約しき。余は守るところを失はじと思ひて、己に敵するものには抗抵[127]すれども、友に対して否とはえ答へぬが常なり。

別れて出づれば風面《おもて》を打てり。二重《ふたへ》の玻璃《ガラス》窓を厳しく鎖《とざ》して、大いなる陶炉[128]に火を焚《た》きたるホテルの食堂を出でしなれば、薄き外套を透《とほ》る午後四時の寒さはことさらに堪へ難く、膚粟立《はだへあはだ》つとともに、余は心の中に一種の寒さを覚えき。

翻訳は一夜になし果てつ。カイゼルホオフへ通ふことはこれよりやうやくしげくなりもて行くほどに、初めは伯の言葉も用事のみなりしが、後には近頃故郷にてありしことなどを挙げて余が意見を問ひ、折に触れては道中にて人々の失錯ありしことどもを告げてうち笑ひたまひき。

一月ばかり過ぎて、ある日伯は突然我に向かひて、「余は明旦《あす》[129]、ロシアに向かひ

[9] 「遥かなる山」とは具体的に何をさすか。

126 **中心** 心の中。胸中。

❈ **我が弱き心には思ひ定めむ由なかりしが** 私の弱い心には決心するすべもなかったが。

127 **抗抵** 抵抗。

128 **陶炉** 陶製の暖炉。

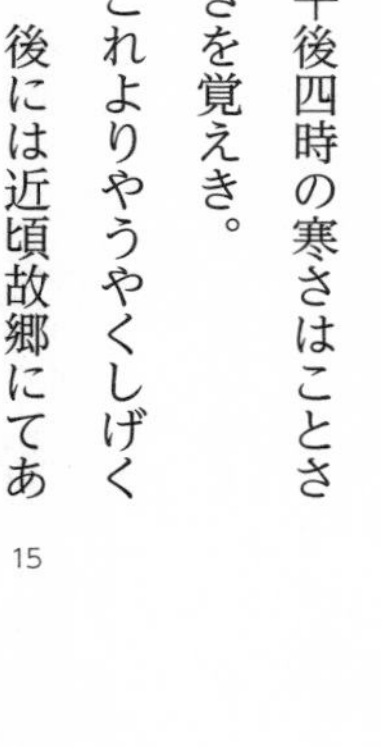

129 **明旦** 明日の朝。

〈品行〉〈方正〉〈激賞〉〈細叙〉〈胸臆〉〈閲歴〉〈情縁〉〈失錯〉

て出発すべし。従ひて来《く》べきか。」と問ふ。余は数日間、かの公務にいとまなき相沢を見ざりしかば、この問ひは不意に余を驚かしつ。「いかで命に従はざらむ。」余は我が恥を表さむ。この答へはいち早く決断して言ひしにあらず。余は己が信じて頼む心を生じたる人に、卒然ものを問はれたるときは、咄嗟《とっさ》の間《かん》、その答への範囲をよくも量らず、ただちにうべなふことあり。さてうべなひし上にて、そのなし難きに心づきても、強ひて当時の心虚《うつろ》なりしを覆ひ隠し、耐忍してこれを実行することしばしばなり。

　この日は翻訳の代《しろ》に、旅費さへ添へて賜りしを持て帰りて、翻訳の代をばエリスに預けつ。これにてロシアより帰り来《こ》むまでの費えをば支へつべし[130]。彼は医者に見せしに常ならぬ身なりといふ。貧血の性《さが》なりし故、幾月か心づかでありけむ。座頭《ざがしら》よりは休むことのあまりに久しければ籍を除きぬと言ひおこせつ。まだ一月ばかりなるに、かく厳しきは故あればなるべし。旅立ちのことにはいたく心を悩ますとも見えず。偽りなき我が心を厚く信じたれば。

　鉄路にては遠くもあらぬ旅なれば、用意とてもなし。身に合はせて借りたる黒き礼服、新たに買ひ求めたる[131]ゴタ板《ばん》の[132]魯廷《ろてい》の貴族譜、二、三種の辞書などを、小カバンに入れたるのみ。さすがに心細きことのみ多きこのほどなれば、出《い》で行く跡に残らむも物憂かるべく、また停車場にて涙こぼしなどしたらむには※うしろめたかるべければとて、翌朝早くエリスをば母につけて[133]知る人がり出だしやりつ。余は旅装整

130 支へつべし　支えることができるだろう。

131 ゴタ板　ドイツ中部の小都市ゴタで刊行された書物。ヨーロッパ各地の貴族の系図や宮廷行事などを記したシリーズがあった。

※ **132 魯廷**　ロシアの宮廷。

うしろめたかるべければとて　（私

へて戸を鎖《とざ》し、鍵をば入り口に住む靴屋の主人に預けて出でぬ。

魯国《ろこく》行きにつきては、何事をか叙すべき。我が舌人《ぜつじん》[134]たる任務《つとめ》はたちまちに余を拉《らつ》し去りて、青雲[135]の上に落としたり。余が大臣の一行に従ひて、ペエテルブルク[136]に在りし間に余を囲繞《ゐねう》[137]せしは、パリ絶頂の驕奢《けうしや》を、氷雪のうちに移したる王城の粧飾《さうしよく》、ことさらに黄蠟《わうらふ》[138]の燭《しよく》を幾つともなく点《とも》したるに、幾星《いくせい》の勲章、幾枝《いくし》のエポレット[139]が映射する光、彫鏤《てうる》[140]の巧みを尽くしたるカミン[141]の火に寒さを忘れて使ふ宮女の扇のひらめきなどにて、この間フランス語を最も円滑に使ふものは我なるが故に、賓主[142]の間に周旋して事を弁ずるものもまた多くは余なりき。

この間余はエリスを忘れざりき、否、彼は日ごとに書《ふみ》を寄せしかばえ忘れざりき。余が立ちし日には、いつになく独りにて灯火《ともしび》に向かはむことの心憂さに、知る人のもとにて夜に入るまで物語りし、疲るるを待ちて家に帰り、ただちに寝《い》ねつ。次の朝《あした》目覚めしときは、なほ独り跡に残りしことを夢にはあらずやと思ひぬ。起き出でしときの心細さ、かかる思ひをば、生計《たつき》に苦しみて、今日の日の食なかりし折にもせざりき。これ彼が第一の書のあらましなり。

またほど経ての書はすこぶる思ひ迫りて書きたるごとくなりき。文をば否といふ字にて起こしたり。否、君を思ふ心の深き底《そこひ》をば今ぞ知りぬる。君はふるさとに頼もしき族《やから》なしとのたまへば、この地によき世渡りの生計あらば、とどまりたまはぬ※ことやはある。また我が愛もて繫《つな》ぎとどめではやまじ。それもかなはで東《ひんがし》に帰りた

も）気がかりであろうというので。

133 **知る人がり** 知人のもとへ。

134 **舌人** 通訳。

135 **青雲** 高位高官。ロシアの宮廷をさす。

136 **ペエテルブルク** 帝政ロシアの首府。現在のサンクトペテルブルグ。

137 **囲繞** 取り囲むこと。

138 **黄蠟の燭** ミツバチの巣から作る黄色いろうそく。蜜蠟《みつろう》。

139 **エポレット** 肩章。［フランス語］épaulette

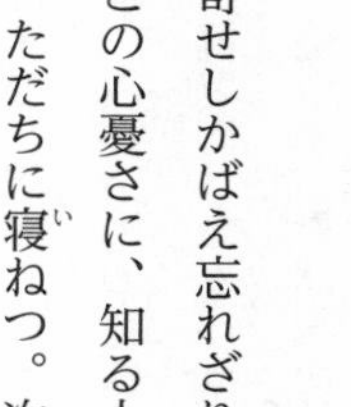

140 **彫鏤** 彫刻して飾りをほどこすこと。

141 **カミン** 壁に取りつけた暖炉。［ドイツ語］Kamin

142 **賓主** 客と主人。

※ **とどまりたまはぬことやはある** とどまってくださらないことがあるでしょうか、いや、ありません。

―〈鉄路〉〈旅装〉〈映射〉〈周旋〉

まはむとならば、親とともに行かむはやすけれど、かほどに多き路用をいづくよりか得む。いかなる業《わざ》をなしてもこの地にとどまりて、君が世に出《い》でたまはむ日をこそ待ためと常には思ひしが、しばしの旅とて立ち出でたまひしよりこの二十日ばかり、別離の思ひは日にけに茂りゆくのみ。*袂《たもと》を分かつはただ一瞬の苦艱《くかん》なりと思ひしは迷ひなりけり。我が身の常ならぬがやうやくにしるくなれる、それさへあるに、よしやいかなることありとも、◈我をばゆめな棄《す》てたまひそ。母とはいたく争ひぬ。されど我が身の過ぎし頃には似で思ひ定めたるを見て心折れぬ。我が東に行かむ日には、ステッチン[143]わたりの農家に、遠き縁者あるに、身を寄せむとぞ言ふなる。書きおくりたまひしごとく、大臣の君に重く用ゐられたまはば、我が路用の金はともかくもなりなむ。今はひたすら君がベルリンに帰りたまはむ日を待つのみ。

ああ、余はこの書を見て初めて我が地位を明視し得たり。恥づかしきは我が鈍き[10]心なり。余は我が身一つの進退につきても、また我が身に関はらぬ他人《ひと》のことにつきても、決断ありと自ら心に誇りしが、この決断は順境にのみありて、逆境にはあらず。我と人との関係を照らさむとするときは、頼みし胸中の鏡は曇りたり。

大臣は既に我に厚し。されど我が近眼[144]はただ己が尽くしたる職分をのみ見き。余はこれに未来の望みを繋《つな》ぐことには、神も知るらむ、絶えて思ひ至らざりき。されど今ここに心づきて、我が心はなほ冷然たりしか。先に友の勧めしときは、大臣の信用は屋上の鳥[145]のごとくなりしが、今はややこれを得たるかと思はるるに、相沢が

◈ **我をばゆめな棄てたまひそ**　私をけっして捨てないでください。

143 **ステッチン**　ベルリンの北東約一三〇キロメートルにある都市。現在はポーランド領。シチェチン。

[10]「鈍き心」とはどのようなものか。

144 **近眼**　将来が見通せないこと。近視眼。

145 **屋上の鳥**　取ろうとしても手の届かな

この頃の言葉の端に、本国に帰りて後もともにかくてあらば云々《しかじか》と言ひしは、大臣のかくのたまひしを、友ながらも公事《おほやけごと》なれば明らかには告げざりしか。今さら思へば、余が軽率にも彼に向かひてエリスとの関係を絶たむと言ひしを、早く大臣に告げやしけむ。

ああ、ドイツに来《こ》し初めに、自ら我が本領を悟りきと思ひて、また器械的人物とはならじと誓ひしが、こは足を縛して放たれし鳥のしばし羽を動かして自由を得たりと誇りしにはあらずや。足の糸は解くに由なし。先にこれを操りしは、我が某《なにがし》省の官長にて、今はこの糸、あなあはれ、天方伯の手中に在り。余が大臣の一行とともにベルリンに帰りしは、[146]あたかもこれ新年の旦《あした》なりき。停車場に別れを告げて、我が家をさして車を駆りつ。ここにては今も除夜に眠らず、元旦に眠るが習ひなれば、万戸寂然たり。寒さは強く、路上の雪は[147]稜角《りようかく》ある氷片となりて、晴れたる日に映じ、きらきらと輝けり。車はクロステル街に曲がりて、家の入り口に駐《とど》まりぬ。このとき窓を開く音せしが、車よりは見えず。[148]駆丁《ぎよてい》にカバン持たせて梯《はしご》を上らむとするほどに、エリスの梯を駆け下るに逢《あ》ひぬ。彼が一声叫びて我が項《うなじ》を抱《いだ》きしを見て駆丁はあきれたる面もちにて、何やらむ髭《ひげ》の内にて言ひしが聞こえず。

「よくぞ帰り来たまひし。帰り来たまはずば我が命は絶えなむを。」

我が心はこのときまでも定まらず、故郷を思ふ念と栄達を求むる心とは、時として愛情を圧せむとせしが、ただこの一刹那、[149]低徊踟躕《ていくわいちちう》の思ひは去りて、余は彼を抱

いもの。捉えがたいもののたとえ。

146 あたかもこれ　ちょうど。

147 稜角ある　かどのとがった。

148 駆丁　御者。

149 低徊踟躕　思いに沈みながら行きつ戻りつすること。考えあぐむこと。

＊袂を分かつ
〈明視〉〈順境〉〈冷然〉〈本領〉〈除夜〉〈寂然〉〈栄達〉

き、彼の頭《かしら》は我が肩に倚《よ》りて、彼が喜びの涙ははらはらと肩の上に落ちぬ。「幾階か持ちて行くべき。」と鑼《どら》のごとく叫びし駆丁は、いち早く上りて梯《はしご》の上に立てり。

戸の外に出《い》で迎へしエリスが母に、駆丁《ぎよてい》をねぎらひたまへと銀貨を渡して、余は手を取りて引くエリスに伴はれ、急ぎて室《へや》に入りぬ。一瞥《いちべつ》して余は驚きぬ、机の上には白き木綿、白きレエスなどをうづたかく積み上げたれば。

エリスはうち笑みつつこれを指して、「何とか見たまふ、この心がまへを。」と言ひつつ一つの木綿ぎれを取り上ぐるを見れば襁褓《むつき》[150]なりき。「我が心の楽しさを思ひたまへ。産まれむ子は君に似て黒き瞳をや持ちたらむ。この瞳。ああ、夢にのみ見しは君が黒き瞳なり。産まれたらむ日には君が正しき心にて、よもあだし名をば名のらせたまはじ[❖]。」彼は頭《かうべ》を垂れたり。「幼しと笑ひたまはんが、寺に入らむ日[151]はいかにうれしからまし。」見上げたる目《まみ》には涙満ちたり。

二、三日の間は大臣をも、旅の疲れやおはさむとてあへて訪《とぶら》はず、家にのみ籠もりをりしが、ある日の夕暮れ使ひして招かれぬ。行きてみれば待遇殊にめでたく、ロシア行きの労を問ひ慰めて後、我とともに東《ひんがし》に帰る心なきか、君が学問こそ我が測り知るところならね、語学のみにて世の用には足りなむ、滞留のあまりに久しければ、様々の係累もやあらむと、相沢に問ひしに、さることなしと聞きて落ちゐたり[152]とのたまふ。その気色《けしき》否むべくもあらず。あなやと思ひしが、さすがに相沢の言《こと》

150 **襁褓**　おむつ。産着。

❖ **よもあだし名をば名のらせたまはじ**　まさかあなたと別の姓を名乗らせるようなことはなさらないでしょう。

151 **寺に入らむ日**　幼児の洗礼のために教会に行く日。

152 **落ちゐたり**　安心した。

を偽りなりとも言ひ難きに、もしこの手にしもすがらずば、本国をも失ひ、名誉を引きかへさむ道をも絶ち、身はこの広漠たる欧州大都の人の海に葬られむかと思ふ念、心頭を衝《つ》いて起これり。ああ、なんらの特操[153]なき心ぞ、「承りはべり。」と答へたるは。

黒がね[154]の額《ぬか》はありとも、帰りてエリスに何とか言はむ。ホテルを出でしときの我が心の錯乱は、たとへむに物なかりき。余は道の東西をも分かず、思ひに沈みて行くほどに、行き合ふ馬車の馭丁に幾度《いくたび》か叱せられ、驚きて飛びのきつ。しばらくしてふとあたりを見れば、獣苑《じうゑん》の傍らに出でたり。倒るるごとくに道の辺《べ》の腰掛けに倚《よ》りて、焼くがごとく熱し、槌《つち》にて打たるるごとく響く頭《かしら》を榻背《たふはい》[155]に持たせ、死したるごときさまにて幾時をか過ごしけむ。激しき寒さ骨に徹すと覚えて醒《さ》めしときは、夜に入りて雪はしげく降り、帽のひさし、外套《ぐわいたう》の肩には一寸[156]ばかりも積もりたりき。

もはや十一時をや過ぎけむ、モハビット[157]、

ウンテル・デン・リンデン（1909年）

153 **特操** 常に守っているみさお。

154 **黒がねの額** 鉄面皮。厚かましいこと。

155 **榻背** ベンチの背。

156 **寸** 長さの単位。一寸は、約三センチメートル。

157 **モハビット** ベルリン市北西の地域名。モアビット。

一〈広漠〉〈心頭〉

[158]カルル街通ひの鉄道馬車[159]の軌道も雪に埋《うづ》もれ、[160]ブランデンブルゲル門のほとりの瓦斯《ガス》灯は寂しき光を放ちたり。立ち上がらむとするに足の凍えたれば、両手にてさすりて、やうやく歩み得るほどにはなりぬ。

足の運びの捗《はかど》らねば、クロステル街まで来《こ》しときは、半夜[161]をや過ぎたりけむ。ここまで来し道をばいかに歩みしか知らず。一月上旬の夜なれば、ウンテル・デン・リンデンの酒家、茶店はなほ◈人の出入り盛りにて賑《にぎ》はしかりしならめど、ふつに覚えず。我が脳中にはただただ我は許すべからぬ罪人《つみびと》なりと思ふ心のみ満ち満ちたりき。

四階の屋根裏には、エリスはまだ寝《い》ねずとおぼしく、[162]烱然《けいぜん》たる一星の火、暗き空にすかせば、明らかに見ゆるが、降りしきる鷺《さぎ》のごとき雪片に、たちまち覆はれ、たちまちまた顕《あらは》れて、[11]風にもてあそばるるに似たり。戸口に入りしより疲れを覚えて、身の節の痛み堪へ難ければ、這《は》ふごとくに梯《はしご》を上りつ。庖厨《はうちう》を過ぎ、室《へや》の戸を開きて入りしに、机に倚《よ》りて襁褓《むつき》縫ひたりしエリスは振り返りて、「あ。」と叫びぬ。

「いかにかしたまひし。御身の姿は。」

驚きしもうべなりけり、蒼然《さうぜん》として死人に等しき我が面色、帽をばいつの間にか失ひ、髪は[163]おどろと乱れて、幾度か道にてつまづき倒れしことなれば、衣は泥まじりの雪に汚れ、所々は裂けたれば。

余は答へむとすれど声出《い》でず、膝のしきりにをののかれて立つに堪へねば、椅子

158 **カルル街**　シュプレー川の北岸を東西に通ずる街路。カール街。

159 **鉄道馬車**　レール上を馬車で走り、人を乗せて運ぶ交通機関。馬車鉄道。

160 **ブランデンブルゲル門**　ブランデンブルク門のこと。

161 **半夜**　真夜中。

◈ **人の出入り盛りにて賑はしかりしならめど、ふつに覚えず**　人の出入りが盛んでにぎやかであったろうが、全く覚えていない。

162 **烱然たる**　きらきらと明るい。

[11] 「風にもてあそばるる」とは、何のどのような様子か。

163 **おどろと**　ぼうぼうと。

をつかまむとせしまでは覚えしが、そのままに地に倒れぬ。
[164]人事を知るほどになりしは数週《すしう》の後なりき。熱激しくて譫語《うはこと》のみ言ひしを、エリスが慇《ねもご》ろにみとるほどに、ある日相沢は訪ね来て、⑫余が彼に隠したる顚末《てんまつ》を[165]つばらに知りて、大臣には病のことのみ告げ、よきやうに繕ひおきしなり。余は初めて病床に侍するエリスを見て、その変はりたる姿に驚きぬ。彼はこの数週のうちにいたく痩せて、血走りし目《まみ》はくぼみ、灰色の頰は落ちたり。相沢の助けにて日々の生計《たつき》には窮せざりしが、この恩人は彼を精神的に殺ししなり。

後に聞けば彼は相沢に逢ひしとき、余が相沢に与へし約束を聞き、またかの夕べ大臣に[166]聞こえ上げし一諾を知り、にはかに座より躍り上がり、面色さながら土のごとく、「我が豊太郎[167]ぬし、かくまでに我をば欺きたまひしか。」と叫び、その場に倒れぬ。相沢は母を呼びて共に助けて床に臥《ふ》させしに、しばらくして醒《さ》めしときは、目は直視したるままにて傍らの人をも見知らず、我が名を呼びていたく罵り、髪をむしり、布団を嚙《か》みなどし、またにはかに心づきたるさまにて物を探り求めたり。母の取りて与ふるものをばことごとく投げうちしが、机の上なりし襁褓を与へたるとき、探りみて顔に押し当て、涙を流して泣きぬ。

これよりは騒ぐことはなけれど、精神の作用はほとんど全く廃して、その痴なること赤児《あかご》のごとくなり。医に見せしに、過激なる心労にて急に起こりし[168]パラノイアといふ病なれば、治癒の見込みなしと言ふ。[169]ダルドルフの[170]癲狂院《てんきやうゐん》に入れむとせしに、

164 **人事を知る**　意識を回復する。

⑫ 「余が彼に隠したる顚末」とは何か。

165 **つばらに**　詳しく。つぶさに。

166 **聞こえ上げし**　申し上げた。

167 **ぬし**　敬称で、様、さん、の意。

168 **パラノイア**　偏執症。精神障害の一種。体系的な妄想が存在するが、その他の点では人格の障害はない。パラノイアについては、時代・人によって見解が異なっており、この作品の当時は、今日より広い範囲の症状をさした。［ドイツ語］Paranoia

169 **ダルドルフ**　ベルリンの北約一〇キロメートルにある町。

170 **癲狂院**　精神病院。

—〈面色〉〈一諾〉

泣き叫びて聴かず、後にはかの襁褓《むつき》一つを身につけて、幾度《いくたび》か出《い》だしては見、見ては欷歔《ききょ》す。余が病床をば離れねど、これさへ心ありてにはあらずと見ゆ。ただ折々思ひ出したるやうに[13]「薬を、薬を。」と言ふのみ。

余が病は全く癒えぬ。エリスが生ける屍《かばね》を抱きて千行《ちすぢ》の涙を注ぎしは幾度ぞ。大臣に従ひて帰東の途に上りしときは、相沢と議《はか》りてエリスが母に微《かす》かなる生計《たつき》を営むに足るほどの資本を与へ、あはれなる狂女の胎内に遺《のこ》しし子の生まれむ折のことをも頼みおきぬ。

ああ、相沢謙吉がごとき良友は世にまた得難かるべし。されど我が脳裏に一点の彼を憎むこころ今日までも残れりけり。

―〈病床〉

[13]「薬を」とは誰の薬か。

●理解●

(1)豊太郎はエリスと出会う前にどのような気持ちで暮らしていたか、まとめなさい。

(2)次の場面での、豊太郎とエリスの相手に対する心情はどのようなものだったか、それぞれ整理しなさい。

ⓐ二人の出会い　ⓑ豊太郎の免官　ⓒ天方伯の呼び出し
ⓓロシア行き　ⓔロシアからの帰還

(3)次の表現における豊太郎の気持ちはどのようなものか、考えなさい。

ⓐ一種の寒さ（一二七・13）　ⓑ我が恥（一二八・3）　ⓒ特操なき心（一三三・3）

(4)「かくまでに我をば欺きたまひしか」（一三五・10）というエリスの発言を踏まえて、エリスが倒れたのはなぜか、考えなさい。

水仙

太宰《だざい》 治《おさむ》

太宰 治 一九〇九（明治四二）―四八（昭和二三）年。小説家。青森県生まれ。俗物的なものに対する反抗で、青年に大きな影響を与えた。作品に『斜陽』『人間失格』などがある。この作品は一九四二年に発表されたもので、本文は「太宰治全集」第五巻によった。

「忠直卿《ただなおきょう》行状記」[1]という小説を読んだのは、僕が十三か、四のときのことで、それっきり再読の機会を得なかったが、あの一編の筋書きだけは、二十年後のいまもなお、忘れずに記憶している。奇妙にかなしい物語であった。

剣術の上手な若い殿様が、家来たちと試合をして片っ端から打ち破って、大いに得意で庭園を散歩していたら、いやな囁《ささや》きが庭の暗闇の奥から聞こえた。

「殿様もこの頃は、なかなかの御上達だ。負けてあげるほうも楽になった。」

「あははは。」

家来たちの不用心な私語である。

それを聞いてから、殿様の行状は一変した。真実を見たくて、狂った。家来たちに真剣勝負を挑んだ。けれども家来たちは、真剣勝負においてさえも、本気に戦ってくれなかった。あっけなく殿様が勝って、家来たちは死んでゆく。殿様は、狂いまわった。すでに、おそるべき暴君である。ついには家も断絶せられ、その身も監禁せられる。

たしか、そのような筋書きであったと覚えているが、その殿様を僕は忘れることができなかった。ときどき思い出しては、ため息をついたものだ。

けれども、この頃、気味の悪い疑念が、ふいと起こって、誇張ではなく、夜も眠られぬくらいに不安になった。その

1 **「忠直卿行状記」** 菊池《きくち》寛《かん》（一八八八―一九四八年）作の小説。一九一八年発表。

―〈行状〉〈真剣〉

殿様は、本当に剣術のすばらしい名人だったのではあるまいか。家来たちも、わざと負けていたのではなくて、本当に殿様の腕前には、かなわなかったのではあるまいか。庭園の私語も、家来たちの卑劣な負け惜しみに過ぎなかったのではあるまいか。あり得ることだ。僕たちだって、よい先輩にさんざん自分たちの仕事を罵倒せられ、その先輩の高い情熱と正しい感覚に、ほとほとまいってしまっても、その先輩とわかれた後で、

「あの先輩もこのごろは、なかなかの元気じゃないか。もういたわってあげる必要もないようだ。」

「あはははは。」

などという実に、賤《いや》しい私語を交わした夜も、ないわけではあるまい。それは、あり得ることなのである。家来というものは、その人柄において、かならず、殿様よりも劣っているものである。あの庭園の私語も、家来たちの[1]ひねこびた自尊心を満足させるための、きたない負け惜しみに過ぎなかったのではあるまいか。とすると、慄然とするのだ。殿様は、真実をつかみながら、真実を追い求めて狂ったのだ。殿様は、事実、剣術の名人だったのだ。家来たちは、決してわざと負けていたのではなかった。事実、かなわなかったのだ。それならば、殿様が勝ち、家来が負けるというのは当然のことで、後でごたごたの起こるべきはずはないのであるが、やっぱり、大きい惨事が起こってしまった。殿様が、御自分の腕前に確乎《かっこ》不動の自信を持っていたならば、なんの異変も起こらず、すべてが平和であったのかもしれぬが、古来、天才は自分の真価を知ること甚だうといものだそうである。自分の力が信じられぬ。そこに天才の煩悶《はんもん》と、深い祈りがあるのであろうが、僕は俗人の凡才だから、その辺のことは正確に説明できない。とにかく、殿様は、自分の腕前に絶対の信頼を置くことはできなかった。事実、名人の卓抜の腕前を持っていたのだが、信じることができずに狂った。そこには、殿様という隔絶された御身分による不幸もあったに違いない。僕たち長屋住まいの者であったら、

「お前は、おれを偉いと思うか。」

「思いません。」

「そうか。」

というだけですむことも、殿様ともなればそうもいくまい。

天才の不幸、殿様の不幸、という具合に考えてくると、いよいよ僕の不安が増大してくるばかりである。似たような惨事が、僕の身辺において起こったのだ。その事件のために、僕は、あの「忠直卿行状記」をおのずから思い出し、そうして一夜、ふいと恐ろしい疑念にとりつかれたりなどして、あれこれ思い合わせ、誇張ではなく、夜も眠られぬほど不安になった。あの殿様は、本当に剣術がすばらしく強かったのではあるまいか。けれども問題は、もはやその殿様の身の上ではない。

　僕の忠直卿は、三十三歳の女性である。そうして僕の役割は、あの、庭園であさましい負け惜しみを言っていた家来であったかもしれないのだから、いよいよ、やり切れない話である。

　草田《くさだ》惣兵衛《そうべえ》氏の夫人、草田静子《しずこ》。このひとが突然、あたしは天才だ、と言って家出したというのだから、驚いた。草田氏の家と僕の生家とは、別に血のつながりはないのだが、それでも先々代あたりからお互いに親しく交際している。交際している、などと言うと聞こえもいいけれど、実情は、僕の生家の者たちは草田氏の家に出入りを許されている、とでも言ったほうが当たっている。俗にいう御身分も、財産も、僕の生家などとは、まるで段違いなのである。いわば、僕の生家のほうで、交際をお願いしているというような具合なのである。まさしく、殿様と家来である。当主の惣兵衛氏は、まだ若い。若いと言っても、もう四十は越している。東京帝国大学の経済科を卒業してから、フランスへ行き、五、六年あそんで、日本へ帰るとすぐに遠い親戚筋の家（この家は、のち間もなく没落した）、その家のひとり娘、静子さんと結婚した。夫婦の仲も、まず円満、と言ってよい状態であった。一女をもうけ、玻璃子《はりこ》と名づけた。パリイを、もじったものらしい。惣兵衛氏は、ハイカラ[2]な人である。背の高い、堂々たる美男である。いつも、にこにこ笑っている。いい洋画を、たくさん持っている。

2 ハイカラ　西洋風で目新しい。

1「ひねこびた自尊心」とはどのようなものか。

〈罵倒〉〈慄然〉〈俗人〉
〈卓抜〉〈隔絶〉〈惨事〉

[3]ドガの競馬の絵が、その中でもいちばん自慢のものらしい。けれども、自分の趣味の高さを誇るような素振りは、ちっとも見せない。美術に関する話も、あまりしない。毎日、自分の銀行に通勤している。要するに、一流の紳士である。六年前に先代がなくなって、すぐに惣兵衛氏が、草田の家を嗣《つ》いだのである。

夫人は、——ああ、こんな身の上の説明をするよりも、僕は数年前の、ある日のささやかな事件を描写しよう。そのほうが早道である。三年前のお正月、僕は草田の家に年始に行った。僕は、友人にも時たまそれを指摘されるのだが、よっぽど、ひがみ根性の強い男らしい。ことに、八年前ある事情で生家から離れ、自分ひとりで、極貧に近いその日暮らしをはじめるようになってからは、いっそう、ひがみも強くなった様子である。ひとに侮辱をされはせぬかと、散りかけている枯れ葉のように絶えずぷるぷる命を賭けて緊張している。やり切れない悪徳である。僕は、草田の家には、めったに行かない。生家の母や兄は、今でもちょいちょい草田の家に、お伺いしているようであるが、僕だけは行かない。[4]高等学校の頃までは、僕は無邪気に遊びにいっていたのであるが、大学へはいってからは、もういやになった。草田の家の人たちは、みんないい人ばかりなのであるが、どうも行きたくなくなった。金持ちはいやだ、という単純な思想を持ちはじめていたのである。それが、どうして、三年前のお正月に限って、お年始などに行く気になったかというと、それは、そもそも僕自身が、だらしなかったからである。その前年の師走、草田夫人から僕に、突然、招待の手紙が来たのである。

——しばらくお逢《あ》いいたしません。来年のお正月には、ぜひとも遊びにおいでください。主人も、たのしみにして待っております。主人も私も、あなたの小説の読者です。

最後の一句に、僕は浮かれてしまったのだ。恥ずかしいことである。その頃、僕の小説も、少し売れはじめていたのである。白状するが、僕はその頃、いい気になっていた。危険な時期であったのである。ふやけた気持ちでいた時、草田夫人からの招待状が来て、あなたの小説の読者ですなどと言われたのだから、たまらない。ほくそ笑んで、御招待まことにありがたく云々《うんぬん》と色気たっぷりの返事を書いて、そうして翌《あく》る年の正月一日に、のこのこ出かけていって、見事、眉間をざくりと割られるほどの大恥辱を受けて帰宅した。

その日、草田の家では、ずいぶん僕を歓待してくれた。他の年始のお客にも、いちいち僕を「流行作家」として紹介するのだ。僕は、それを揶揄《やゆ》、侮辱の言葉と思わなかったばかりか、ひょっとしたら僕はもう、流行作家なのかもしれないと考え直してみたりなどしたのだから、話にならない。みじめなものである。僕は酔った。惣兵衛氏を相手に大いに酔った。もっとも、酔っぱらったのは僕ひとりで、惣兵衛氏は、いくら飲んでも顔色も変わらず、そうして気弱そうに、無理に微笑して、僕の文学談を聞いている。「ひとつ、奥さん、」と僕は図に乗って、夫人へ杯をさした。「いかがです。」

「いただきません。」夫人は冷たく答えた。それが、なんとも言えず、＊骨のずいに徹するくらいの冷厳な語調であった。底知れぬ軽蔑感が、そのたった一語に、こめられてあった。僕は、まいった。酔いもさめた。けれども苦笑して、「あ、失礼。つい酔いすぎて。」と軽く言ってその場をごまかしたが、腸《はらわた》が煮えくりかえった。さらに一つ。僕は、もうそれ以上お酒を飲む気もせず、ごはんを食べることにした。蜆汁《しじみじる》がおいしかった。せっせと貝の肉を箸でほじくり出して食べていたら、

「あら、」夫人は小さい驚きの声を挙げた。「そんなもの食べて、なんともありません？」無心な質問である。

思わず箸とおわんを取り落としそうだった。この貝は、食べるものではなかったのだ。蜆汁は、ただその汁だけを飲むものらしい。貝は、ダシだ。貧しい者にとっては、この貝の肉だってなかなかおいしいものだが、上流の人たちは、この肉を、たいへん汚いものとして捨てるのだ。なるほど、蜆の肉は、お臍《へそ》みたいで醜悪だ。僕は、何も返事ができなかった。無心な驚きの声であっただけに、手痛かった。ことさらに上品ぶって、そんな質問をするのなら、僕

3ドガ Hilaire Germain Degas 一八三四—一九一七年。フランスの画家。オーケストラやバレエなどの絵を斬新な手法で描いた。 **4高等学校** ここでは、旧学制における高等学校のこと。

——〈悪徳〉〈白状〉〈眉間〉

＊骨のずいに徹する

にも応答のしようがある。けれども、その声は、全く本心からの純粋な驚きの声なのだから、僕は、まいった。なりあがり者の「流行作家」は、箸とおわんを持ったまま、うなだれて、何も言えない。涙が沸いて出た。あんな手ひどい恥辱を受けたことがなかった。それっきり僕は、草田の家へは行かない。草田の家だけでなく、その後は、他のお金持ちの家にも、なるべく行かないことにした。そうして僕は、意地になって、貧乏の薄汚い生活を続けた。

昨年の九月、僕の陋屋《ろうおく》の玄関に意外の客人が立っていた。草田惣兵衛氏である。

「静子が来ていませんか。」

「いいえ。」

「本当ですか。」

「どうしたのです。」僕のほうで反問した。

何かわけがあるらしかった。

「家は、ちらかっていますから、外へ出ましょう。」汚い家の中を見せたくなかった。

「そうですね。」と草田氏はおとなしくうなずいて、僕のあとについてきた。

少し歩くと、井《い》の頭《かしら》公園である。公園の林の中を歩きながら、草田氏は語った。

「どうもいけません。こんどは、しくじりました。薬が、ききすぎました。」夫人が、家出をしたというのである。その原因が、実にばかげている。数年前に、夫人の実家が破産した。それから夫人は、妙に冷たく取りすました女になった。実家の破産を、非常な恥辱と考えてしまったらしい。なんでもないじゃないか、といくら慰めてやっても、いよいよ、ひがむばかりだという。それを聞いて僕も、お正月の、あの「いただきません。」の異様な冷厳が理解できた。静子さんが草田の家にお嫁に来たのは、僕の高等学校時代のことで、その頃は僕も、平気で草田の家にちょいちょい遊びにいっていたし、新夫人の静子さんとも話を交わして、一緒に映画を見にいったことさえあったのだが、その頃の新夫人は、決してあんな、骨を刺すような口調でものを言う人ではなかった。無知なくらいに明るく笑う人だった。あの元旦に、久し振りで顔を合わせて、すぐに僕は、何も言葉を交わさぬ先から、「変わったなあ。」と思っていたのだが、それではやはり、実家の破産という憂愁が、あの人をあんなにひどく変化させてしまっていたのに違いない。

「[6]ヒステリイですね。」僕は、ふんと笑って言った。

「さあ、それが。」草田氏は、僕の軽蔑に気がつかなかったらしく、まじめに考え込んで、「とにかく、僕がわるいんです。おだて過ぎたのです。薬がききすぎました。」草田氏は夫人を慰める一手段として、夫人に洋画を習わせた。一週間にいちどずつ、近所の中泉花仙《なかいずみかせん》とかいう、もう六十歳近い下手くそな老画伯の[7]アトリエに通わせた。さあ、それから褒めた。草田氏をはじめ、その中泉という老耄《ろうもう》の画伯と、それから中泉のアトリエに通っている若い研究生たち、また草田の家に出入りしている有象無象、寄ってたかって夫人の絵を褒めちぎって、あげくの果ては夫人の逆上ということになり、「あたしは天才だ。」と口走って家出したというのであるが、僕は話を聞きながら何度も噴き出しそうになって困った。なるほど薬がききすぎた。お金持ちの家庭にありがちな、ばかばかしい喜劇だ。

「いつ、飛び出したんです。」僕は、もう草田夫妻を、ばかにしきっていた。

「きのうです。」

「なあんだ。それじゃ何も騒ぐことはないじゃないですか。僕の女房だって、僕があんまりお酒を飲みすぎると、里へ行って一晩泊まってくることがありますよ。」

「それとこれとは違います。静子は芸術家として自由な生活をしたいんだそうです。お金をたくさん持って出ました。」

「たくさん？」

「ちょっと多いんです。」

草田氏くらいのお金持ちが、ちょっと多い、というくらいだから、[8]五千円、あるいは一万円くらいかもしれないと

5井の頭公園　東京都の武蔵野《むさしの》市と三鷹《みたか》市にまたがってある公園。　**6ヒステリイ**　感情を抑えられず、怒りや悲嘆などの興奮を露わにした状態。［ドイツ語］Hysterie　**7アトリエ**　工房。［フランス語］atelier　**8五千円、あるいは一万円**　この作品が発表された戦中期の貨幣価値は、現在の三五〇〜四〇〇倍という試算がある。

—〈憂愁〉〈喜劇〉

僕は思った。

「それは、いけませんね。」はじめて少し興味を覚えた。貧乏人は、お金の話には無関心でおれない。

「静子はあなたの小説を、いつも読んでいましたから、きっとあなたのお家《うち》へお邪魔にあがっているんじゃないかと、――。」

「冗談じゃない。僕は、――。」敵です、と言おうと思ったのだが、いつもにこにこ笑っている草田氏が、きょうばかりは蒼《あお》くなってしょげ返っているその様子を目前に見て、ちょっと言い出しかねた。
[9]吉祥寺《きちじょうじ》の駅の前でわかれたが、わかれる時に僕は苦笑しながら尋ねた。
「いったい、どんな絵をかくんです?」

「変わっています。本当に天才みたいなところもあるんです。」意外の答えであった。

「へえ。」僕は二*の句が継げなかった。つくづく、ばかな夫婦だと思って、あきれた。

それから三日目だったか、わが天才女史は絵の具箱をひっさげて、僕の陋屋に出現した。[10]菜葉《なっぱ》服《ふく》のような粗末な洋服を着ている。気味わるいほど頬がこけて、目が異様に大きくなっていた。けれども、いわば、一流の貴婦人の品位は、犯しがたかった。

「おあがりなさい。」僕は❷ことさらに乱暴な口をきいた。

「どこへ行っていたのですか。草田さんがとても心配していましたよ。」

「あなたは、芸術家ですか。」玄関のたたきにつっ立ったまま、そっぽを向いてそうつぶやいた。例の冷たい、高慢な口調である。

「何を言っているのです。きざなことを言ってはいけません。草田さんも閉口していましたよ。玻璃子ちゃんのいるのをお忘れですか?」

「アパートを捜しているのですけど、」夫人は、僕の言葉を全然黙殺している。「このへんにありませんか。」

「奥さん、どうかしていますね。もの笑いの種ですよ。およしになってください。」

「ひとりで仕事をしたいのです。」夫人は、ちっとも悪びれない。「家を一軒借りても、いいんですけど。」

「薬がききすぎたと、草田さんも後悔していましたよ。二十世紀には、芸術家も天才もないんです。」

「あなたは俗物ね。」平気な顔をして言った。「草田のほうが、まだ理解があります。」

僕に対して、こんな失敬なことを言うお客には帰ってもらうことにしている。僕には、信じている一事があるのだ。誰かれに、わかってもらわなくともいいのだ。いやなら来るな。

「あなたは、何しにきたのですか。お帰りになったらどうですか。」

「帰ります。」少し笑って、「絵を、お見せしましょうか。」

「たくさんです。たいていわかっています。」

「そう。」僕の顔を、それこそ穴のあくほど見つめた。「さようなら。」

帰ってしまった。

なんということだ。あのひとは、たしか僕と同じとしのはずだ。十二、三歳の子供さえあるのだ。人におだてられて発狂した。おだてる人も、おだてる人だ。不愉快な事件である。僕は、この事件に対して、恐怖をさえ感じた。

それから約二カ月間、静子夫人の来訪はなかったが、草田惣兵衛氏からは、その間に五、六回、手紙をもらった。困り切っているらしい。静子夫人は、その後、赤坂[11]のアパートに起居して、はじめは神妙に、中泉画伯のアトリエに通っていたが、やがてその老画伯をも軽蔑して、絵の勉強は、ほとんどせず、画伯のアトリエの若い研究生たちを自分のアパートに呼び集めて、その研究生たちのお世辞に酔って、毎晩、有頂天のばか騒ぎをしていた。草田氏は恥をしのんで、単身赤坂のアパートを訪れ、家へ帰るように懇願したが、だめであった。静子夫人には、*鼻であしらわれ、取り巻きの研究生たちにさえ、天才の敵として攻撃せられ、その上、持っていたお金をみんな巻き上げられた。三度おとずれたが、三度とも同じ憂き目にあった。もういまでは、草田氏も覚悟をきめている。それにしても、玻璃子が不憫《ふびん》

9吉祥寺　東京都武蔵野市にある駅名。　**10菜葉服**　労働者などが着る薄青色の作業服。　**11赤坂**　東京都港区の地名。

2「ことさらに乱暴な口をきいた」のはなぜか。

*二の句が継げない
*鼻であしらう

である。どうしたらよいのか、男子としてこんな苦しい立場はない、と四十歳を越えた一流紳士の草田氏が、僕に手紙で言って寄こすのである。けれども僕も、いつか草田の家で受けたあの大恥辱を忘れてはいない。僕には、時々自分でもぞっとするほど執念深いところがある。いちど受けた侮辱を、どうしても忘れることができない。草田の家の、この度の不幸に同情する気持ちなど少しも起こらぬのである。草田氏は僕に、再三、「どうか、よろしく静子に説いてやってください。」と手紙でたのんできているのだが、僕は、動きたくなかった。お金持ちの使い走りは、いやだった。「僕は奥さんに、たいへん軽蔑されている人間ですから、とてもお役には立ちません。」などと言って、いつも断っていたのである。

十一月のはじめ、庭の山茶花《さざんか》[12]が咲きはじめた頃であった。その朝、僕は、静子夫人から手紙をもらった。

――耳が聞こえなくなりました。悪いお酒をたくさん飲んで、中耳炎を起こしたのです。お医者に見せましたけれども、もう手遅れだそうです。やかんのお湯が、シュンシュン沸いている、あの音も聞こえません。窓の外で、木の枝が枯れ葉を散らしてゆれ動いておりますが、なんにも音が聞こえません。もう、死ぬまで聞くことができません。人の声も、地の底から言っているようにしか聞こえません。これも、やがて、全く聞こえなくなるのでしょう。耳がよく聞こえないということが、どんなに寂しい、もどかしいものか、今度という今度は思い知りました。買い物などに行って、私の耳の悪いことを知らない人たちが、ふつうの人に話すようにものを言うので、私には、何を言っているのか、さっぱりわからなくて、悲しくなってしまいます。自分をなぐさめるために、耳の悪いあの人やこの人のことなど思い出してみて、ようやくのことで一日を過ごします。この頃、しょっちゅう、死にたい死にたいと思います。そうしては、玻璃子のことが思い浮かんできて、なんとかしてねばって、生きていなければならぬと思いかえします。こないだうち、泣くと耳にわるいと思って、がまんにがまんしていた涙を、つい二、三日前、こらえ切れなくなって、いちどに、滝のように流しましたら、気分がいくらか楽になりました。もういまでは、耳の聞こえないことに、ほんの少し、あきらめも出てきましたが、悪くなりはじめの頃は、半狂乱でしたの。一日のうちに、何回も何回も、火箸でもって火鉢のふちをたたいてみます。音がよく聞こえるかどうか、ためしてみるのです。夜中でも、目が覚めさえすれば、すぐに寝床に腹ばいになって、ぽんぽん火鉢をたたいてみます。あさましい姿です。畳を爪でひっかいてみます。なるべく聞きとりにくいような音をえらんでやってみるのです。人がたずねてくると、その人に大きな声を出させたり、ちいさい声を出させたり、一時間も二時間も、しつこく続けて注文して、いろいろさまざま聴力をためしてみるので、お客様たちは閉口して、この頃は、あんまりたずねてこなくなりました。夜おそく、電車通りにひとりで立っていて、すぐ目の前を走っていく電車の音に耳をすましていることもありました。

もう今では、電車の音も、紙を引き裂くくらいの小さい音になりました。間もなく、なんにも聞こえなくなるのでしょう。からだ全体が、わるいようです。毎夜、お寝巻を三度も取りかえます。寝汗でぐしょぐしょになるのです。いままでかいた絵は、みんな破って捨てました。一つ残さず捨てました。私の絵は、とても下手だったのです。あなただけが、本当のことをおっしゃいました。他の人は、みんな私を、おだてました。私は、できることなら、あなたのように、まずしくとも気楽な、芸術家の生活をしたかった。お笑いください。私の家は破産して、母も間もなく死んで、父は北海道へ逃げていきました。私は、草田の家にいるのが、つらくなりました。その頃から、あなたの小説を読みはじめて、こんな生きかたもあるか、と生きる目標が一つ見つかったような気がしていました。私も、あなたと同じ、まずしい子です。あなたにお逢いしたくなりました。三年前のお正月に、本当に久し振りにお目にかかることができて、うれしゅうございました。私は、あなたの気ままな酔いかたを見て、ねたましいくらい、うらやましく思いました。これが本当の生きかただ。虚飾も世辞もなく、そうしてひとり誇りを高くして生きている。こんな生きかたが、いいなあと思いました。けれども私には、どうする

12山茶花　ツバキ科の常緑亜高木。秋から冬にかけて、薄紅または白色の花が咲く。　――〈執念〉〈虚飾〉

こともできません。そのうちに主人が私に絵をかくことをすすめて、私は主人を信じていますので（いまでも私は主人を愛しております）、中泉さんのアトリエに通うことになりましたが、たちまち皆さんの熱狂的な賞賛の的になり、はじめは私もただ当惑いたしましたが、主人まで真顔になって、お前は天才かもしれぬなどと申します。私は主人の美術鑑賞眼をとても尊敬していましたので、とうとう私も逆上し、かねてあこがれの芸術家の生活をはじめるつもりで家を出ました。ばかな女ですね。中泉さんのアトリエにかよっている研究生たちと一緒に、二、三日箱根《はこね》[13]で遊んで、その間に、ちょっと気にいった絵ができましたので、まず、あなたに見ていただきたくて、いさんであなたのお家へまいりましたのに、思いがけず、さんざんな目にあいました。私は恥ずかしゅうございました。あなたに絵を見てもらって、褒められて、そうして、あなたのお家《うち》の近くに間借りでもして、お互いまずしい芸術家としてお友だちになりたいと思っていました。私は狂っていたのです。あなたに面罵せられて、はじめて私は、正気になりました。自分のばかを知りました。わかい研究生たちが、どんなに私の絵を褒めても、それは皆あさはかなお世辞で、かげでは舌を出していたのだということに気がつきました。けれどもその時には、もう、私の生活が取りかえしのつかぬところまで落ちていました。引き返すことができなくなっていました。落ちるところまで落ちてみましょう。私は毎晩お酒を飲みました。わかい研究生たちと徹夜で騒ぎました。焼酎も、ジン[14]も飲みました。きざな、ばかな女ですね。

　愚痴は、もう申しますまい。私は、いさぎよく罰を受けます。窓のそとの木の枝のゆれぐあいで、風がひどいなと思っているうちに、雨が横なぐりに降ってきました。雨の音も、風の音も、私にはなんにも聞こえませぬ。サイレント[15]の映画のようで、おそろしいくらい、寂しい夕暮れです。この手紙に御返事は要りませんのですよ。私のことは、どうか気になさらないでください。寂しさのあまり、ちょっと書いてみたのです。あなたは平気でいらしてください。

―――

　手紙には、アパートのところ番地も認《したた》められていた。僕は出掛けた。

　小綺麗《こぎれい》なアパートであったが、静子さんの部屋は、ひどかった。六畳間で、そうして部屋には何もなかった。火鉢と机、それだけだった。畳は赤ちゃけて、しめっぽく、部屋は日当たりも悪くて薄暗く、果物の腐ったようないやな匂いがしていた。静子さんは、窓縁《まどべり》に腰かけて笑っている。さすがに身なりは、きちんとしている。顔にも美しさが残っている。二カ月前に見た時よりも、ふとったような感じもするが、けれども、なんだか気味がわるい。目に、ちからがない。生きている人の目ではなかった。瞳が灰色に濁っている。

「無茶ですね！」と僕は叫ぶようにして言ったのであるが、静子さんは、首を振って、笑うばかりだ。もう全く聞こえないらしい。僕は机の上の用箋に、「草田ノ家へ、カエリナサイ。」と書いて静子さんに読ませた。それから二人の間に、筆談がはじまった。静子さんも机の傍らに座って熱心に書いた。

　草田ノ家へ、カエリナサイ。

　スミマセン。

トニカク、カエリナサイ。

カエレナイ。

ナゼ？

カエルシカク、ナイ。

草田サンガ、マッテル。

ウソ。

ホント。

カエレナイノデス。ワタシ、アヤマチシタ。

バカダ。コレカラドウスル。

スミマセン。ハタラクツモリ。

オ金、イルカ。

ゴザイマス。

絵ヲ、ミセテクダサイ。

　ナイ。

イチマイモ？

13箱根　神奈川《かながわ》県足柄下《あしがらしも》郡の地名。多くの温泉をもつ観光地として有名。　**14ジン**　蒸留酒の一種。焼酎と同様、アルコール度数が高い。［英語］gin　**15サイレント**　無声映画。［英語］silent

―〈賞賛〉〈面罵〉〈用箋〉

アリマセン。

僕は急に、静子さんの絵を見たくなったのである。妙な予感がしてきた。いい絵だ、すばらしくいい絵だ。きっと、そうだ。

絵ヲ、カイテユク気ナイカ。

ハズカシイ。

アナタハ、キットウマイ。

ナグサメナイデホシイ。

ホントニ、天才カモシレナイ。

ヨシテクダサイ。モウオカエリクダサイ。

僕は苦笑して立ちあがった。帰るよりほかはない。静子夫人は僕を見送りもせず、座ったままで、ぼんやり窓の外を眺めていた。

その夜、僕は、中泉画伯のアトリエをおとずれた。

「静子さんの絵を見たいのですが、あなたのところにありませんか。」

「ない。」老画伯は、ひとの好《よ》さそうな笑顔で、「御自分で、全部破ってしまったそうじゃないですか。天才的だったのですがね。あんなに、わがままじゃいけません。」

「書き損じのデッサンでもなんでも、とにかく見たいのです。ありませんか。」

「待てよ。」老画伯は首をかたむけて、「デッサンが三枚ばかり、私のところに残っていたのですが、それを、あのひとがこの間やってきて、私の目の前で破ってしまいました。誰か、あの人の絵をこっぴどくやっつけたらしく、それからはもう、あ、そうだ、ありました、ありました、まだ一枚のこっています。うちの娘が、たしか水彩を一枚持っていたはずです。」

「見せてください。」

「ちょっとお待ちください。」

老画伯は、奥へ行って、やがてにこにこ笑いながら一枚の水彩を持って出てきて、

「よかった、よかった。娘が秘蔵していたので助かりました。いま残っているのは、おそらくこの水彩一枚だけでしょう。私は、もう、一万円でも手放しませんよ。」

「見せてください。」

水仙の絵である。バケツに投げ入れられた二十本ほどの水仙の絵である。手にとってちらと見てビリビリと引き裂

いた。

「何をなさる!」老画伯は驚愕《きょうがく》した。

「つまらない絵じゃありませんか。あなたたちは、お金持ちの奥さんに、おべっかを言っていただけなんだ。そうして奥さんの一生を台なしにしたのです。あの人をこっぴどくやっつけた男というのは僕です。」

「そんなに、つまらない絵でもないでしょう。」老画伯は、急に自信を失った様子で、「私には、いまの新しい人たちの絵は、よくわかりませんけど。」

僕はその絵を、さらにこまかに引き裂いて、ストーヴにくべた。僕には、絵がわかるつもりだ。草田氏にさえ、教えることができるくらいに、わかるつもりだ。水仙の絵は、断じて、つまらない絵ではなかった。みごとだった。なぜそれを僕が引き裂いたのか。それは読者の推量にまかせる。静子夫人は、草田氏の手もとに引きとられ、そのとしの暮れに自殺した。僕の不安は増大する一方である。なんだか天才の絵のようだ。おのずから忠直卿の物語など思い出され、ある夜ふと、忠直卿も事実すばらしい剣術の達人だったのではあるまいかと、奇妙な疑念にさえとらわれて、この頃は夜も眠られぬくらいに不安である。二十世紀にも、芸術の天才が生きているのかもしれぬ。

●理解●——

(1)「信じている一事」(二四五・上5)とは具体的にどのような内容をさしているか、関係する部分を引用して、説明しなさい。

(2)「僕の顔を、それこそ穴のあくほど見つめた。」(二四五・上12)ときの静子夫人の心情はどのようなものか、説明しなさい。

(3)静子夫人の下宿を訪れたとき、「僕」がその絵を「いい絵だ」と「予感」(二五〇・上3)したのはなぜか、説明しなさい。

(4)中泉画伯のアトリエで静子夫人の絵を見たとき、みごとな絵だと思ったにもかかわらず、「僕」がそれを「引き裂いた」(二五〇・下19)のはなぜか、説明しなさい。

陰翳礼讃《いんえいらいさん》

谷崎潤一郎《たにざきじゅんいちろう》

京都に「わらんじや」という有名な料理屋があって、ここの家では近頃まで客間に電灯をともさず、古風な燭台《しょくだい》[1]を使うのが名物になっていたが、ことしの春、久しぶりで行ってみると、いつの間にか行灯《あんどん》[2]式の電灯を使うようになっている。いつからこうしたのかと聞くと、去年からこれにいたしました、蠟燭《ろうそく》の灯ではあまり暗すぎるとおっしゃるお客様が多いものでござりますから、よんどころなく*こういうふうにいたしましたが、やはり昔のままのほうがよいとおっしゃるお方には、燭台を持ってまいりますと言う。で、せっかくそれを楽しみにして来たのであるから、燭台に替えてもらったが、その時私が感じたのは、日本の漆器の美しさは、そういうぼんやりした薄明かりの中に置いてこそ、初めてほんとうに発揮されるということであった。「わらんじや」の座敷というのは四畳半ぐらいのこぢんまりした茶席であって、床柱や天井なども黒光りに光っているから、行灯式の電灯でももちろん暗い感じがする。が、それをいっそう暗い燭台に改めて、その穂のゆらゆらとまたたく陰にある膳や椀《わん》を見つめていると、それらの塗り物の沼のような深さと厚みとを持ったつやが、全く今までとは違った魅力を帯び出してく

谷崎潤一郎　一八八六（明治一九）―一九六五（昭和四〇）年。小説家。東京都生まれ。耽美《たんび》的世界を描いて文名を得、後に古典文化に傾倒した。作品に『刺青《しせい》』『春琴抄』『細雪《ささめゆき》』などのほか、『源氏物語』の現代語訳がある。この文章は一九三三年に発表されたもので、本文は「谷崎潤一郎全集」第二〇巻によった。

1 **燭台**　蠟燭を立てて火をともす台。

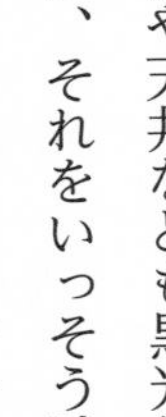

2 **行灯**　木や竹の枠に紙を

るのを発見する。そしてわれわれの祖先が漆という塗料を見いだし、それを塗った器物の色沢に愛着を覚えたことの偶然でない[1]のを知るのである。友人サバルワル君の話に、インドでは現在でも食器に陶器を使うことを卑しみ、多くは塗り物を用いるという。われわれはその反対に、茶事とか、儀式とかの場合でなければ、膳と吸い物椀のほかはほとんど陶器ばかりを用い、漆器というと、やぼくさい、*雅味のないものにされてしまっているが、それは一つには、採光や照明の設備がもたらした「明るさ」のせいではないであろうか。事実、「闇」を条件に入れなければ漆器の美しさは考えられないと言っていい。今日では白漆というようなものもできたけれども、昔からある漆器の肌は、黒か、茶か、赤であって、それは幾重もの「闇」が堆積した色であり、周囲を包む暗黒の中から必然的に生まれ出たもののように思える。派手な3蒔絵《まきえ》などを施したピカピカ光る蠟塗りの手箱とか、文台とか、棚とかを見ると、いかにもケバケバしくて落ち着きがなく、俗悪にさえ思えることがあるけれども、もしそれらの器物を取り囲む空白を真っ黒な闇で塗り潰し、太陽や電灯の光線に代えるに一点の灯明か蠟燭の明かりにしてみたまえ、たちま

江戸時代の蒔絵（尾形光琳《おがたこうりん》「八橋《やつはし》蒔絵 硯箱《すずりばこ》」）

貼り、中に油皿を据えて火をともす照明具。

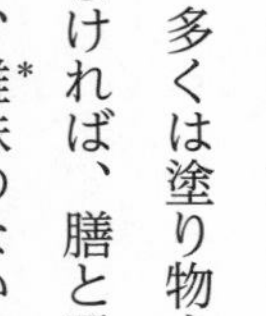

1 「偶然でない」とはどのようなことか。

3 **蒔絵** 金粉・銀粉・螺鈿《らでん》などで、漆器の表面に絵模様などを描く工芸。

〈発揮〉〈茶席〉〈色沢〉
＊よんどころない
＊雅味のない

ちそのケバケバしいものが底深く沈んで、渋い、重々しいものになるであろう。古《いにしえ》の工芸家がそれらの器に漆を塗り、蒔絵を画《か》く時は、必ずそういう暗い部屋を頭に置き、乏しい光の中における効果をねらったのに違いなく、金色を贅沢《ぜいたく》に使ったりしたのも、それが闇に浮かび出る具合や、灯火を反射する加減を考慮したものと察せられる。つまり金蒔絵は明るい所で一度にぱっとその全体を見るものではなく、暗い所でいろいろの部分がときどき少しずつ底光りするのを見るようにできているのであって、豪華絢爛《けんらん》な模様の大半を闇に隠してしまっているのが、言い知れぬ余情*を催すのである。そして、あのピカピカ光る肌のつやも、暗い所に置いてみると、それがともし火の穂のゆらめきを映し、静かな部屋にもおりおり風のおとずれのあることを教えて、そぞろに人を瞑想《めいそう》に誘い込む。もしあの陰鬱な室内に漆器というものがなかったなら、蠟燭や灯明の醸し出す怪しい光の夢の世界が、その灯のはためきが打っている夜の脈搏《みゃくはく》が、どんなに魅力を減殺されることであろう。まことにそれは、畳の上に幾すじもの小川が流れ、池水がたたえられているごとく、一つの灯影をここかしこにとらえて、細く、かそけく、ちらちらと伝えながら、❷夜そのものに蒔絵をしたような綾《あや》を織り出す。けだし食器としては陶器も悪くないけれども、陶器には漆器のような陰翳がなく、深みがない。陶器は手に触れると重く冷たく、しかも熱を伝えることが早いので熱いものを盛るのに不便であり、その上カチカチという音がするが、漆器は手ざわりが軽く、柔らかで、耳につくほどの

❷「夜そのものに蒔絵をしたような」とはどのようなことか。

音を立てない。私は、吸い物椀を手に持った時の、手のひらが受ける汁の重みの感覚と、生あたたかい温味《ぬくみ》とを何よりも好む。それは生まれたての赤ん坊のぷよぷよした肉体を支えたような感じでもある。吸い物椀に今も塗り物が用いられるのは全く理由のあることであって、陶器の入れ物ではああはいかない。第一、蓋を取った時に、陶器では中にある汁の身や色合いが皆見えてしまう。漆器の椀のいいことは、まずその蓋を取って、口に持っていくまでの間、暗い奥深い底のほうに、容器の色とほとんど違わない液体が音もなくよどんでいるのを眺めた瞬間の気持ちである。人は、その椀の中の闇に何があるかを見分けることはできないが、汁がゆるやかに動揺するのを手の上に感じ、椀の縁がほんのり汗をかいているので、そこから湯気が立ち昇りつつあることを知り、その湯気が運ぶ匂いによって口に含む前にぼんやり味わいを予覚する。その瞬間の心持ち、スープを浅い白ちゃけた皿に入れて出す西洋流に比べてなんという相違か。❸それは一種の神秘であり、禅味[4]であるとも言えなくはない。

私は、吸い物椀を前にして、椀がかすかに耳の奥へ沁《し》むようにジイと鳴っている、あの遠い虫の音のようなおとを聴きつつこれから食べるものの味わいに思いをひそめる時、いつも自分が三昧境[5]にひき入れられるのを覚える。茶人が湯のたぎるおとに尾上《おのえ》[6]の松風を連想しながら無我*の境に入るというのも、恐らくそれに似た心持ちなのであろう。日

❸「それ」は何をさすか。

4 **禅味** 世俗を離れた枯淡な趣。

5 **三昧境** 物事に没頭している忘我の境地。

6 **尾上** 兵庫県加古川《かこがわ》市の加古川河口東岸の地名。尾上神社境内の松で知られる。歌枕の一つ。

〈反射〉〈減殺〉〈灯影〉
＊余情を催す
＊無我の境

本の料理は食うものでなくて見るものだと言われるが、こういう場合、私は見るものである以上に瞑想するものであると言おう。そうしてそれは、闇にまたたく蠟燭の灯と漆の器とが合奏する無言の音楽の作用なのである。かつて[7]漱石《そうせき》先生は『草枕』の中で羊羹《ようかん》の色を賛美しておられたことがあったが、そういえばあの色などはやはり[4]瞑想的ではないか。玉《ぎょく》のように半透明に曇った肌が、奥のほうまで日の光を吸い取って夢みるごときほの明るさを含んでいる感じ、あの色合いの深さ、複雑さは、西洋の菓子には絶対に見られない。クリームなどはあれに比べるとなんという浅はかさ、単純さであろう。だがその羊羹の色合いも、あれを塗り物の菓子器に入れて、肌の色が辛うじて見分けられる暗がりへ沈めると、ひとしお瞑想的になる。人はあの冷たく滑らかなものを口中に含む時、あたかも室内の暗黒が一個の甘い塊になって舌の先でとけるのを感じ、ほんとうはそううまくない羊羹でも、味に異様な深みが添《そ》わるように思う。けだし料理の色合いはどこの国でも食器の色や壁の色と調和するように工夫されているのであろうが、日本料理は明るい所で白っちゃけた器で食べてはたしかに食欲が半減する。たとえばわれわれが毎朝食べる赤味噌《みそ》の汁なども、あの色を考えると、昔の薄暗い家の中で発達したものであることが分かる。私はある茶会に呼ばれて味噌汁を出されたことがあったが、いつもはなんでもなく食べていたあのどろどろの赤土色をした汁が、おぼつかない蠟燭の明かりの下で、黒漆の椀によどんでいるのを見ると、実に深みのある、うまそうな色をし

7 **漱石先生** 夏目《なつめ》漱石、一八六七—一九一六年。七四ページ参照。『草枕』は一九〇六年発表の作品。

4 「瞑想的」とはどのようなことか。

ているのであった。そのほか醬油《しょうゆ》などにしても、上方では刺し身や漬物やおひたしには濃い口の「たまり」を使うが、あのねっとりとしたつやのある汁がいかに陰翳に富み、闇と調和することか。また白味噌や、豆腐や、蒲鉾《かまぼこ》や、とろろ汁や、白身の刺し身や、ああいう白い肌のものも、周囲を明るくしたのでは色が引き立たない。第一飯にしてからが、ぴかぴか光る黒塗りの飯櫃《めしびつ》に入れられて、暗い所に置かれているほうが、見ても美しく、食欲をも刺激する。あの、炊きたての真っ白な飯が、ぱっと蓋を取った下から温かそうな湯気を吐きながら黒い器に盛り上がって、一粒一粒真珠のようにかがやいているのを見る時、日本人なら誰しも米の飯のありがたさを感じるであろう。かく考えてくると、われわれの料理が常に陰翳を基調とし、闇というものと切っても切れない関係にあることを知るのである。

一〈合奏〉〈賛美〉〈基調〉

●理解●

(1)筆者が論じる「漆器」(一五二・8)と「陶器」(一五三・3)との違いは何か、整理しなさい。
(2)「蒔絵を画く時」(一五四・2)に「金色を贅沢に使」(同・3)うのはなぜか、説明しなさい。
(3)「吸い物椀」(一五五・1)の魅力を筆者はどのように説明しているか、まとめなさい。
(4)「日本料理」(一五六・12)の色彩について筆者はどのように述べているか、まとめなさい。

無常ということ

小林秀雄《こばやしひでお》

「あるひと云《い》はく、[1]比叡《ひえい》の御社《おんやしろ》に、いつはりて[2]かんなぎのまねしたる[3]なま女房の、[4]十禅師《じふぜんじ》の御前《おんまへ》にて、夜うち深《ふ》けて、人しづまりて後、[5]ていとうていとうと、つゞみをうちて、心すましたる声にて、とてもかくても候《さうら》ふ、なうなうとうたひけり。その心を人にしひ問はれて云はく、生死《しやうじ》無常の有様《ありさま》を思ふに、この世のことはとてもかくても候ふ、なう後世《ごせ》をたすけたまへと申すなり。云々《うんぬん》。」

これは、[6]『一言芳談抄《いちごんほうだんしょう》』のなかにある文で、読んだ時、いい文章だと心に残ったのであるが、先日、比叡山に行き、山王権現《さんのうごんげん》の辺りの青葉やら石垣やらを眺めて、ぼんやりとうろついていると、突然、この短文が、当時の絵巻物の残欠でも見るようなふうに心に浮かび、文の節々が、まるで古びた絵の細勁《さいけい》な描線をたどるように心にしみわたった。そんな経験は、はじめてなので、ひどく心が動き、坂本《さかもと》で蕎麦《そば》を食っている間も、あやしい思いがしつづけた。あの時、自分は何を感じ、何を考えていたのだろうか、今になってそれがしきりに気にかかる。無論、取るに足らぬある幻覚が*起こったにすぎまい。そう考えて済ますのは便利であるが、どうも❶そういう便利な考えを信用する気になれな

小林秀雄　一九〇二（明治三五）―八三（昭和五八）年。評論家。東京都生まれ。文学・芸術・歴史などのジャンルで近代批評の地位を確立した。著書に『モオツァルト』『本居宣長《もとおりのりなが》』などがある。この文章は一九四二年に発表されたもので、本文は「現代日本文学大系」第六〇巻によった。

1 **比叡の御社**　比叡山の東麓、滋賀県大津市坂本《さかもと》にある日吉《ひえ》大社。古来、山王権現と称される。

2 **かんなぎ**　神に仕える未婚の女性。巫女《みこ》。神子《かみこ》。

3 **なま女房**　まだ不慣れな宮仕えの女性。また、若

いのは、どうしたものだろうか。実は、何を書くのか判然しないままに書き始めているのである。

『一言芳談抄』は、おそらく兼好《けんこう》[7]の愛読書の一つだったのであるが、この文を『徒然《つれづれ》草《ぐさ》』のうちに置いても少しも遜色はない。今はもう同じ文を目の前にして、そんなつまらぬことしか考えられないのである。依然として一種の名文とは思われるが、あれほど自分を動かした美しさはどこに消えてしまったのか。消えたのではなく現に目の前にあるのかもしれぬ。それをつかむに適したこちらの心身のある状態だけが消え去って、取り戻すすべを自分は知らないのかもしれない。こんな子供らしい疑問が、すでに僕を途方もない迷路に押しやる。僕は押されるままに、別段反抗はしない。そういう美学の萌芽《ほうが》とも呼ぶべき状態に、少しも疑わしい性質を見つけ出すことができないからである。だが、僕は決して美学には行き着かない。

日吉大社　西本宮楼門

い未熟な女性。

4 **十禅師**　日吉山王七社《しちしゃ》権現の一つ。十禅師社。

5 **ていとう**　擬音語。テントン。

6 **『一言芳談抄』**　著者未詳。一四世紀中頃までの成立。鎌倉時代初期の念仏者の言行がまとめられている。

1 「そういう便利な考え」とはどのようなものか。

7 **兼好**　一二八三?—一三五二?年。鎌倉《かまくら》時代末期から南北朝時代の歌人。随筆『徒然草』の著者。

〈生死無常〉〈残欠〉
〈描線〉
＊取るに足らない

確かに空想なぞしてはいなかった。青葉が太陽に光るのやら、石垣の苔《こけ》のつき具合やらを一心に見ていたのだし、鮮やかに浮かび上がった文章をはっきりたどった。余計なことは何一つ考えなかったのである。どのような自然の諸条件に、僕の精神のどのような性質が順応したのだろうか。そんなことはわからない。わからぬばかりではなく、そういう具合な考え方がすでに一片の酒落《しゃれ》にすぎないかもしれない。僕は、ただある満ち足りた時間があったことを思い出しているだけだ。自分が生きている証拠だけが充満し、その一つ一つがはっきりとわかっているような時間が。無論、今はうまく思い出しているわけではないのだが、あの時は、実に巧みに思い出していたのではなかったか。何を。鎌倉時代をか。そうかもしれぬ。そんな気もする。

歴史の新しい見方とか新しい解釈とかいう思想からはっきりと逃れるのが、以前には大変難しく思えたものだ。そういう思想は、一見魅力あるさまざまな手管めいたものを備えて、僕を襲ったから。一方歴史というものは、見れば見るほど動かし難い形と映ってくるばかりであった。新しい解釈なぞでびくともするものではない、そんなものにしてやられるような脆弱《ぜいじゃく》なものではない、そういうことをいよいよ合点して、歴史はいよいよ美しく感じられた。晩年の鷗外《おうがい》[8]が考証家に堕したというような説は取るに足らぬ。あの膨大な考証を始めるに至って、彼はおそらくやっと歴史の魂に推参したのである。『古事記伝』[9]を読んだ時も、同じようなものを感じた。解釈を拒絶して動じないものだ

2「一片の酒落にすぎない」のはなぜか。

8 鷗外 森《もり》鷗外、一八六二―一九二二年。晩年に『渋江抽斎《しぶえちゅうさい》』など考証を中心とする史伝へと転換

けが美しい、これが宣長《のりなが》[10]の抱いたいちばん強い思想だ。解釈だらけの現代にはいちばん秘められた思想だ。そんなことをある日考えた。また、ある日、ある考えが突然浮かび、たまたまそばにいた川端康成《かわばたやすなり》[11]さんにこんなふうにしゃべったのを思い出す。彼笑って答えなかったが。「生きている人間などというものは、どうもしかたのない代物だな。何を考えているのやら、何を言い出すのやら、しでかすのやら、自分のことにせよ他人事にせよ、わかったためしがあったのか。鑑賞にも観察にも堪えない。そこにいくと死んでしまった人間というものは大したものだ。なぜ、ああはっきりとしっかりとしてくるんだろう。まさに人間の形をしているよ。してみると、生きている人間とは、人間になりつつある一種の動物かな。」

この一種の動物という考えは、かなり僕の気に入ったが、考えの糸は切れたままでいた。歴史には死人だけしか現れてこない。したがってのっぴきならぬ*人間の相しか現れぬし、動じない美しい形しか現れぬ。思い出となれば、みんな美しく見えるとよく言うが、その意味をみんなが間違えている。[3] 僕らが過去を飾りがちなのではない。過去のほうで僕らに余計な思いをさせないだけなのである。思い出が、僕らを一種の動物であることから救うのだ。記憶するだけではいけないのだろう。思い出さなくてはいけないのだろう。多くの歴史家が、一種の動物にとどまるのは、頭を記憶でいっぱいにしているので、心をむなしくして思い出すことができないからではあるまいか。

した。一一〇ページ参照。

9 **『古事記伝』** 本居宣長《もとおりのりなが》が著した『古事記』の注釈書。四四巻。一七九八年完成、一八二二年刊行。

10 **宣長** 本居宣長。一七三〇—一八〇一年。江戸時代中期の国学者。『古事記伝』のほか、研究・注釈書『古今集遠鏡《とおかがみ》』、随筆集『玉勝間《たまかつま》』、国学入門書『うひ山ぶみ』などがある。

11 **川端康成** 一八九九—一九七二年。小説家。作品に『伊豆《いず》の踊子《おどりこ》』『雪国』『山の音』などがある。一九六六年、ノーベル文学賞受賞。

3 「みんなが間違えている」のはどのような点か。

＊のっぴきならない 〈魅力〉〈合点〉〈考証〉〈推参〉

上手に思い出すことは非常に難しい。だが、それが、過去から未来に向かって飴《あめ》のように延びた時間という蒼《あお》ざめた思想（僕にはそれは現代における最大の妄想と思われるが）から逃れる唯一の本当に有効なやり方のように思える。成功の期はあるのだ。この世は無常とは決して仏説というようなものではあるまい。それはいついかなる時代でも、人間の置かれる一種の動物的状態である。現代人には、鎌倉時代のどこかのなま女房ほどにも、無常ということがわかっていない。常なるものを見失ったからである。

―〈妄想〉〈仏説〉

●理解●―

(1)「僕は決して美学には行き着かない」（一五九・17）のはなぜか、説明しなさい。

(2)「歴史の魂」（一六〇・16）とはどのようなものか、筆者の考えを踏まえて説明しなさい。

(3)「記憶するだけではいけないのだろう。思い出さなくてはいけないのだろう。」（一六一・15）とあるが、両者の違いはどのような点にあるか、まとめなさい。

(4)冒頭の『一言芳談抄』の引用文は、本文全体の中でどのような意味を持っているか、「常なるものを見失った」（一六二・6）という結論部と関連させて説明しなさい。

小説とは何か

三《み》島《しま》由《ゆ》紀《き》夫《お》

新しい本を追いかけて読むよりも、むかし感銘を受けた本を再読して、むかし気づかなかった「小説」をそこに豊富に発見することがある。ただ「小説」と抽象的に言うだけでは、いつまでたってもあいまいであろうから、端的な実例をあげることにしよう。

私は最近、そういう自分のたのしみのためだけの読書として、柳田國男《やなぎたくにお》[1]氏の名著『遠《とお》野《の》物語』[3]を再読した。これは明治四十三年に初版の出た本で、陸中上閉伊《かみへい》郡[2]の山中の一集落遠野郷の民俗採訪の成果であるが、全文自由な文語体で書かれ、わけても序文は名文中の名文である。私の挙げたいのは、第二十二節の次のような小話である。

「佐々木《ささき》氏の曽祖母年よりて死去せし時、棺に取り納め親族の者集まりきてその夜は一同座敷にて寝たり。死者の娘にて乱心のため離縁せられたる婦人もまたその中にありき。喪の間は火の気を絶やすことを忌むが所の風なれば[4]、祖母と母との二人のみは、大なる囲炉裏《いろり》[5]の両側に座り、母人は傍らに炭籠[6]を置き、折々炭を継ぎてありしに、ふと裏口の方より足音して来る者あるを見れば、亡くなりし老女なり。平生腰かがみて着物の裾の引きずるを、三角に取り上げて前に縫い付けてありしが、まざまざとそのとおりにて、

三島由紀夫　一九二五（大正一四）—七〇（昭和四五）年。小説家・脚本家。東京都生まれ。理知的な思考で戦後文化の虚妄を暴き、伝統への回帰を求めた。作品に『潮《しお》騒《さい》』『金閣寺』などがある。この文章は一九六八年に発表されたもので、本文は「三島由紀夫全集」第三三巻によった。

1 柳田國男　一八七五—一九六二年。民俗学者。『遠野物語』は初期の代表作で、佐々木喜善《ささききぜん》の話を柳田が筆録したもの。

2 陸中上閉伊郡　「陸中」は、現在の岩手県の大部分と秋田県の一部を含む

囲炉裏

縞目《しまめ》にも見覚えあり。[7]あなやと思う間もなく、二人の女の座れる炉の脇を通りゆくとて、裾にて炭取りにさわりしに、丸き炭取りなればくるくるとまわりたり。母人は気丈の人なれば振り返りあとを見送りたれば、親縁の人々の打ち臥《ふ》したる座敷の方へ近よりゆくと思うほどに、かの狂女のけたたましき声にて、おばあさんが来たと叫びたり。その余の人々はこの声に眠りを覚ましただうち驚くばかりなりしと言えり。」

この中で私が、「あ、ここに小説があった。」と[8]三嘆これ久しゅうしたのは、「裾にて炭取りにさわりしに、丸き炭取りなればくるくるとまわりたり」というくだりである。

ここがこの短い怪異譚《たん》の焦点であり、日常性と怪異との疑いようのない接点である。この一行のおかげで、わずか一ページの物語が、[9]百枚・二百枚の似非《えせ》小説よりも、はるかにみごとな小説になっており、人の心に永久に忘れがたい印象を残すのである。

❶こんな効果は分析し説明しても詮*ないことであるが、一応現代的習慣に従って、分析

古い国名。「上閉伊郡」は、岩手県南東部にある郡。明治時代には、現在の遠野市・釜石《かまいし》市・大槌《おおつち》町を含んだ。

3 **遠野郷**　現在の岩手県遠野市。

4 **風**　風習。「所の風」は、この地域の風習、の意。

5 **囲炉裏**　屋内の床などの一部を切り抜いて、炭などで火を燃やし、煮炊きや暖房に用いた設備。

6 **炭籠**　囲炉裏に継ぐ炭をとりわけておく籠。「炭取り」と同じ。

7 **あなや**　驚きを表す語。

8 **三嘆これ久しゅうした**　おおいに褒めたたえた。たいへん深く感心した。

9 **百枚・二百枚**　四〇〇字詰め原稿用紙で書いた場合の枚数。「百枚」で四万字。

を試みることにしよう。

　通夜の晩あらわれた幽霊は、あくまで日常性を身に着けており、ふだん腰がかがんで、引きずる裾を三角に縫い付けてあったまま、縞目も見覚えのある着物で出現するので、その同一性が直ちに確認せられる。ここまではよくある幽霊談である。人々は死の事実を知っているから、そのときすでに、ありうべからざることが起こったということは認識されている。すなわち棺内に動かぬ死体があるという事実と、裏口から同一人が入ってきたという事実とは、完全に矛盾するからである。二種の相容《あいい》れぬ現実が併存するわけはないから、一方が現実であれば、他方は超現実あるいは非現実でなければならない。そのとき人々は、目前に見ているものが幽霊だという認識に戦慄しながら、同時に、超現実が現実を犯すわけはないという別の認識を保持している。これはわれわれの夢の体験と似ており、一つの超現実を受容するときに、逆に自己防衛の機能が働いて、こちら側の現実を確保しておきたいという欲求が高まるのである。目の前をゆくのはたしかに曽祖母の亡霊であった。認めたくないことだが、現れた以上はもうしかたがない。せめてはそれが幻であってくれればいい。幻覚は必ずしも、認識にとっての侮辱ではないからだ。われわれは酒を飲むことによって、好んでそれをおびき寄せさえするからだ。

　しかし「裾にて炭取りにさわりしに、丸き炭取りなればくるくるとまわりたり」と来ると、❷もういけない。この瞬間に、われわれの現実そのものが完全に震撼《しんかん》されたのであ

❶「こんな効果」とは何か。

❷「もういけない」のはなぜか。

〈接点〉〈分析〉〈併存〉

〈戦慄〉〈自己防衛〉

〈幻覚〉〈侮辱〉
＊詮ない

る。
すなわち物語は、このとき第二段階に入る。亡霊の出現の段階では、現実と超現実は併存している。しかし炭取りの回転によって、超現実が現実を犯し、幻覚と考える可能性は根絶され、ここに認識世界は逆転して、幽霊のほうが「現実」になってしまったからである。幽霊がわれわれの現実世界の物理法則に従い、単なる無機物にすぎぬ炭取りに物理的力を及ぼしてしまったからには、すべてが主観から生じたという気休めはもはや許されない。かくて幽霊の実在は証明されたのである。

その原因はあくまでも炭取りの回転にある。炭取りが「くるくる」と回らなければ、こんなことにはならなかったのだ。炭取りはいわば現実の転位の蝶番《ちょうつがい》のようなもので、この蝶番がなければ、われわれはせいぜい「現実と超現実の併存状態」までしか到達することができない。それから先へもう一歩進むには（この一歩こそ本質的なものであるが）、どうしても炭取りが回らなければならないのである。しかもこの効果が、一《いつ》[10]にかかって「言葉」にある、とは、驚くべきことである。舞台の小道具の炭取りでは、たとえその仕掛けがいかに巧妙に仕組まれようとも、この小話における炭取りのような確固たる日常性を持つことができない。短い叙述のうちにも浸透している日常性が、このつまらない什器《じゅうき》の回転を真に意味あらしめ、しかも『遠野物語』においては、「言葉」以外のいかなる質料[11]も使われていないのだ。

10 **一にかかって** ひとえに。もっぱら。

11 **質料** ギリシア哲学の用語で、素材のこと。「質料」と対になる概念「形相」は、素材が作り出す形式をいう。

12 **ジャンル** 部門。種類。［フランス語］genre

13 **上田秋成** 一七三四―一八〇九年。江戸時代の読本作者・歌人・国学者。

14 **白峰** 『雨月物語』収録の怪異譚で、西行《さいぎょう》が崇徳

私が「小説」と呼ぶのはこのようなものである。小説がもともと「まことらしさ」の要請に発したジャンル[12]である以上、そこにはこのような、現実を震撼させることによって幽霊（すなわち言葉）を現実化するところの根源的な力が備わっていなければならない。しかもその力は、長たらしい叙述から生まれるものではなくて、こんな一行に圧縮されていれば十分なのである。

[13]上田《うえだ》秋成《あきなり》の「[14]白峰《しらみね》」の、[15]崇徳《すとく》上皇出現の際の、

「[16]円位《えんい》、円位と呼ぶ声す。」

の一行のごときも、正しくこれであろう。そのとき炭取りは回っている。

上皇陵に詣で、上皇の怨霊と出会う話。

15 崇徳上皇 一一一九—六四年。保元の乱に敗れ、讃岐国《さぬきのくに》（現在の香川県）に配流された。

16 円位 一一一八—九〇年。平安時代後期の歌人である西行の法名。

—〈根絶〉〈無機物〉
〈浸透〉

●理解●—

(1)「幻覚は必ずしも、認識にとっての侮辱ではない」（一六五・14）とはどのようなことか、説明しなさい。

(2)次の表現は、それぞれどのようなことか、「現実」という語に注意して説明しなさい。

ⓐ二種の相容れぬ現実が併存するわけはない（一六五・7）

ⓑ現実と超現実は併存している（一六六・2）

ⓒ現実の転位（一六六・9）

(3)「そのとき炭取りは回っている。」（一六七・8）とはどのようなことか、説明しなさい。

小説……四

砂の本

ホルヘ・ルイス・ボルヘス
篠田《しのだ》一士《はじめ》訳

……なんじの砂の綱……
[1]ジョージ・ハーバート（一五九三―一六三三年）

線は無数の点から成り、平面は無数の線から成る。体積は無数の平面から成り、超体積は無数の体積から成る……。いや、たしかに、このような「幾何学の法則《モレ・ゲオメトリコ》による」のは、わたしの物語をはじめる❶最上の方法ではない。これは真実だと主張するのが、いまや、あらゆる架空の物語の慣例である。しかしながら、わたしの話は、本当に本当なのである。

わたしは現在、ひとりで、[2]ブエノスアイレスのベルグラーノ通りの、アパートの五階に住んでいる。数カ月前になろうか、ある日暮れ方、戸口をたたく音が聞こえた。あけると、見知らぬ人がはいってきた。背の高い男で、目鼻立ちは判然[*]としなかった。そう見えたのは多分、わたしの近眼のせいだろう。全体の様子は、実直な貧乏人というところだった。ねずみ色の服を着て、手にはねずみ色のスーツケースをさげている。外国人だとすぐに分かった。最初は老人だと思った。が、やがて、[3]スカンジナビア人特有の、ほとんど白に近いブロンドの薄い髪のせいで、見違えたことに気づいた。一時間足らずの会話の間に、彼は[4]オークニー諸島の出だと分かった。

彼に椅子をすすめた。その男は、しばらく間をおいてから話しだした。彼の身辺には、いまのわたしと同じように、憂愁の気がたちこめていた。

ホルヘ・ルイス・ボルヘス Jorge Luis Borges 一八九九―一九八六年。詩人・小説家・哲学者。アルゼンチン生まれ。神学・西欧文学に造詣が深く、幻想的な作品を残した。この文章は一九八〇年刊行の『砂の本』に収められており、本文はその文庫版によった。

篠田一士 一九二七（昭和二）―八九（平成元）年。英文学者・評論家。

「聖書を売っています。」と彼は言った。

いささかの衒学《げんがく》趣味をこめて、わたしは答えた。

「うちにも、英語の聖書なら何冊かある、最初の、[5]ジョン・ウィクリフ訳もね。また、[6]シプリアーノ・デ・バレラ訳もあるし、[7]ルター訳、これは文学的には最低だがね、それから、標準ラテン語訳の[8]ヴルガタ聖書もある。ごらんのとおり、はっきり言って聖書はこれ以上必要としないんだよ。」

ちょっと沈黙した末に、彼は答えた。

「聖書だけを売っているわけではないのです。ある神聖な本をお目にかけられるんですが、多分お気に召すと思いますよ。[9]ビカネールの郊外で手に入れたんですがね。」

彼はスーツケースをあけると、それをテーブルのうえに置いた。布製の[10]八《やつ》折り判の本だった。多くの人の手を経てきたものであることは疑いない。仔細《しさい》にあらためてみる。と、まずその異常な重さに驚いた。背には、「[11]聖書《ホーリー・リット》」、そして下に「[12]ボンベイ」とあった。

「十九世紀だろうな。」とわたしは言った。

「さあ、どうしても分からないんですよ。」という返事だった。

わたしは何気なくその本を開いた。知らない文字だった。粗末な印字の、古びたページは、聖書によく見られるように二列に印刷されていた。テクストはぎっしりつまっており、一節ごとに区切られているページの上の隅には、アラビヤ数字がうってあった。偶数ページに（たとえば）四〇、

1ジョージ・ハーバート　George Herbert　イギリスの詩人。引用はその詩「枷《かせ》」から。　**2ブエノスアイレス**　アルゼンチン共和国の首都。　**3スカンジナビア**　ヨーロッパ北部に位置する半島。　**4オークニー諸島**　スコットランド北東の沖合にある諸島。　**5ジョン・ウィクリフ**　John Wycliffe　一三二〇？—八四年。イギリスの宗教改革者。　**6シプリアーノ・デ・バレラ**　Cipriano de Valera　一五三二？—一六〇二年。スペインの人文学者・聖職者。　**7ルター**　Martin Luther　一四八三—一五四六年。ドイツの宗教改革者。　**8ヴルガタ聖書**　ローマ・カトリック教会の公式聖書。　**9ビカネール**　インド北西部、タール砂漠にあるオアシス都市。　**10八折り判**　書物の大きさを示す用語。A5判よりやや大きい。　**11聖書《ホーリー・リット》**　［英語］Holy Writ　**12ボンベイ**　インドの港湾都市、現在のムンバイ。

❶「最上の方法ではない」というのはなぜか。

〈実直〉〈憂愁〉
＊判然としない

五一四という数字があるとすると、次のページは九九九になっているのが、わたしの注意を引いた。ページをめくってみる。裏面には、八桁の数字がならぶ番号がうたれていた。よく辞書に使われるような小さな挿絵があった。子供がかいたような、まずいペンがきの錨《いかり》だった。

見知らぬ男がこう言ったのはその時だ。

「それをよくごらんなさい。もう二度と見られませんよ。」

声にはでないが、その断言のしかたには一種の脅迫があった。

その場所をよく心にとめて、わたしは本を閉じた。すぐさま、また本を開いた。一枚一枚、あの錨の絵を探したが、だめだった。狼狽《ろうばい》をかくすために、わたしは言った。

「これはいずれ[13]ヒンドスターニー語訳の聖書ですな、ちがいますか?」

「ちがいます。」と彼は答えた。

それから、秘密を打ち明けるように声をおとした。

「わたしは、平原の村で、数[14]ルピーと一冊の聖書と引きかえに、それを手に入れたのです。持ち主は、読み方を知りませんでした。察するところ、『本の中の本』(聖書)を一種の護符だと思っていたんでしょうな。彼は最下級の[15]カーストでした。その男の影を踏んだだけでも、汚れることまちがいなしというやつなんです。彼が言うには、この本は『砂の本』というのです。砂と同じくその本にも、はじめもなければ終わりもない、というわけです。」

彼は、最初のページを探してごらんなさいと言った。

左手を本の表紙の上にのせ、親指を目次につけるように差し挟んで、ぱっと開いた。全く無益だった。何度やっても、表紙と指のあいだには、何枚ものページがはさまってしまう。まるで、本からページがどんどん湧き出てくるようだ。

「では、最後のページを見つけてください。」

やはりだめだった。わたしは、自分のものとも思われぬ声で、こう[*]言いよどむのがやっとだった。

「こんなことがあるはずはない。」

相変わらず低い声で、聖書の売人は言った。

「あるはずがない、しかしあるのです。この本のページは、まさしく無限です。どのページも最初ではなく、また、最後でもない。なぜこんなでたらめの数字がうたれているのか分からない。多分、無限の連続の終極は、いかなる数でもありうることを、悟らせるためなのでしょう。」

　それから、あたかも心中の考えごとを口にのぼせるように、

「もし空間が無限であるなら、われわれは、空間のいかなる地点にも存在する。もし時間が無限であるなら、時間のいかなる時点にも存在する。」
❷彼の思考はわたしをいらだたせた。彼にきいてみた。
「もちろんあなたは信仰をおもちでしょうな。」

「ええ。長老会派《プレスビテリアン》[16]です。良心にやましいところはありません。悪魔の本と引きかえに、『主の御言葉』（聖書）を与えたからといって、あの先住民をだましたことにはならないと確信しています。」

　わたしも彼に、なにも自分を責めることはないとうけ合った。そして、こちらを旅行中なのかとたずねた。数日中に故国へ帰るつもりだ、と彼は答えた。彼がオークニー諸島出のスコットランド人だと知ったのはこのときだった。スティーヴンソン[17]とヒューム[18]が好きだから、スコットランドには個人的愛情を抱いていると、わたしは言った。

「それと、ロビー・バーンズ[19]のために、でしょう。」と彼は訂正した。

　話をしながら、わたしはその無限の本を調べつづけた。❸無関心をよそおいつつきいた。

「君はこの珍本を大英博物館[20]に提供するつもりでしょうな？」

「いいえ、あなたに提供するつもりです。」と答え、彼は

13ヒンドスターニー語　インドの公用語ヒンディー語とパキスタンの公用語ウルドゥー語をさす。**14ルピー**　貨幣の単位。**15カースト**　インドの世襲の身分制度。**16長老会派《プレスビテリアン》**　プロテスタントの一派。「プレスビテリアン（Presbyterian）」は「長老」の意。**17スティーヴンソン**　Robert L. Stevenson　一八五〇―九四年。スコットランドの小説家。**18ヒューム**　David Hume　一七一一―七六年。イギリスの哲学者。**19ロビー・バーンズ**　Robert Burns　一七五九―九六年。スコットランドの詩人。**20大英博物館**　ロンドンにある世界最大の博物館。一七五三年設立。

❷「彼の思考」とはどのようなものか。
❸「無関心をよそおいつつきいた。」のはなぜか。

〈脅迫〉〈護符〉〈終極〉

〈珍本〉
＊言いよどむ

かなりの高額を提示した。

わたしは、本心から、その金額ではとても手*が届かないと答えたが、なおも考えこんでいた。数分後、計画を思いついた。

「交換というのは、どうだろう。」とわたしは言った。「君は、数ルピーと聖書と引きかえにこの本を手に入れた。わたしは、受けとったばかりの恩給[21]の総額と、ゴチック文字版ウィクリフ訳聖書を提供しよう。先祖伝来の宝物だ。」

「ゴチックのウィクリフ！」と彼はつぶやいた。

わたしは寝室へ行き、金と本をもってきた。彼はページをくり、いかにも愛書家らしい熱心さで扉を調べた。

「きまった。」と、彼は言った。

彼が値切ろうともしなかったので、わたしはおどろいた。この家に入ってきたときから、彼はその本を売る決心だったと分かったのは、後*のまつりになってからだ。札を数えもせずに、彼はそれをしまった。

われわれは、インドのこと、オークニー諸島のこと、かつてそこを治めていたノルウェーの族長[22]《ジャール》たちのことを話した。その男が帰ったときは、もう夜になっていた。その後二度と彼には会わないし、彼の名前も知らない。

「砂の本」は、もとウィクリフのあった場所にしまおうと考えたが、結局、半端物の『千夜一夜物語』[23]のうしろにかくすことにした。

床についたが、眠れなかった。夜明けの三時か四時に、明かりをつけた。例のありうべからざる本を取りだし、ページをくった。あるページに、ひとつの面が刻みこまれているのをみつけた。隅には、もういくつか忘れたが、九乗した数がうってあった。

わたしは、わたしの宝物をだれにも見せなかった。所有の幸福のほかに、盗まれるという恐怖、それに、本当は無限ではないのではないかという危惧があったからだ。この

4 ふたつの心配が、年来の人ぎらいを強めることになった。わたしには数人の友人しか残っていない。その友人にも会うのをやめた。結局、わたしはその本のとりことなって、ほとんど家から出なかった。虫眼鏡で、すり切れた背や表紙を調べ、どんな仕掛けもなさそうだということが分かった。小さな挿絵が、二千ページもはなれているのをたしかめた。それをアルファベット順にノートに書きつけていっ

たが、ノートはすぐにいっぱいになった。それらは一度も重複することがなかった。夜は、不眠症の許すわずかの合間に、本を夢みた。

夏が過ぎ去る頃、その本は怪物だと気づいた。それを両目で知覚し、爪ともども十本の指で触知しているこのわたしも、劣らず怪物じみているのだと考えたが、どうにもならなかった。それは悪夢の産物、真実を傷つけ、おとしめる淫らな物体だと感じられた。

わたしは火を考えた。だが、無限の本を燃やせば、同じく無限の火となり、地球を煙で窒息させるのではないかと惧《おそ》れた。

一枚の葉をかくすに最上の場所は森であると、どこかで読んだのを、わたしは思いだした。退職するまえ、わたしはメキシコ通りの国立図書館に勤めていて、そこには九十万冊の本があった。玄関ホールの右手に、螺旋《らせん》階段が地下に通じていて、地下には、定期刊行物と地図があった。館員の不注意につけこんで、「砂の本」を、湿った棚のひとつにかくした。戸口からどれだけの高さで、どれだけの距離か、わたしは注意しないように努めた。

これで少しは気が楽になった。しかし、いま、わたしはメキシコ通りを通るのもいやだ。

21 恩給　国あるいは団体が給付する一時金、または年金。**22 族長《ジャール》**　［スウェーデン語］jarl　**23『千夜一夜物語』**　アラビアの民話・説話集。シエラザードという娘が、王のために千と一夜にわたって語る物語という体裁をとる。

4「ふたつの心配」とは何か。

〈半端〉〈年来〉〈触知〉
＊手が届かない
＊後のまつり

●理解●

(1)「その断言のしかたには一種の脅迫があった」（一七〇・上8）とはどのようなことか、考えなさい。

(2)「彼」が「いいえ、あなたに提供するつもりです。」（一七一・下13）と答えたのはなぜか、説明しなさい。

(3)「その本は怪物だと気づいた」（一七三・上4）とあるが、どのような意味で「怪物」なのか、説明しなさい。

(4)「いま、わたしはメキシコ通りを通るのもいやだ」（一七三・下9）と思ったのはなぜか、説明しなさい。

押し絵と旅する男

江戸川乱歩《えどがわらんぽ》

富山《とやま》県の魚津《うおづ》に蜃気楼《しんきろう》を見にいった帰り、「私」は夜汽車で魔術師のような風采の男に出会う。年齢不詳のその男が「私」に見せたのは、一枚の押し絵であった。勧められるまま、男の双眼鏡で押し絵を眺めると、人形の老人と娘がまるで生きているように見える。老人の顔には苦悶《くもん》の表情が浮かんでいた。驚いた「私」に、男は人形たちの身の上話を語り始める。

「それはもう、生涯の大事件ですから、よく記憶しておりますが、明治二十八年四月の、兄があんなに（と言って[1]押し絵の老人をゆびさし）なりましたのが、[2]二十七日の夕方のことでございました。当時、私も兄も、まだ部屋住みで、住居は[3]日本橋《にほんばし》通り三丁目でして、おやじは呉服商を営んでおりましたがね。なんでも[4]浅草の[5]十二階ができて間もなくのことでございましたよ。だもんですから、兄なんぞは、毎日のようにあの凌雲閣《りょううんかく》へ登って喜んでいたものです。と申しますのが、兄は妙に異国物が好きな新しがり屋でござんしたからね。この[6]遠眼鏡《とおめがね》にしろ、やっぱりそれで、兄が外国船の船長の持ち物だったというやつを、横浜の[7]シナ人町の、変てこな道具屋の店先で、めっけてきましてね。当時にしちゃあ、ずいぶん高いお金を払ったと申しておりましたっけ。」

　老人は「兄が」と言うたびに、まるでそこにその人がすわってでもいるように、押し絵の老人のほうに目をやったり、ゆびさしたりした。老人は彼の記憶にあるほんとうの兄と、その押し絵の白髪の老人とを混同して、押し絵が生きて彼の話を聞いてでもいるような、すぐそばに第三者を

江戸川乱歩　一八九四（明治二七）―一九六五（昭和四〇）年。小説家。三重県生まれ。日本の推理小説の発展に寄与した。作品に『パノラマ島奇談』などがある。この作品は一九二九年に発表されたもので、本文は『ちくま日本文学全集・江戸川乱歩』によった。

意識したような話し方をした。だが、不思議なことに、私はそれを少しもおかしいとは感じなかった。私たちはその瞬間、自然の法則を超越して、われわれの世界とどこかでくい違っているところの、別の世界に住んでいたらしいのである。

「あなたは、十二階へお登りなすったことがおありですか。ああ、おありなさらない。それは残念ですね。あれはいったい、どこの魔法使いが建てましたものか、実に途方もない変てこれん[8]な代物でございましたよ。表面はイタリーの技師のバルトン[9]と申すものが設計したことになっていましたがね。まあ考えてごらんなさい。その頃の浅草《あさくさ》公園[10]といえば、名物がまず蜘蛛《くも》男の見世物、娘剣舞に、玉乗り、源《げん》水《すい》[11]のコマ回しに、のぞきからくり[12]などで、せいぜい変わったところが、お富士《ふじ》[13]さまの作り物に、メーズ[14]といって、八陣隠れ杉[15]の見世物ぐらいでございましたからね。そこへあなた、ニョキニョキと、まあとんでもない高い煉瓦《れんが》造りの塔ができちまったんですから、驚くじゃござんせんか。高さが四十六間《けん》[16]と申しますから、一丁[17]に少し足りないぐらい

1押し絵　板状のものに貼りつけた絵で、型紙の中に綿を入れて高低をつけ、布で覆ったもの。羽子板などにも用いられる。　**2部屋住み**　成人で、まだ親から独立していない者。　**3日本橋通り**　東京都中央区の地名（当時は日本橋区）。　**4浅草**　東京都台東区の地名（当時は浅草区）。　**5十二階**　浅草にあった凌雲閣の通称。一八九〇年に完成。展望がよくきき、東京名所の一つとして親しまれていた。一九二三年の関東大震災で崩壊。　**6遠眼鏡**　双眼鏡。望遠鏡。　**7シナ人町**　中華街。「シナ」は、外国人による中国の古い呼称。　**8変てこれん**　変てこりん。　**9バルトン**　William K. Burton　一八五五―九九年。本文には「イタリー」とあるが、イギリスの建築技師。一八八七年に来日。　**10浅草公園**　浅草観音一帯の明治以降の呼称。歓楽街としてにぎわった。　**11源水**　室町《むろまち》から大正期にかけて代々続いた大道芸人の松井《まつい》源水のこと。曲ゴマなどの芸を披露し、物を売った。　**12のぞきからくり**　大道見世物の一つ。中に絵が仕掛けられた箱を、レンズのついた穴からのぞく。絵は数枚で一組となり、ひもで操作されて次の絵に移る。　**13お富士さまの作り物**　富士山の模型で、高さ三〇メートルほどあった。　**14メーズ**　迷路。迷宮。［英語］maze　**15八陣隠れ杉**　「八陣」は、八種類の陣形。「隠れ杉」は、杉の生け垣で通路を囲い、迷路にした施設をいう。　**16間**　長さの単位。一間は約一・八メートル。　**17丁**　距離の単位。一丁は六〇間で、約一〇九メートル。町。

1押し絵の羽子板

―〈呉服〉〈超越〉〈代物〉

浅草の凌雲閣（十二階）

の、べらぼうな高さで、八角形の頂上が唐人[18]の帽子みたいにとんがっていて、ちょっと高台へ登りさえすれば、東京じゅうどこからでも、その赤いお化けが見られたものです。

今も申すとおり明治二十八年の春、兄がこの遠眼鏡を手にいれて間もないことでした。兄の身に妙なことが起こってまいりました。おやじなんぞ、兄め気でも違うのじゃないかって、ひどく心配しておりましたが、私もね、お察しでしょうが、ばかに兄思いでしてね、兄の変てこれんなそぶりが、心配でたまらなかったものです。どんなふうかと申しますと、兄はご飯もろくろくたべないで、家内の者とも口をきかず、家にいる時はひと間にとじこもって考えごとばかりしている。からだは痩せてしまい、顔は肺病やみのように土気色で、目ばかりギョロギョロさせている。もっとも、ふだんから顔色のいいほうじゃあござんせんでしたがね、それが一倍青ざめて、沈んでいるのですから、ほんとうに気の毒なようでした。その癖ね、そんなでいて、毎日欠かさず、まるで勤めにでも出るように、おひるっから日暮れ時分まで、フラフラとどっかへ出かけるんです。どこへ行くのかって聞いてみても、ちっとも言いません。母親が心配して、兄のふさいでいるわけを、手[*]をかえ品をかえて尋ねても、少しも打ち明けません。そんなことがひと月ほどもつづいたのですよ。

あんまり心配だものだから、私はある日、兄はいったいどこへ出かけるのかと、ソッとあとをつけました。そうするように母親が私に頼むもんですからね。その日も、ちょうどきょうのようにどんよりした、いやな日でござんしたが、おひるすぎから、兄はその頃自分の工夫で仕立てさせた、当時としてはとびきりハイカラ[19]な、黒ビロードの洋服を着ましてね、この遠眼鏡を肩から下げ、ヒョロヒョロと日本橋通りの馬車鉄道[20]のほうへ歩いていくのです。私は兄に気どられぬように、そのあとをつけていったわけですよ。よござんすか。しますとね、兄は上野《うえの》[21]行きの馬車鉄道を待ち合わせて、ヒョイとそれに乗り込んでしまったのです。当今の電車と違って、次の車に乗ってあとをつけるというわけにはいきません。何しろ車台が少のうござんすからね。私はしかたがないので、母親にもらったお小遣いをふんぱつして、人力車に乗りました。人力車だって、少し威勢のいい引き子[22]なれば、馬車鉄道を見失わないようにあとをつけるなんぞ、わけなかったものでございますよ。

　兄が馬車鉄道を降りると、私も人力車を降りて、またテクテクとあとをつける。そうして、行きついたところが、なんと浅草の観音様じゃございませんか。兄は仁王門からお堂の前を素通りして、お堂裏の見世物小屋のあいだを、人波をかき分けるようにして、さっき申し上げた十二階の前まで来ますと、石の門をはいって、お金を払って『凌雲閣』という額のあがった入り口から、塔の中へ姿を消してしまいました。まさか兄がこんなところへ、毎日毎日通っていようとは、夢にも存じませんので、私はあきれはてて、子供心にね、私はその時まだはたちにもなってませんでしたので、兄はこの十二階の化け物に魅入られたんじゃないかなんて、変なことを考えたものですよ。

　私は十二階へは、父親につれられて、一度登ったきりで、その後行ったことがありませんので、なんだか気味がわるいように思いましたが、兄が登っていくものですから、しかたがないので、私も一階ぐらいおくれて、あの薄暗い石の段々を登っていきました。窓も大きくござんせんし、煉瓦の壁が厚うござんすので、穴蔵のように冷え冷えといたしましてね。それに日清《にっしん》[23]戦争の当時ですから、その頃は珍しかった戦争の油絵が、一方の壁にずらっとかけ並べてあります。まるで狼《おおかみ》みたいにおっそろしい顔をして、ほえな

18唐人　中国人。また、外国人一般をさす。　**19ハイカラ**　西洋をまね、目新しいものを好むこと。また、そのさま。
20馬車鉄道　レール上を馬車で走り、人を乗せて運ぶ交通機関。鉄道馬車。　**21上野**　東京都台東区の地名（当時は下《した》谷《や》区）。　**22引き子**　人力車を引く人。車夫。　**23日清戦争**　一八九四年に、日本と清《しん》（中国）との間で起こった戦争。

〈土気色〉〈当今〉
〈威勢〉
＊手をかえ品をかえる

がら突貫している日本兵や、剣つき鉄砲に脇腹をえぐられて、ふき出す血のりを両手で押さえて、顔や唇を紫色にしてもがいているシナ兵や、ちょんぎられた弁髪[24]の頭が風船玉のように空高く飛び上がっているところや、なんとも言えない毒々しい、血みどろの油絵が、窓からの薄暗い光線でテラテラと光っているのでございますよ。そのあいだを、陰気な石の段々が、カタツムリの殻みたいに、上へ上へと際限*もなくつづいてあるのでございます。

　頂上は八角形の欄干だけで、壁のない、見晴らしの廊下になっていましてね、そこへたどりつくと、にわかにパッと明るくなって、今までの薄暗い道中が長うござんしただけに、びっくりしてしまいます。雲が手の届きそうな低いところにあって、見渡すと、東京じゅうの屋根がごみみたいにゴチャゴチャしていて、品川のお台場[25]が、盆石のように見えております。目まいがしそうなのを我慢して、下をのぞきますと、観音様のお堂だって、ずっと低いところにありますし、小屋掛けの見世物が、おもちゃのようで、歩いている人間が、頭と足ばかりに見えるのです。

　頂上には、十人あまりの見物がひとかたまりになって、おっかなそうな顔をして、ボソボソ小声でささやきながら、品川の海のほうをながめておりましたが、兄はと見ると、それとは離れた場所に、一人ぽっちで、遠眼鏡を目にあてて、しきりに観音様の境内を眺め回しておりました。それをうしろから見ますと、白っぽくどんよりとした雲ばかりの中に、兄のビロードの洋服姿が、クッキリと浮き上がって、下のほうのゴチャゴチャしたものが何も見えぬものですから、兄だということはわかっていましても、なんだか西洋の油絵の中の人物みたいな気持ちがして、神々しいようで、言葉をかけるのもはばかられたほどでございましたっけ。

　でも、母の言いつけを思い出しますと、そうもしていられませんので、私は兄のうしろに近づいて『兄さん何を見ていらっしゃいます。』と声をかけたのでございます。兄はビクッとして振り向きましたが、気まずい顔をして何も言いません。私は『兄さんのこの頃のご様子には、お父さんもお母さんもたいへん心配していらっしゃいます。毎日毎日どこへお出かけなさるのかと不思議に思っておりましたら、兄さんはこんなところへ来ていらしったのでございますね。どうかそのわけを言ってくださいまし。日頃仲よしの私にだけでも打ち明けてくださいまし。』と近くに人のいないのを幸いに、その塔の上で、兄をかきくどいたものですよ。

なかなか打ち明けませんでしたが、私が繰り返し繰り返し頼むものですから、兄も根負けをしたと見えまして、とうとう一カ月来の胸の秘密を私に話してくれました。ところが、その兄の煩悶《はんもん》の原因と申すものが、これがまた、まことに変てこれんな事柄だったのでございます。兄が申しますには、ひと月ばかり前に、十二階へ登りまして、この遠眼鏡で観音様の境内を眺めておりました時、人ごみのあいだに、チラッと、ひとりの娘の顔を見たのだそうでございます。その娘が、それはもうなんとも言えない、この世のものとは思えない美しい人で、日頃女にはいっこう冷淡であった兄も、その遠眼鏡の中の娘だけには、ゾッと寒気がしたほども、すっかり心を乱されてしまったと申します。

その時兄は、ひと目見ただけで、びっくりして、遠眼鏡をはずしてしまったものですから、もう一度見ようと思って、同じ見当を夢中になって探したそうですが、眼鏡の先が、どうしてもその娘の顔にぶっつかりません。遠眼鏡では近くに見えても、実際は遠方のことですし、たくさんの人ごみの中ですから、一度見えたからといって、二度目に探し出せるときまったものではございませんからね。

それからと申すもの、兄はこの眼鏡の中の美しい娘が忘れられず、ごくごく内気な人でしたから、古風な恋わずらいをわずらいはじめたのでございます。今のお人はお笑いなさるかもしれませんが、その頃の人間は、まことにおっとりしたものでして、行きずりにひと目見た女を恋して、わずらいついた男なども多かった時代でございますからね。言うまでもなく、兄はそんなご飯もろくろくたべられないような、衰えたからだを引きずって、またその娘が観音様の境内を通りかかることもあろうかと、悲しい空頼みから、

24弁髪　うなじやもみあげを剃《そ》り、頭頂部の髪を編んで長く後ろへ垂らした男子の髪型。もと満州族の習俗で、清国建国とともに一般に強制された。二四七ページ参照。　**25お台場**　東京湾の品川沖に江戸幕府が築いた砲台。

——〈突貫〉〈境内〉〈内気〉
＊際限もなく

毎日毎日、勤めのように、十二階に登っては、眼鏡をのぞいていたわけでございます。恋というものは不思議なものでございますね。

兄は私に打ち明けてしまうと、また熱病やみのように眼鏡をのぞきはじめましたっけが、私は兄の気持ちにすっかり同情いたしましてね、千にひとつも望みのないむだな探しものですけれど、およしなさいと止めだてする気も起こらず、あまりのことに涙ぐんで、兄のうしろ姿をじっと眺めていたものですよ。するとその時……ああ、私は、あの[1]妖しくも美しかった光景を、いまだに忘れることができません。三十五、六年も昔のことですけれど、こうして目をふさぎますと、その夢のような色どりが、まざまざと浮かんでくるほどでございます。

さっきも申しましたとおり、兄のうしろに立っていますと、見えるものは空ばかりで、モヤモヤした、むら雲のなかに、兄のほっそりとした洋服姿が絵のように浮き上がって、むら雲のほうで動いているのを、兄のからだが宙に漂うかと見誤るばかりでございましたが、そこへ、突然花火でも打ち上げたように、白っぽい大空の中を、赤や青や紫の無数の玉が、先を争って、フワリフワリと昇っていったのでございます。お話ししたのではわかりますまいが、ほんとうに絵のようで、また何かの前兆のようで、私はなんとも言えない妖しい気持ちになったものでした。なんであろうと、急いで下をのぞいてみますと、どうかしたはずみで、風船屋が粗相をして、ゴム風船を一度に飛ばしたものとわかりましたが、その時分は、ゴム風船そのものが、今よりずっと珍しゅうござんしたから、正体がわかっても、私はまだ妙な気持ちがしておりましたものですよ。

妙なもので、それがきっかけになったというわけでもありますまいが、ちょうどその時、兄が非常に興奮した様子で、青白い顔をポッと赤らめ、息をはずませて、私のほうへやってまいり、いきなり私の手をとって『さあ行こう。早く行かぬと間に合わぬ。』と申して、グングン私を引っぱるのでございます。引っぱられて、塔の段々をかけ降りながら、わけを尋ねますと、いつかの娘さんが見つかったらしいので、青畳を敷いた広い座敷にすわっていたから、これから行っても大丈夫元のところにいると申すのでございます。

兄が見当をつけた場所というのは、観音堂の裏手の、大きな松の木が目印で、そこに広い座敷があったと申すのですが、さて、二人でそこへ行って、探してみましても、松の木はちゃんとありますけれど、その近所には、家らしい家もなく、まるで狐《きつね》につままれたあんばいなのですよ。兄の*気の迷いだと思いましたが、しおれ返っている様子が、あんまり気の毒なものですから、気休めに、その辺の掛け茶屋[26]などを尋ね回ってみましたけれども、そんな娘さんの*影も形もありません。

探しているあいだに、兄と別れ別れになってしまいましたが、掛け茶屋を一巡して、しばらくたって元の松の木の下へ戻って参りますとね、そこにはいろいろな露店が並んで、一軒ののぞきからくり屋が、ピシャンピシャンと鞭《むち》の音を立てて、商売をしておりましたが、見ますと、そののぞきの眼鏡を、兄が中腰になって、一所懸命のぞいていたじゃございませんか。兄さん何をしていらっしゃる、と言って肩をたたきますと、ビックリして振り向きましたが、その時の兄の顔を、私はいまだに忘れることができませんよ。なんと申せばよろしいか、夢を見ているようなとでも申しますか、顔の筋がたるんでしまって、遠いところを見ている目つきになって、私に話す声さえも、変にうつろに聞こえたのでございます。そして、『おまえ、私たちが探していた娘さんはこの中にいるよ。』と申すのです。

そう言われたものですから、私も急いでおあしを払って、のぞきの眼鏡をのぞいてみますと、それは八百屋お七《しち》[27]ののぞきからくりでした。ちょうど吉祥寺《きちじょうじ》の書院で、お七が吉《きち》三《ざ》にしなだれている絵が出ておりました。忘れもしません、からくり屋の夫婦者はしわがれ声を合わせて、鞭《むち》で拍子を

26掛け茶屋　道端や境内などに小屋掛けした小さな茶店。　**27八百屋お七**　江戸時代の八百屋の娘・お七をモデルにした物語。浄瑠璃《じょうるり》や歌舞伎などで演ぜられ、のぞきからくりでも定番の一つだった。お七は天和《てんな》の大火（一六八二年）で吉祥寺に逃れ、そこで吉三郎《きちさぶろう》を知る。吉三郎に再び会うために火を放ったお七は、とらえられ火刑に処せられる。「吉祥寺」は、東京都文京区にある曹洞宗《そうとう》の寺。

❶「妖しくも美しかった光景」とはどのようなものか。

〈前兆〉〈青畳〉〈書院〉
＊気の迷い
＊影も形もない

取りながら『膝で[28]つっつらついて、目で知らせ。』と申す文句を歌っているところでした。ああ、あの『膝でつっつらついて、目で知らせ。』という変な節回しが、耳についているようでございます。

　のぞき絵の人物は押し絵になっておりましたが、その道の名人の作であったのでしょうね。お七の顔の生き生きとしてきれいであったこと。私の目にさえほんとうに生きているように見えたのですから、兄があんなことを申したのもまったく無理はありません。兄が申しますには『たとえこの娘さんがこしらえたものの押し絵だとわかっていても、私はどうもあきらめきれない。悲しいことだがあきらめられない。たった一度でいい、私もあの吉三のように、押し絵の中の男になって、この娘さんと話がしてみたい。』と、ぼんやりそこに突っ立ったまま、動こうともしないのでございます。考えてみますと、そののぞきからくりの絵は、光線をとるために上のほうがあけてあるので、それがななめに十二階の頂上からも見えたものに違いありません。

　その時分には、もう日が暮れかけて、人足《ひとあし》もまばらになり、のぞきの前にも、二、三人[29]のおかっぱの子供が、未練らしく立ち去りかねてウロウロしているばかりでした。昼間からどんよりと曇っていたのが、日暮れには、今にもひと雨きそうに雲が下がってきて、いっそう抑えつけられるような、気でも狂うのじゃないかと思うような、いやな天候になっておりました。そして、耳の底にドロドロと太鼓の鳴っているような音が聞こえてくるのですよ。その中で、兄はじっと遠くのほうを見据えて、いつまでも立ちつくしておりました。そのあいだが、たっぷり一時間はあったように思われます。

　もうすっかり暮れきって、遠くの玉乗りの花[30]ガスがチロチロと美しく輝き出した時分に、兄は、ハッと目がさめたように、突然私の腕をつかんで『ああ、いいことを思いついた。おまえ、お頼みだから、この遠眼鏡をさかさにして、大きなガラス玉のほうを目にあてて、そこから私を見ておくれでないか。』と、変なことを言い出しました。なぜですって尋ねても、『まあいいから、そうしておくれな。』と申して聞かないのでございます。私はいったい眼鏡類をあまり好みません。遠眼鏡にしろ、顕微鏡にしろ、遠いところのものが目の前にとびついてきたり、小さな虫けらが、けだものみたいに大きくなる、お化けじみた作用が薄気味わるいのですよ。で、兄の秘蔵の遠眼鏡も、あまりのぞいたことがなく、のぞいたことが少ないだけに、余計それが魔性の器械に思われたものです。しかも、日が暮れて人顔もさだかに見えぬ、うすら寂しい観音堂の裏で、遠眼鏡をさかさまにして兄をのぞくなんて、気違いじみてもいますれば、薄気味わるくもありましたが、兄がたって頼むものですから、しかたなく、言われたとおりにしてのぞいたのですよ。さかさにのぞくのですから、二、三間向こうに立っている兄の姿が、二尺[31]くらいに小さくなって、小さいだけに、ハッキリと薄闇の中に浮き出して見えるのです。ほかの景色は何もうつらないで、小さくなった兄の洋服姿だけが、眼鏡のまん中にチンと立っているのです。それが、多分兄があとじさりに歩いていったのでしょう。見る見る小さくなって、一尺くらいの人形みたいなかわいらしい姿になってしまいました。そして、その姿が、スーッと宙に浮いたかと見ると、アッと思う間に、闇の中へ溶け込んでしまったのでございます。

私はこわくなって（こんなことを申すと、年*がいもないとおぼしめしましょうが、その時は、ほんとうにゾッと、こわさが身にしみたものですよ）、いきなり眼鏡を離して、『兄さん。』と呼んで、兄の見えなくなったほうへ走り出しました。どうしたわけか、探しても探しても兄の姿が見えません。時間から申しましても、遠くへ行ったはずはないのに、どこを尋ねてもわかりません。なんと、あなた、こうして私の兄は、それっきりこの世から姿を消してしまったのでございますよ。……それ以来というもの、私はいっそう遠眼鏡という魔性の器械を恐れるようになりました。ことに、このどこの国の船長ともわからぬ、異人の持ち物であった遠眼鏡が、特別にいやでして、ほかの眼鏡は知らず、この眼鏡だけは、どんなことがあっても、さかさに見てはならぬ、さかさにのぞけば凶事が起こると、固く信じ

28つっつらついて　つついて。**29おかっぱ**　前髪は眉の上で、横と後ろは首筋で切りそろえた、主に女子の髪型。
30花ガス　装飾を施したガス灯。広告灯として用いられた。**31尺**　長さの単位。一尺は、約三〇センチメートル。

〈秘蔵〉
＊年がいもない

ているのでございます。あなたがさっき、これをさかさにお持ちなすった時、私があわててお止め申したわけがおわかりでございましょう。

　ところが、長いあいだ探し疲れて、元ののぞき屋の前へ戻ってまいった時でした。私はハタとあることに気がついたのです。と申しますのは、兄は押し絵の娘に恋いこがれたあまり、魔性の遠眼鏡の力を借りて、自分のからだを押し絵の娘と同じくらいの大きさに縮めて、ソッと押し絵の世界へ忍び込んだのではあるまいかということでした。そこで、私はまだ店をかたづけないでいたのぞき屋に頼みまして、吉祥寺の場を見せてもらいましたが、なんとあなた、[*]案の定、兄は押し絵になって、[32]カンテラの光の中で、吉三のかわりに、うれしそうな顔をして、お七を抱きしめていたではありませんか。

　でもね、私は悲しいとは思いませんで、そうして本望を達した兄の幸せが、涙の出るほどうれしかったものですよ。私はその絵をどんなに高くてもよいから、必ず私に売ってくれと、のぞき屋に固い約束をして（妙なことに、小姓吉三のかわりに洋服姿の兄がすわっているのを、のぞき屋は少しも気がつかない様子でした）、家へ飛んで帰って、いちぶしじゅうを母に告げましたところ、父も母も、何を言うのだ、おまえは気でも違ったのじゃないかと申して、なんと言っても取り上げてくれません。おかしいじゃありませんか。ハハ、ハハハハハ。」

　老人は、そこで、さも滑稽だと言わぬばかりに笑い出した。そして、変なことには、私もまた老人に同感して、い❷っしょになってゲラゲラと笑ったのである。

「あの人たちは、人間は押し絵なんぞになるものじゃないと思いこんでいたのですよ。でも押し絵になった証拠には、その後、兄の姿がふっつりと、この世から見えなくなってしまったではありませんか。それをも、あの人たちは、家出したのだなんぞと、まるで見当違いなあて推量をしているのですよ。おかしいですね。結局、私はなんと言われても構わず、母にお金をねだって、とうとうそののぞき絵を手に入れ、それを持って、[33]箱根《はこね》から鎌倉《かまくら》のほうへ旅をしました。それはね、兄に新婚旅行がさせてやりたかったからですよ。こうして汽車に乗っておりますと、その時のことを思い出してなりません。やっぱり、きょうのように、この絵を窓に立てかけて、兄や兄の恋人に、そとの景色を見せてやったのですからね。兄はどんなに幸せでございましたろう。娘のほうでも、兄のこれほどの真心を、どうしていやに思いましょう。二人はほんとうの新婚者のように、恥ずかしそうに顔を赤らめ、お互いの肌と肌とを触れ合って、さもむつまじく、つきぬむつ言を語り合ったものでございますよ。

その後、父は東京の商売をたたみ、富山近くの故郷に引っ込みましたので、それにつれて、私もずっとそこに住んでおりますが、あれからもう三十年の余になりますので、久々で兄にも変わった東京を見せてやりたいと思いましてね、こうして兄といっしょに旅をしているわけでございますよ。

ところが、あなた、悲しいことには、娘のほうは、いくら生きているとはいえ、もともと人のこしらえたものですから、年をとるということがありませんけれど、兄のほうは、押し絵になっても、それは無理やり姿を変えたまでで、根が寿命のある人間のことですから、私たちと同じように年をとってまいります。ごらんくださいまし、二十五歳の美少年であった兄が、もうあのようにしらがになって、顔にはみにくい皺《しわ》が寄ってしまいました。兄の身にとっては、どんなに悲しいことでございましょう。相手の娘はいつまでも若くて美しいのに、自分ばかりが汚く老い込んでいくのですもの。恐ろしいことです。兄は悲しげな顔をしております。数年以前から、いつもあんな苦しそうな顔をしております。

それを思うと、私は兄が気の毒でしようがないのでございますよ。」

老人は暗然として押し絵の中の老人を見やっていたが、やがて、ふと気がついたように、

「ああ、とんだ長話をいたしました。しかし、あなたはわかってくださいましたでしょうね。ほかの人たちのように、

32カンテラ　手提げの石油ランプ。燭台《しょくだい》。［オランダ語］kandelaar　**33箱根から鎌倉**　ともに神奈川《かながわ》県の地名。

❷「いっしょになってゲラゲラと笑った」のはなぜか。

＊案の定

〈寿命〉〈暗然〉

私を気違いだとはおっしゃいませんでしょうね。ああ、それで私も話しがいがあったと申すものですよ。どれ兄さんたちもくたびれたでしょう。それに、あなたを前において、あんな話をしましたので、さぞかし恥ずかしがっておいででしょう。では、今、やすませてあげますよ。」

と言いながら、押し絵の額を、ソッと黒い風呂敷に包むのであった。その刹那、私の気のせいだったのか、押し絵の人形たちの顔が、少しくずれて、ちょっと恥ずかしそうに、唇の隅で、私に挨拶の微笑を送ったように見えたのである。

老人はそれきりだまり込んでしまった。私もだまっていた。汽車はあいも変わらず、ゴトンゴトンと鈍い音を立てて闇の中を走っていた。

十分ばかりそうしていると、車輪の音がのろくなって、窓のそとにチラチラと、二つ三つの灯火が見え、汽車は、どことも知れぬ山間の小駅に停車した。駅員がたった一人、ポッツリとプラットホームに立っているのが見えた。

「ではお先へ、私はひと晩ここの親戚へ泊まりますので。」

老人は額の包みをかかえてヒョイと立ち上がり、そんな挨拶を残して、車のそとへ出ていったが、窓から見ていると、細長い老人のうしろ姿は（それがなんと押し絵の老人そのままの姿であったことか）簡略な柵のところで、駅員に切符を渡したかと見ると、そのまま、背後の闇の中へ溶け込むように消えていったのである。

●理解●

(1)本文全体を貫く「老人」の語りのなかで、表現上の特色をもっともよく表している部分を抜き出しなさい。

(2)本文中に多用される「不思議なこと」（二七五・上1）、「妙なこと」（二七六・上5）、「変なこと」（二七七・下7）という表現はどのような効果をあげているか、考えなさい。

(3)「遠眼鏡」はこの小説のなかでどのような役割を果たしているか、考えなさい。

(4)「（それがなんと押し絵の老人そのままの姿であったことか）」（二八六・下8）は何を意味しているか、説明しなさい。

胡桃《くるみ》割り　ある少年に

永井《ながい》龍男《たつお》

アンパイヤーのポケットから、捕手に渡った新しい真っ白な球は、やがて弧を描いて長身の投手の手に入った。

前の打者は、四つもファウルやチップを重ねた後で、簡単なファースト・フライに退いた。

打者は、その次の新しい球の、第一球を打った。よい当たりであった。地をはう白球は、しかし深く守った遊撃手の真正面を突き、球は正確に一塁へ送られた。ワッと喚声があがった。そしてサイレン。

私と友人は、期せずして一緒に立ち上がり、夕日の名残をかすかにうけた[1]神宮《じんぐう》絵画館の塔を空に見ながら、ウーンと伸びをした。[2]戦争ははじまっていたが、日曜日には、まだ[3]六大学野球の見られる時分であった。

友人が胸の[4]かくしから時計を出した。私も、それをのぞいた。私たちはその夜、球場にほど近い[5]千駄《せんだ》ヶ《が》谷《や》の奥の、絵を描く友達の家に招かれていた。千駄ヶ谷の友達の家へは、年に二度くらいしか訪ねなかったが、私も連れの友達も、彼とは[6]中学以来の仲間である。

永井龍男　一九〇四（明治三七）―九〇（平成二）年。小説家。東京都生まれ。人生の哀歓を巧みにとらえ、庶民生活を温かく描いた。作品に『一個その他』『石版東京図絵』『コチャバンバ行き』などがある。この作品は一九四八年に発表されたもので、本文は「永井龍男全集」第一巻によった。

1 神宮絵画館　東京都新宿区の明治神宮外苑《がいえん》にあり、明治天皇の一代を描いた絵画が展示されている。

2 戦争　太平洋戦争。一九四一年一二月八日、日本は米英に宣戦した。

薄暮の迫ってきたスタンドに、応援団の校歌は続いた。人々はいくつかある出口に向かって列を作り、徐々に姿を消していく。

「もう、すこしヒンヤリするね。」

「うん。」

私たちはゆっくりスタンドの階を下った。秋の陽《ひ》にさらした頬が、心持ちこわばった感じで快かった。それらの列の中で、マッチの火が、ぼっと赤くあちこちに見えてきた。

絵かきの家の近所に、大きな欅《けやき》の木がある。ほのかに夕焼けのほてりを残した空に、星がきらめいている。私はなつかしく欅を見上げた。

絵かきはマドロスパイプ[7]をくわえて、コーヒーひきで、コーヒーをひきながら私たちを待っていた。ラジオが終わったから、もう来る時分だと思っていたと、彼一流の人懐こい顔をした。

奥さんの手料理を、絵かきが自慢するのも無理はなかった。日増しに乏しく、質の下がる材料を、楽しく食べる法は、*心の届いた料理で補うよりほかはない。私たちが奥さんの腕前をほめると、これもそれも、「おれが教えたんだ、ほんとだぞ。」と、短い髭《ひげ》をはやした絵かきは、子供っぽい目になって言った。

「この間描いたばかりの、見てもらうかな。」

---

3 **六大学野球**　東京の六大学（早稲田《わせだ》、慶応、明治、法政、立教、東京）によるリーグ戦。神宮球場で開催されている。

4 **かくし**　隠し。ポケットのこと。

5 **千駄ヶ谷**　東京都渋谷区の地名。

6 **中学**　ここでは旧制中学のこと。修業年限は五年間。

7 **マドロスパイプ**　喫煙パイプで、火皿が大きく軸が湾曲している。マドロス（［オランダ語］matroos：船員）がよく使用したことからこう呼ばれる。

食後にひとくつろぎしたところで、絵かきが言った。[8]アトリエへ行って絵を見せてもらい、それから私たちは、アトリエに続くこぢんまりした洋間に通された。深い[9]シェードの、背の高い電気スタンドに灯をつけて、みんな腕付きの椅子に身をまかせた。

絵の話から、しだいに切迫する時局に触れた話などしていたところへ、奥さんが紅茶を運んできた。そして、木彫りの盆に何か丸いものを盛ったのを卓の真ん中へ置いた。灯の下に置かれると、それは胡桃であった。

絵かきは、奥さんに、

「その棚の、[10]ブランデーも出して。」

と言った。奥さんは、普通の洋酒の瓶よりも、ひどく細長く伸びた瓶を、暗い棚から取り出して、灯に透かして見た。

「まだ、相当ありますわよ。」

絵かきは、胡桃をつまむと、古風な飾りのついた、ちょっとペンチか釘《くぎ》抜きに似た[11]胡桃割り《ナット・クラッカー》に挟んで、左の掌《てのひら》の中で、カチリと楽に割り、

「どう？」

と言いながら、ナット・クラッカーを私のほうへ向けて置いた。

「胡桃とは珍しいな。」

そう言って、私も一つつまみ、無器用にナット・クラッカーへ挟んだ。

8 アトリエ　画家や彫刻家の仕事部屋。画室。工房。［フランス語］atelier

9 シェード　電灯や電気スタンドに付いた傘。［英語］shade

10 ブランデー　ぶどう酒などの果実酒を蒸留し熟成させて作った、アルコール度数の高い洋酒。［英語］brandy

11 胡桃割り《ナット・クラッカー》　胡桃を割るためのペンチ。［英語］nutcracker

〈腕前〉〈時局〉〈古風〉
〈無器用〉
＊心が届く

「[12]虚子《きょし》の句に、〝❶秋もはや熱き紅茶とビスケット〟というのがあるが、食後の胡桃とは、相変わらずしゃれたもんだ。」

友達もそんなことを言って、順々にナット・クラッカーを手にした。

すると絵かきは、

「しゃれているということもないが、――実は、今日は親父《おやじ》の命日でね。」

と、前後につながりのないことを言った。よい匂いのブランデーを、三つのカップに注ぎ終えた奥さんが、腑《ふ》に落ちぬ顔でいる私たちに、

「胡桃の話、主人から、まだお聞きになったことない?」

とほほ笑みかけた。

――姉を生んでから五年目に、思いがけず僕を得た母は、そのお産ですっかり体を弱くしてしまった。

しかし、女の子一人と、あきらめきっているところへできた男の子だから両親の喜びは大したものであった。僕は誰からも愛される権利をもって生まれ、僕の欲することは、たいてい無条件で通された。

――絵かきは、そんなふうに話をしはじめた。

12 **虚子**　高浜《たかはま》虚子、一八七四―一九五九年。俳人。俳誌「ホトトギス」を継承主宰し、俳壇に大きな影響力をもった。句集に『虚子句集』などがある。

❶「秋もはや」の句にはどのような季節感が表されているか。

僕が小学校三年生の春、ちょっとした風邪で床についた母は、それから三年間寝たままになった。母は三十六か七であった。

はじめの一年くらいは、寝たり起きたりで、逗子《ずし》[13]へ三月ばかり療養に行き、土曜日からかけて、父や姉と何度もそこへ見舞いに出かけた記憶もあるし、暑中休暇には、ずっと泊まり込んで暮らした。休暇が終わって、姉と僕が東京へ引き上げると、母はたいそう寂しがって、間もなく家へ帰ってきてしまった。付き添いの看護婦と、逗子に住んでいる、母の縁続きの桂《かつら》さんという女の人に助けられて、自動車を下りた母は、見違えるほどやつれていた。

それでも、次の年の節分の晩には、母についた病魔*を払うのだと言って、姉と二人で病室に豆をまいたことがあり、その時のうれしそうな母の笑顔を、上から見下ろした記憶は、今でもはっきり思い出せる。

父は、君たちもご承知のとおり、××汽船の調査室に勤めていて、書斎と調査旅行にばかり時間を費やしている人であったが、母の病気が相当進んでいると知ってからの二年間は、ガラリと生活を変え、家庭第一、それも妻の看護に専心した。

病気の性質を考慮して、僕たち姉弟にも、病人との接触を制限するかわり、父は看護に没頭した。雇い人にも注意して若い者は遠ざけ、僕が生まれる頃に長くいた婆《ばあ》やを呼び戻して、自分の留守は、この人に病人の一切を任せたりした。

13 逗子 神奈川《かながわ》県の三浦《みうら》半島にある市。相模《さがみ》湾に臨み、当時保養地として評判が高かった。

〈命日〉〈専心〉〈留守〉
＊病魔を払う

母の縁者の中には、そういう慎重な父の態度を、情愛がないと*陰口をきく者もあった。わがままいっぱいに育った子供心に、そのわがままを封じられた不満もあって、そんな陰口が父を疎んじさせることもあったが、しかし、情愛を心の奥に秘めて、慎重に看護にあたり、自分の体は病人のために犠牲にした父の献身は、僕が成人するにつれて胸に響いた。

母はしかし、三年間患いつづけて世を去った。

ちょうど、その前の年、僕が六年生の晩秋のことであった。

中学へ入るための予習が、もう毎日続いていた。暗くなって家へ帰ると、かじ棒を下ろした[14]俥《くるま》が二台表にあり、玄関の上がり口に車夫がキセルでたばこをのんでいた。

この二、三日、母の容体の面白くないことは知っていたので、靴を脱ぎながら、僕は気になった。着物に着替え顔を洗って、電気のついた茶の間へ行くと、食事の支度のしてある食卓の脇に、編み物をしながら、姉は僕を待っていた。僕はおやつをすぐに頬張りながら聞いた。

「ただ今。——お医者さん、きょうは二人？」

「ええ、昨夜からお悪いのよ。」

いつもお腹《なか》をへらして帰ってくるので、姉はすぐご飯をよそってくれた。

父と三人で食卓を囲むことは、その頃ほとんどなかった。ムシャムシャ食べ出した僕

14 俥 人力車。「かじ棒」は、引っぱるための長い柄。

に、姉も箸をとりながら、

「節《せっ》ちゃん、お父さまがね。」と言う。「あさっての遠足ね、この分だとやめてもらうかもしれないって、そうおっしゃっていてよ。」

遠足というのは、六年生だけ一晩泊まりで、修学旅行で日光[15]《にっこう》へ行くことになっていたのだ。

「チェッ。」僕は乱暴にそういうと、茶碗《ちゃわん》を姉に突き出した。

「節ちゃんには、ほんとにすまないけど、もしものことがあったら。——お母さんとてもお悪いのよ。」

「知らない！」

姉は涙ぐんでいる様子であった。それもつらくて、それきり黙りつづけて夕飯をかき込んだ。

「お風呂、すぐ入る？　それとも勉強がすんでから？」

姉には答えず、プッとして座を立った。母が悪いということと、母が死ぬかもしれぬということは、僕の心で一つにはならなかった。

生まれて初めて、級友と一泊旅行に出るということが、少年にとってどんなに魅力を持っているか！　級の誰彼との約束や計画が、あざやかに浮かんでくる。両の目に、涙がいっぱいあふれてきた。

15 日光　徳川家康《とくがわいえやす》を祭った東照宮《とうしょうぐう》で知られる栃木《とちぎ》県の観光地。

——〈慎重〉〈献身〉〈支度〉
＊陰口をきく

父の書斎の扉がなかば開いたまま、廊下へ灯がもれている。そこを通って、突き当たりの階段を上がると、僕の勉強部屋があるのだが、ちょうどその階段を、物干しへ行った誰かが下りてくる様子なので、泣き顔を見られるのが嫌さに、人気のない父の書斎へ、僕は入ってしまった。

いつも父の座る大ぶりな椅子。そして、ヒョイッと見ると、卓の上には、胡桃を盛った皿が置いてある。胡桃の味なぞは、子供に縁のないものだ。イライラした気持ちであった。

どすんと、その椅子へ身を投げ込むと、僕は胡桃を一つ取った。そして、冷たいナット・クラッカーへ挟んで、片手でハンドル[16]を押した。小さな掌へ、かろうじて納まったハンドルは、胡桃の固い殻の上をグリグリとこするだけで、手ごたえはない。[2]「どうしても割ってやる。」そんな気持ちで、僕はさらに右手の上を、左手で包み、膝の上で全身の力を籠めた。しかし、級の中でも小柄で、きゃしゃな自分の力では、ビクともしない。

——この間きいたが、アメリカでは、ナットというとばかなやつということだそうだね。なるほど、脳髄の型にも似ているし、あの固さには、そんな感じがあるね。

左手の下で握りしめた右の掌の皮が、少しむけて、ヒリヒリする。僕はかんしゃく*を起こして、ナット・クラッカーを卓の上へ放り出した。クラッカーは胡桃の皿に激しく当たって、皿は割れた。胡桃が三つ四つ、卓から床へ落ちた。

16 **ハンドル** 取っ手。［英語］handle

[2]「どうしても割ってやる。」ということばには、どのような思いが込められているか。

そうするつもりは、さらになかったのだ。ハッとして、椅子を立った。

僕は二階へ駆け上がり、勉強机にもたれてひとりで泣いた。その晩は、母の病室へも見舞いに行かずにしまった。

しかし、幸いなことに、母の病気は翌日から*小康を得て、僕は日光へ遠足に行くことができた。

襖《ふすま》をはらった宿屋の大広間に、ズラリと布団を引きつらねたその夜は、実ににぎやかだった。果てしなくはしゃぐ、子供たちの上の電灯は、八時頃に消されたが、それでも、なかなか騒ぎは鎮まらなかった。

いつまでも僕は寝つかれず、東京の家のことが思われてならなかった。やすらかな友達の寝息が*耳につき、覆いをした母の部屋の電灯が、まざまざと*目に浮かんできたりした。僕は、ひそかに自分の性質を反省した。この反省は、僕の生涯で最初のものであった。トロリとしたと思うと、もう起き出す子があって、翌朝は早かった。

母には[17]焼き絵の小筥《こばこ》を、姉には焼き絵の糸巻きを土産に買ったが、その小筥と糸巻きは、それから忘れるほど長い間、僕の家のどこかしらに残っていた。姉がそれへ、タップリと巻いた、紅や[18]鬱金《うこん》の糸の色を、僕はいつまでも忘れないだろう。[3]

静まり返った家の中で、僕の試験勉強は再び続いた。

17 焼き絵 火で熱したこてで焼きつけられた絵や文様。工芸品によく用いられる。

18 鬱金 濃い鮮やかな黄色。

[3] 「いつまでも忘れないだろう」ということばには、どのような思いが込められているか。

〈脳髄〉〈寝息〉
*かんしゃくを起こす
*小康を得る
*耳につく
*目に浮かぶ

夜更けて、廊下を通ると、父の部屋から胡桃を割る音がよく聞かれた。看護の暇々に、父は書斎で読書をしながら、胡桃をつまむのが癖になったようである。

いま、こうして、僕が紅茶を自分でいれ、ブランデーで体をあたためるのも、実はその頃の父のまねをしてみているのだ。看護に疲れた時の憩いの方法として、父は誰かにすすめられたものかもしれない。

夜更けの廊下で、その音を聞くと、僕はその当座、ビクリとしたものだ。皿を割ったことについて、父が一言も言わないだけに、いっそう僕は具合が悪かった。

――そして、再び僕は胡桃を割ってみようとはしなかった。僕には永久に割ることのできない堅さと思われたから。

年があらたまって、僕は二つの中学の入学試験を受けた。（第一志望の学校を落ちた場合のために、そうするのが、その頃の習慣であった。）母は、試験が終わって間もなく、*不帰の客となった。

僕は第一志望の試験にパスして、君たちと友達になった。新しい世界へ跳び込んだ喜びは強く、僕はすぐに不幸を忘れた。いつまでも消毒剤の臭いの消えない、キチンと片付いてしまった、亡い母の病室へ入った時のほかは――。

父と姉と僕との生活が始まった。父は、病む母へ向けた慈愛を、そして、母への追慕の情を、二人の上に惜しみなく注いだ。年頃の姉が、婆やを指揮して、一応家の中に新しい光がさすようになると、父の勤めは*旧に復して、旅行にも出るようになった。姉の思いやりもあって、亡い人への追慕を、父は仕事と旅にまぎらせた。

母の死後、半年ほどすると、姉に縁談が起こった。姉も好意を持っていた人で、話はすぐきまり、挙式は一周忌がすんでから、ということになった。

自分の姉でしかなかった姉を、僕はあらたまった気持ちで、見なおすのであった。兄となるべき人も、家へ遊びにくるようになって、三度に一度は、僕を加えた三人で、郊外へ散歩に行ったり、映画を見に出かけることもあった。その人と二人でいる時は、僕はその人に好意を持ったが、姉が加わると、心の底にきっと沸いてくる、悲しさに似た感情を、僕はどうにもできずにいた。

嫁入り道具が、日増しにそろっていった。

姉が一時に大人びて映り、まぶしく見えることもあった。まぶしさが別離の日の悲しみや、父とともどもこの家に取り残される寂しさに変わって、激しく胸を打たれる日もあった。

ある日曜日の午後であったと思う、僕は姉と親戚へ行った。その帰り道に、姉が何気ないふうに言った。

「節ちゃん、あたしがいなくなっても、寂しくない？」

「――」

〈当座〉〈慈愛〉〈追慕〉
＊不帰の客
＊旧に復す

僕はだまっていた。

「お父様だって、お困りになるわね。」

しばらく間を置いて、姉は思いきったように、言葉をつづけた。

「あたし、節ちゃんに相談があるの。――鵠沼《くげぬま》[19]の、桂おばさま、ね、知ってるでしょう?」

「知ってるよ。」

突然のことで、姉が何を言おうとするのか、僕には分からなかった。桂おばさまというのは、死んだ母の遠縁に当たる、母より三つ四つ若い、美しい人であった。前にも言ったが、母が逗子で療養している頃、つききりに看護をしてくれた人だ。結婚して二年ほどで、夫に死*に別れた、ということはその頃から聞いていた。

「桂さんに、――あたしの代わりに、家へ来ていただいたらと思ったの。お父様に話したら、節雄《せつお》がよければ、っておっしゃるのよ。」

ドキンとした。みんな、自分をかわいがってくれる人は行ってしまって、お体裁に、代わりの人を置いてゆこうとしている。――そんな気もした。

「僕、嫌だ。」

そういえば、桂さんはこの頃、二、三度家へ遊びにきている。自分には何も言わず、みんなでそんなことを進行させていたに違いない、――そんなふうにも想像した。

19 **鵠沼** 神奈川県藤沢《ふじさわ》市の地名。

「このこと、あんまり突然だから、あなたにはのみ込めないかもしれないけど、あたしがお嫁に行ってしまったら、お父様だって随分お困りになるし……。」

「お父様は、勝手に旅行してればいいさ。」

僕はすげなく言いきった。姉は寂しそうに、そのまま黙った。


一周忌が近づくにつれ、姉の支度や親戚の出入りで、父も忙しそうであった。誰かしら人が来ていて、家はにぎやかだった。

「お母さんも、きっと喜んでいらっしゃいますわ。」

人々は、申し合わせたようにそう言った。

晴れやかな姉の笑い声を聞く時、僕はたった一人の姉を奪われる感じを、もっとも激しく味わった。

「姉弟なんて、つまらないもんだね。」
二、三の友達に、僕はマセたことを言ってみたりした。
「そうさ、兄弟は他人のはじまり、って言うもの。」

そんなことを教えてくれる友達があった。

あれ以来、ひょいっと、桂さんのことを思い出すようになった。桂さんは、もの静かな、にこやかな人で、桂さんについて、僕は何の悪意も持っているのではなかった。


〈遠縁〉〈体裁〉〈悪意〉
＊死に別れる

一周忌の前夜、坊さんが来て経をあげた。親戚の人が帰ってしまうと、父の書斎に親子三人が、久し振りに卓を囲んでいた。

父が、姉に言った。

「どうだ、あの着物、気に入ったか。」

「とても。――すばらしいわ。」

「ふーん。」

父はニコニコした。先日旅行に出た時、京都で注文したのが、今朝届いてきたのだ。

「節雄、そこの戸棚からブランデーを取ってくれ。――信子《のぶこ》は胡桃を。」

僕はこれと同じの細長いブランデーの瓶を、そして姉は胡桃を、卓の上に置いた。

「一年なんて、たってしまえば早いもんだ。――お父さんも、もう旅行をしないでもすむように、会社へ頼んできた。これで、お姉さんが嫁に行くと、また当分、ちょっと寂しいな。」

父がやさしく僕に言った。父の顔が、老けて見えた。姉はブランデーを注いだ。

「しかし、すぐまた慣れるさ。」

父はグラスを口にふくんだ。

どうしたはずみか、桂さんのおもかげが、その時僕の目に浮かんできた。僕は❹ちょっとあわてた。そして困って、胡桃を一つつまむと、クラッカーに挟んで片手で握りしめ

❹「ちょっとあわてた」のはなぜか。

た。すると、カチンと、快い音がして、胡桃は二つにきれいに割れた。

思いがけない、＊胸のすくような感触であった。

その時、僕は言った。

「お父さん。僕、桂さんに家へ来てもらいたいんだけど……。」

「――というわけさ。

もちろん、桂さんは第二の母として、亡い母以上に僕を愛してくれた。

もう父も桂さんも、この世にはいないが、父の命日には、こうして胡桃を割ることにしているのだ。」

なるほど、絵かきは、カチンと、巧みに胡桃を割り、その音をしみじみ懐かしむ。

私の割る音とは、どうしても違うのだ。

＊胸がすく

●理解●――

(1)「僕」と「胡桃割り」との関係について、次の点に注意しながら考えなさい。

ⓐはじめて胡桃を割ろうとした時、どのような感情に支配されていたか。

ⓑ「母」の一周忌の前夜に胡桃割りを試みた時は、どのような心情だったか。

ⓒ胡桃が割れた事実は、「僕」のどのような変化を象徴しているか。

(2)「僕」の精神的な成長がうかがわれる部分を抜き出し、どのような変化が読み取れるか、指摘しなさい。

漫罵[1]

北村透谷《きたむらとうこく》

　一夕《いつせき》友とともに歩して銀街《ぎんがい》[2]を過ぎ、木挽町《こびきちやう》[3]に入らんとす、第二橋辺[4]に至れば都城の繁熱やうやく薄らぎ、家々の燭影《しよくえい》水に落ちて、はじめて詩興生ず。われ橋上に立つて友を顧み、ともに岸上の建家《たてや》を品す。あるいは白堊《はくあ》[5]を塗するあり、あるいは赤瓦《せきぐわ》[6]を積むもあり、洋風あり、国風あり、あるいは半洋、あるいは局部において洋、あるいは全く洋風にしてしかうして局部のみ国風を存するあり。さらに路上の人を見るに、あるいは和服、あるいは洋服、フロツク[7]あり、背広あり、紋付きあり、前垂れあり。さらにその持つものを見るに、ステツキあり、洋傘あり、風呂敷あり、カバンあり。ここにおいて、われ憮然《ぶぜん》として嘆ず、今の時代に沈厳高調[8]なる詩歌なきはこれをもつてにあらずや。

　今の時代は物質的の革命によりてその精神を奪はれつつあるなり。その革命は内部において相容《あひい》れざる分子の撞突《たうとつ》[9]より来《きた》りしにあらず。外部の刺激に動かされて来りしものなり。革命にあらず、移動なり。人心おのづから持重[10]するところあるあたはず、知らず識《し》らずこの移動の激浪に投じて、自ら殺さざるもの稀《まれ》なり。その本来の道義は薄弱にして、もつて彼らを縛するに足らず、その新来の道義は根蔕《こんたい》[11]を生ずるに至らず、もつて彼

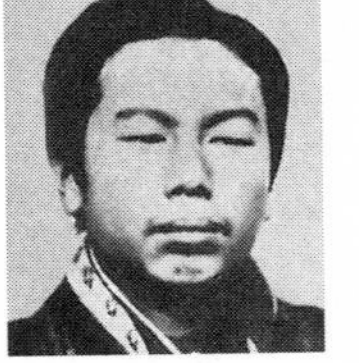

北村透谷　一八六八（明治元）—九四（明治二七）年。神奈川《かながわ》県生まれ。詩人・評論家。自由民権運動の影響を受けて政治活動をめざしたが、文学に転じ、新しい浪漫《ろうまん》主義運動を起こした。この文章は一八九三年に発表されたもので、本文は「明治文学全集」第二九巻によった。

1　**漫罵**　当てもなく、むやみに罵ること。
2　**銀街**　銀座《ぎんざ》。東京都中央区にある繁華街。
3　**木挽町**　東京都中央区銀座の古い町名。
4　**第二橋辺**　第二橋のあたり。「第二橋」とは旧築《つき》

らを制するに堪へず。その事業その社交、その会話その言語、ことごとく移動の時代を証せざるものなし。かくのごとくにして国民の精神はよくその発露者なる詩人を通じて、文字の上にあらはれ出《い》でんや。

国としての誇負《プライド》[12]、いづくにかある。人種としての尊大、いづくにかある。民としての栄誉、いづくにかある。たまたま大声疾呼[13]して、国を誇り民を負《たの》むものあれど、彼らは耳を閉ぢてこれを聞かざるなり。彼らの中に一国としての共通の感情あらず。彼らの中に一民としての共有の花園あらず。彼らの中に一人種としての共同の意志あらず。晏逸《あんいつ》[14]は彼らの宝なり、遊惰は彼らの糧なり。思想のごとき、彼らは今日において渇望するところにあらざるなり。

今の時代に創造的思想の欠乏せるは、思想家の罪にあらず、時代の罪なり。物質的革命に急なるの時、いづくんぞ高尚なる思弁に耳を傾くるの暇《いとま》あらんや。いづくんぞ幽美[15]なる想像に耽《ふけ》るの暇あらんや。彼らは哲学をもつて懶眠《らんみん》[16]の具となせり、彼らは詩歌をもつて消閑の器となせり。彼らが目は舞台の華美にあらざれば奪ふことあたはず。彼らが耳は卑猥《ひわい》なる音楽にあらざれば娯楽せしむることあたはず。彼らが脳髄は奇異を旨とする探偵小説にあらざればもつて慰藉《ゐしや》を与ふることなし。しからざれば大言壮語して、もつて彼らの肝を破らざるべからず。しからざれば平凡なる真理と普通なる道義を繰り返して彼らの心を飽かしめざるべからず。彼らは詩歌なきの民なり。文字を求むれども、

地《じ》川の橋で、銀座五、六丁目と築地四丁目を結ぶ采女《うねめ》橋のことか。
5 白堊 土質の石灰石。白壁の塗料にする。
6 赤瓦 赤レンガ。
7 フロック フロック・コート（[英語] frock coat）の略。男子の昼用礼服。
8 沈厳高調 おごそかで高らかな調べ。
9 撞突 突き当たること。
10 持重 大事をとって軽々しく動かないこと。
11 根蔕 物事の土台。
12 誇負《プライド》 われこそはと誇ること。[英語] pride
13 大声疾呼 大声であわただしく呼ぶこと。
14 晏逸 何もせずにぶらぶらと暮らすこと。
15 幽美 奥深く静かな美。
16 懶眠 怠けて眠ること。

〈詩興〉〈激浪〉〈発露〉〈遊惰〉〈高尚〉〈華美〉

月岡芳年『風俗三十二相』より

詩歌を求めざるなり。[1]作詩家を求むれども、詩人を求めざるなり。汝《なんぢ》詩人となれるものよ、汝詩人とならんとするものよ、この国民が強いて汝を探偵の作家とせんとするを怒るなかれ、この国民が汝によりて艶語[17]を聞き、情話[18]を聴かんとするを怪しむなかれ、この国民が汝を雑誌店上の雑貨となさんとするを恨むなかれ、ああ詩人よ、詩人たらんとするものよ、汝らは不幸にして今の時代に生まれたり、汝の雄大なる舌は、[19]陋小《ろうせう》なる箱庭の中にありて鳴らさざるべからず。汝の運命はこの箱庭の中にありてよく講じ、よく歌ひ、よく罵り、よく笑ふにすぎざるのみ。汝はすべからく十七文字をもつて甘んずべし、よく軽口を言ひ、よく頓智《とんち》を出だすをもつて満足すべし。汝はすべからく三十一文字をもつて甘んずべし、雪月花をくりかへすをもつて満足すべし、にえきらぬ恋歌を歌ふをもつて満足すべし。汝がドラマを歌ふは贅沢《ぜいたく》なり、汝が詩論をなすは愚痴なり、汝はある記者が言へるごとく偽りの詩人なり、怪しき詩論家なり、汝を罵るもの[2]かく言へり、汝もまた自ら罵りてかく言ふべし。

[1] 「作詩家」と「詩人」の違いは何か。

17 **艶語** なまめかしいことば。

18 **情話** 男女の情愛についての物語。

19 **陋小** 醜く小さいこと。

[2] 「かく」は何をさしているか。

20 **幽遠** 奥深く遠いこと。

21 **芳年** 月岡《つきおか》芳年、一八三九―九二年。浮世絵師。残酷な絵柄（無惨絵）で

汝を囲める現実は、汝を駆りて幽遠[20]に迷はしむ。しかれども汝は幽遠のことを語るべからず、汝の幽遠を語るは、むしろ湯屋の番頭が裸体を論ずるにしかざればなり。汝の耳には兵隊の足音をもつて最上の音楽として満足すべし、汝の目には[21]芳年《よしとし》流の美人絵をもつて最上の美術と認むべし、汝の口には[22]アンコロをもつて最上の珍味とすべし、ああ、汝、詩論をなすものよ、汝、詩歌に労するものよ、帰れ、帰りて汝が店頭に出でよ。

—〈愚痴〉

評判を得たが、美人画や風俗画も残した。

22 アンコロ　あんころ餅《もち》の略。外側を餡《あん》でくるんだ餅。

●理解●

(1)第一段落の最初の一文と最後の一文を現代語に訳し、原文との文体上の差異を確かめなさい。

(2)「革命にあらず、移動なり。」(二〇二・11)とは具体的にどのようなことをさしているか、考えなさい。

(3)「帰れ、帰りて汝が店頭に出でよ」(二〇五・5)とは具体的に何をすることか、考えなさい。

(4)この文章の表現上の特徴がよく表れている部分を、以下の二点に即して抜き出しなさい。

ⓐ対句的表現　ⓑ反語的表現

エクソフォニー[1]

多和田葉子《たわだようこ》

夢を見る時は何語で見るのか、と聞く人がよくいるが、わたしはこの質問を聞くといつもちょっと頭にくる。「二つ以上の言語をしゃべっている人間は正体が分からない、片方が嘘《うそ》で、片方が本心だろう。」と言われたような気がする。日本語にも「二枚舌[*]」という言葉があるが、二つ以上舌があると、嘘つきだと思われてしまう。「あなたは日本語が母語でも、本質的にはドイツ人になってしまったのではないのか？」とか「あなたはいくらドイツ語をしゃべっていても、魂は日本人なのではないか？」とか「本当の自分はどっちなんだ？」とか聞かれたような気がする。この「本質的には」とか「魂は」とか「本当の自分は」という考え方が嫌なのである。夢について尋ねる人たちは、本当の自分はどっちなのか決めてしまわなければ気がすまないようだ。起きている時は巧みに嘘をついていても、夢の中では本人の作意が機能しないから「本当の自分」がつい出てしまうのではないか、と考えているらしい。

しかし実際は、本当の自分にこそ舌がたくさんあるのであって、夢の中でもいろいろな言葉をしゃべっている。日本語とドイツ語だけでなく、一生懸命努力して英語をしゃべっていることもあるし、ポーランド語など、できないはずの言葉を楽しくしゃべって

多和田葉子　一九六〇（昭和三五）年―。小説家。東京都生まれ。一九八二年よりドイツ在住。一九九三年、『犬婿入り』で芥川《あくたがわ》賞。作品に『尼僧とキューピッドの弓』『旅をする裸の眼《め》』などがある。この文章は二〇〇三年刊行の『エクソフォニー』に収められており、本文は同書によった。

1 エクソフォニー　ドイツ語で、母語の外に出た状態一般をさす語。［ドイツ語］Exophonie

いることもある。わたしは全くスペイン語ができないのだが、スペイン語の悪夢も時々見る。これから聴衆の前で自分の原稿を読まなければいけないという時に、原稿をよく見ると、確かに自分が書いた本なのに、スペイン語で書いてあるので読めない。どうしようかと狼狽《ろうばい》し、心臓はどきどきし、額は冷や汗にべっとり濡《ぬ》れて、息が苦しくなり、目がさめる。これは「それって、なんだかスペイン語っぽいわね。」という慣用句がドイツ語にあり、それが「訳が分からない。」という意味なので、そこからきているのかもしれない。夢は、慣用句を文字どおり具体化してしまうことがある。ということは、❶この夢はドイツ語で見たことになる。夢のストーリーを作っているのがドイツ語の慣用句だからだ。

とにかく、「夢は何語で見るのですか?」という質問があまり気に障るので、わたしは、自分が夢でしゃべっている言語を自分で理解できない女性を主人公にした「夜の映画館」という題の小説をドイツ語で書いた。彼女の夢の言語は、なんだか「ずれている」言語で、ドイツ語と少しだけ似ているが、ドイツ語ではない。習ったことのない外国語。そのうち偶然にオランダ人と知り合って、いつも夢に出てくる言語がアフリカーンス語[2]だということが判明する。アフリカーンス語は、南アフリカ[3]に行ったオランダ人の言葉が現地で独自の発展をしてできた言葉だが、本国のオランダ人から見るとちょっと古臭くて素朴に聞こえることもあるようだ。わたしの耳には何とも面白く聞こえる。ドイツ語と似ていて、分かるところもあるが、「ずれ」の感じが夢を思わせ面白い。た

❶「この夢」とは何か。

2 **アフリカーンス語** 南アフリカ共和国の公用語の一つ。オランダ語が現地語の影響を受けて変化した。[英語] Afrikaans

3 **南アフリカ** 南アフリカ共和国。アフリカ大陸最南端の国。一九六一年、英連邦を脱退して共和制に移行した。公用語は英語とアフリカーンス語のほか、現地の九部族語の一一言語。

〈母語〉〈作意〉〈悪夢〉

*二枚舌

とえば、leckerという形容詞があり、ドイツ語では、食べ物がおいしいという意味にしか使わないが、オランダ語やアフリカーンス語では、天気にも服にも人にも使えるので、なんだか「今日の天気はおいしいですね。」「この服、おいしいわ。」「あの人って、本当においしい。」と言っているようで、聞いていて楽しい。この小説の主人公はアフリカには親戚も友達もいないし、まだ行ったこともない。つまり、「本当の自分」であるはずの夢の言語が、自分とは無関係な遠い土地にあるのだ。なぜそうなってしまったのか、理由は本人にも分からない。とにかくケープタウン[4]に旅行する決心をする。ここまでこの小説を書いて、取材と執筆のためにわたしは二〇〇〇年の夏、二週間の予定でケープタウンに出掛けた。

　ケープタウンに着いた日に、コンコルド[5]が墜落した。驚いたのはコンコルドが墜《お》ちたことではなく、テレビをつけると、十一カ国語で次々と同じニュースを伝えていたことだ。見せる映像は同じだが、言葉の響きはそれぞれ全く違う。メディアの世界というのは、映像的には貧しいものだという意外な事実に気がついた。映す映像はいつも同じで、変化に富んでいるのは言語だ。文化の多様性を背負っているのは言語なのだと実感した。その十一カ国語には、英語とアフリカーンス語も入っていたが、その他の現地の言葉は初めて耳にするものばかりだった。

　しかし十一カ国語も公用語があって、これからどうやってやっていくのだろう。これ

4 ケープタウン　南アフリカ共和国南西部の港湾都市。立法府がある。

5 コンコルド　イギリスとフランスで共同開発した超音速ジェット旅客機。［フランス語］Concorde

がわたしの初めてのアフリカ経験で、それまで知らなかったこの大陸に興味を持ったのも、言語がきっかけだった。二年後にセネガル[6]に行くと、同じアフリカといっても当然ながら場所によって何もかも全く違っていることが分かったが、言語状況が興味深いという点は共通していた。

　言語の多様化現象は、発展途上国の問題として片付けられない。アフリカにたくさんの言葉があるのは文明が遅れているからだと思い込んでいる人が工業先進国には多い。たとえばドイツなどでも「書き言葉の統一は、マルチン・ルター[7]が聖書をドイツ語に訳した時に解決した。もう昔の話だ。今はそれどころか、ビジネスやコンピューターの言語である英語というものを世界の共通語にして生きる時代だ。だから、部族間の言語の違いなど早く克服したほうがいい。」と言う人がいる。多言語は重荷になるだけだ、たくさんの言語を一国の公用語にするなどというそんな不合理なことをしていたら、国際競争にますます勝てなくなる、という理屈だ。しかし、そう簡単に判断できるものかどうか、わたしは最近ますます疑問に思う。

　多言語社会は確かに「むずかしい」。❷ドイツも公用語は一つだが、現実的には多言語社会である。たとえば、移民の子が言葉が充分にできないために学校の授業についていかれないということが問題になっている。そんな問題は二世代目になれば自然に解決するだろうと思って真剣に対策*を練らずにいたら、そうではなかった、ということがよく新聞に書いてある。ドイツで生まれ育った二世代目は日常会話はできても高等教育に進

6 セネガル　セネガル共和国。アフリカ大陸最西端の国。公用語はフランス語だが、日常的には現地語が用いられる。

7 マルチン・ルター　Martin Luther　一四八三―一五四六年。ドイツの宗教家。免罪符の販売を批判し、宗教改革運動のきっかけをつくった。

❷「ドイツも公用語は一つだが、現実的には多言語社会」と言えるのはなぜか。

〈墜落〉〈真剣〉

＊対策を練る

むのに必要な学力のない子供の割合が大変多いことが最近の調査で分かった。しかし、それを移民そのものの問題にすり替えて、だから外国人を入れないほうがよいという保守派の意見も間違っている。なぜなら、たとえばスウェーデン[8]などの移民二世の学力は高いという統計も出ている。つまりこれは移民の問題ではなく、その国の教育の問題なのだということになる。日本では、クラスの生徒の三分の一以上の子が日本語が分からないという状態を体験した小学校教師はほとんどいないのではないかと思う。そういう状況で授業を進めていくには、これまでの教師養成プログラムだけでは間に合わない。

　しかし、そういう時代の状況をチャンスとして捉える励ましになるような記事をアメリカで読んだこともある。バイリンガル[9]の子とそうでない子を比べた場合、普通に勉強していると、バイリンガルの子のほうが学力が劣る傾向にあるが、普通以上に勉強した場合、バイリンガルの子のほうがずっと高いレベルに達するという統計が出ているという。別に統計というものを妄信するつもりはないし、学力などそう簡単に測れるものではないとは思うが、この調査結果に納得してしまう理由がわたしにはある。わたしはバイリンガルで育ったわけではないが、頭の中にある二つの言語が互いに邪魔しあって、何もしないでいると、日本語が歪《ゆが》み、ドイツ語がほつれてくる危機感を絶えず感じながら生きている。放っておくと、わたしの日本語は平均的な日本人の日本語以下、そしてわたしのドイツ語は平均的なドイツ人のドイツ語以下ということになってしまう。その代わり、毎日両方の言語を意識的かつ情熱的に耕していると、相互刺激のおかげで、ど

8 スウェーデン　スカンジナビア半島東部にある立憲王国。首都はストックホルム。公用語はスウェーデン語。社会保障制度の発達した福祉国家。

9 バイリンガル　二つの言語を状況に応じて使う能力をもつこと。また、その人。[英語] bilingual

ちらの言語も、単言語時代とは比較にならない精密さと表現力を獲得していくことが分かった。

子供だって、ドイツ語だけできるよりは、ドイツ語とトルコ語と両方できたほうがいいに決まっている。❸そういうところに多言語国家の可能性を見たい。技術獲得の道具として言語を見た場合は多言語は不合理に見えても、言語自体に価値を見て時間をかけて毎日耕せば、そこから出発して「単言語人間」ばかりだった時代にはできなかったことを成し遂げることができるかもしれないのである。

―〈妄信〉

❸「そういうところ」とは何か。

●理解●

(1)「夢は、慣用句を文字どおり具体化してしまうことがある。」（二〇七・7）とはどのようなことか、説明しなさい。

(2)「『本当の自分』であるはずの夢の言語が、自分とは無関係な遠い土地にある」（二〇八・5）とはどのようなことか、説明しなさい。

(3)「そういう時代の状況をチャンスとして捉える」（二一〇・8）とはどのようなことか、説明しなさい。

(4)言語を「技術獲得の道具として」（二一一・4）見た場合と「言語自体に価値を見」（同・5）た場合とは、それぞれにどのような違いがあるか、まとめなさい。

文学のふるさと

坂口安吾《さかぐちあんご》

シャルル・ペロー[1]の童話に『赤頭巾』という名高い話があります。すでにご存じとは思いますが、粗筋を申し上げますと、赤い頭巾をかぶっているので赤頭巾と呼ばれていたかわいい少女が、いつものように森のお婆《ばあ》さんを訪ねていくと、狼《おおかみ》がお婆さんに化けていて、赤頭巾をムシャムシャ食べてしまった、という話であります。まったく、ただ、それだけの話であります。

童話というものにはたいがい教訓、モラル、というものがあるものですが、この童話には、それがまったく欠けております。それで、その意味から、アモラル[2]であるということで、フランスではなはだ有名な童話であり、そういう引例の場合に、しばしば引き合いに出されるので知られております。

童話のみではありません。小説全体として見ても、いったい、モラルのない小説というのがあるでしょうか。小説家の立場としても、なにか、モラル、そういうものの意図がなくて、小説を書きつづける——そういうことがあり得ようとは、ちょっと、想像ができません。

坂口安吾　一九〇六（明治三九）―五五（昭和三〇）年。小説家。新潟県生まれ。敗戦直後の評論『堕落論』、小説『白痴』は虚脱状態にある人々に大きな衝撃を与えた。作品に『桜の森の満開の下』などがある。この文章は一九四一年に発表されたもので、本文は「坂口安吾全集」第三巻によった。

1 シャルル・ペロー　Charles Perrault　一六二八―一七〇三年。フランスの詩人・童話作家。民間説話一一編の再話からなる『ペロー童話集』がある。

ところが、ここに、およそモラルというものがあって初めて成り立つような童話の中に、全然モラルのない作品が存在する。しかも三百年もひきつづいてその生命を持ち、多くの子供や多くの大人の心の中に生きている。――これは厳たる事実であります。

シャルル・ペローといえば[3]『サンドリヨン』とか[4]『青髯《あおひげ》』とか『眠りの森の少女』というような名高い童話を残していますが、私はまったくそれらの代表作と同様に、『赤頭巾』を愛読しました。

否、むしろ、『サンドリヨン』とか『青髯』を童話の世界で愛したとすれば、私はなにか❶大人の寒々とした心で『赤頭巾』のむごたらしい美しさを感じ、それに打たれたようでした。

愛くるしくて、心が優しくて、すべて美徳ばかりで悪さというものが何もない可憐《かれん》な少女が、森のお婆さんの病気を見舞いにいって、お婆さんに化けて寝ている狼にムシャムシャ食べられてしまう。

私たちはいきなりそこで突き放されて、何か約束が違ったような感じで戸惑いしながら、しかし、思わず目を打たれて、プツンとちょん切られたむなしい余白に、非常に静かな、しかも透明な、ひとつの切ない「ふるさと」を見ないでしょうか。

その余白の中にくりひろげられ、私の目にしみる風景は、可憐な少女がただ狼にムシャムシャ食べられているという残酷ないやらしいような風景ですが、しかし、それが私

2 アモラル　モラルを超えていること。超道徳的。[英語] amoral

3 『サンドリヨン』　いわゆるシンデレラの物語。

4 『青髯』　次々と妻を殺しては小部屋に死体を隠している青髯の男と、そこに嫁いだ新妻の話。

❶「大人の寒々とした心」とはどのようなものか。

—〈教訓〉〈引例〉〈美徳〉

の心を打つ打ち方は、若干やりきれなくて切ないものではあるにしても、決して、不潔とか、不透明というものではありません。何か、氷を抱きしめたような、切ない悲しさ、美しさ、であります。

もう一つ、違った例を引きましょう。

これは「狂言」[5]の一つですが、大名が太郎冠者《たろうかじゃ》[6]を供につれて寺詣でをいたします。突然大名が寺の屋根の鬼瓦[7]を見て泣きだしてしまうので、太郎冠者がその次第[*]を尋ねますと、あの鬼瓦はいかにも自分の女房によく似ているので、見れば見るほど悲しい、と言って、ただ、泣くのです。

まったく、ただ、これだけの話なのです。「狂言」の中でも最も短いものの一つでしょう。

これは童話ではありません。いったい狂言というものは、真面目な劇の中間にはさむ息ぬきの茶番のようなもので、観衆をワッと笑わせ、気分を新たにさせればそれでいいような役割のものではありますが、この狂言を見てワッと笑ってすませるか、どうか、もっとも、こんな尻切れトンボのような狂言を実際舞台でやれるかどうかは知りませんが、決して無邪気に笑うことはできないでしょう。

この狂言にもモラル――あるいはモラルに相応する笑いの意味の設定がありません。お寺詣でに来て鬼瓦を見て女房を思いだして泣きだす、という、なるほど確かに滑稽で、

5 「狂言」の一つ 狂言「鬼瓦」をさす。「狂言」は日本の古典芸能で、しぐさとせりふによって表現される喜劇。室町《むろまち》初期以来発展した。

6 太郎冠者 狂言の役の一つ。従者・召し使いの役柄。

7 鬼瓦 屋根の棟の両端に取りつける、鬼の面をかたどった瓦。厄除《やくよ》けと装飾に用いた。

いちおう笑わざるを得ませんが、同時に、いきなり、突き放されずにもいられません。

私は笑いながら、どうしてもおかしくなるじゃないか、いったい、どうすればいいのだ……という気持ちになり、鬼瓦を見て泣くというこの事実が、突き放されたあとの心のすべてのものをさらいとって、平凡だの当然だのというものを超躍[8]した驚くべき厳しさで襲いかかってくることに、いわば観念の目を閉じるような気持ちになるのでした。逃げるにも、逃げようがありません。それは、私たちがそれに気づいたときには、どうしても組みしかれずにはいられない性質のものであります。宿命などというものよりも、もっと重たい感じのする、*のっぴきならぬものであります。これもまた、やっぱり我々の「ふるさと」でしょうか。

そこで私はこう思わずにはいられぬのです。つまり、モラルがない、とか、突き放す、ということ、それは文学として成り立たないように思われるけれども、我々の生きる道にはどうしてもそのようでなければならぬ崖があって、そこでは、モラルがない、ということ自体がモラルなのだ、と。

晩年の芥川龍之介《あくたがわりゅうのすけ》[9]の話ですが、時々芥川の家へやってくる農民作家——この人は自身が本当の水呑《みずのみ》百姓[10]の生活をしている人なのですが、あるとき原稿を持ってきました。芥川が読んでみると、ある百姓が子供をもうけましたが、貧乏で、もし育てれば、親子共倒れの状態になるばかりなので、むしろ育たないことが皆のためにも自分のためにも

8 **超躍した**　跳び超えた。

9 **芥川龍之介**　一八九二—一九二七年。小説家。作品に『鼻』『羅生門《らしょうもん》』などがある。三三ページ参照。

10 **水呑百姓**　田畑を所有しない小作や日雇いの農民。

〈茶番〉〈観衆〉〈宿命〉

*次第を尋ねる

*のっぴきならない

幸福であろうという考えで、生まれた子供を殺して、石油缶だかに入れて埋めてしまうという話が書いてありました。

芥川は話があまり暗くて、やりきれない気持ちになったのですが、彼の現実の生活からは割りだしてみようのない話ですし、いったい、こんなことが本当にあるのかね、と尋ねたのです。

すると、農民作家は、ぶっきらぼうに、それは俺がしたのだがね、と言い、芥川があまりのことにぼんやりしていると、あんたは、悪いことだと思うかね、と重ねてぶっきらぼうに質問しました。

芥川はその質問に返事することができませんでした。何事にまれ言葉が用意されているような多才な彼が、返事ができなかったということ、それは晩年の彼が初めて誠実な生き方と文学との歩調を合わせたことを物語るように思われます。

さて、農民作家はこの動かしがたい「事実」を残して、芥川の書斎から立ち去ったのですが、この客が立ち去ると、彼は突然突き放されたような気がしました。たった一人、置き残されてしまったような気がしたのです。彼はふと、二階へ上がり、なぜともなく門のほうを見たそうですが、もう、農民作家の姿は見えなくて、初夏の青葉がギラギラしていたばかりだという話であります。

この手記ともつかぬ原稿は芥川の死後に発見されたものです。

2 「返事することができなかったのはなぜか。

ここに、芥川が突き放されたものは、やっぱり、モラルを超えたものであります。子を殺す話がモラルを超えているという意味ではありません。その話には全然重点を置く必要がないのです。女の話でも、童話でも、何を持ってきても構わぬでしょう。とにかく一つの話があって、芥川の想像もできないような、事実でもあり、大地に根の下りた生活でもあった。芥川は、その根の下りた生活に、突き放されたのでしょう。いわば、彼自身の生活が、根が下りていないためであったかもしれません。けれども、彼の生活に根が下りていないにしても、根の下りた生活に突き放されたという事実自体は立派に根の下りた生活であります。

つまり、農民作家が突き放したのではなく、突き放されたという事柄のうちに芥川のすぐれた生活があったのであります。

もし、作家というものが、芥川の場合のように突き放される生活を知らなければ、『赤頭巾』だの、さっきの狂言のようなものを創りだすことはできないでしょう。

モラルがないこと、突き放すこと、私はこれを文学の否定的な態度だとは思いません。むしろ、文学の建設的なもの、モラルとか社会性というようなものは、この「ふるさと」の上に立たなければならないものだと思うものです。

もう一つ、もうすこし分かりやすい例として、[11]『伊勢《いせ》物語』の一つの話を引きましょう。

11 **『伊勢物語』** 作者未詳。平安時代の歌物語。在原《ありわらの》業平《なりひら》（八二五―八〇年）とおぼしき男の恋愛を軸にした一代記の体裁をとっている。

―〈歩調〉〈書斎〉
―*何事にまれ

昔、ある男が女に懸想[12]してしきりに口説いてみるのですが、女がうんと言いません。ようやく三年目に、それではいっしょになってもいいと女が言うようになったので、男は飛びたつばかりに喜び、さっそく、駆け落ちすることになって二人は都を逃げだしたのです。芥《あくた》の渡しというところをすぎて野原へかかったころには夜も更け、そのうえ雷が鳴り雨が降りだしました。男は女の手をひいて野原をいっさんに駆けだしたのですが、稲妻にてらされた草の葉の露を見て、女は手をひかれて走りながら、あれは何？　と尋ねました。しかし、男はあせっていて、返事をするひまもありません。ようやく一軒の荒れ果てた家を見つけたので、飛びこんで、女を押し入れの中へ入れ、鬼が来たら一刺しにしてくれようと槍《やり》をもって押し入れの前にがんばっていたのですが、それにもかかわらず鬼が来て、押し入れの中の女を食べてしまったのです。あいにくそのとき、荒々しい雷が鳴りひびいたので、女の悲鳴もきこえなかったのでした。夜が明けて、男は初めて女がすでに鬼に殺されてしまったことに気づいたのです。そこで、白玉か何ぞと人の問ひしとき露と答へて消えなましものを――つまり、草の葉の露を見てあれは何と女がきいたとき、露だと答えて、いっしょに消えてしまえばよかった――という歌をよんで、泣いたという話です。

　この物語には男が断腸の歌をよんで泣いたという感情の付加があって、読者は突き放された思いをせずにすむのですが、しかし、これも、モラルを超えたところにある話の

12 懸想して　恋い慕って。

ひとつではありましょう。

この物語では、三年も口説いてやっと思いがかなったところでまんまと鬼にさらわれてしまうという対照の巧妙さや、暗夜の曠野《こうや》を手をひいて走りながら、草の葉の露を見て女があれは何ときくけれども男はいちずに走ろうとして返事すらもできない。――この美しい情景を持ってきて、男の悲嘆と結び合わせる綾《あや》とし、この物語を宝石の美しさにまで仕上げています。

つまり、女を思う男の情熱が激しければ激しいほど、女が鬼に食われるというむごたらしさが生きるのだし、男と女の駆け落ちのさまが美しくせまるものであればあるほど、同様に、むごたらしさが生きるのであります。女が毒婦であったり、男の情熱がいいかげんなものであれば、このむごたらしさはあり得ません。また、草の葉の露をさしてあれは何と女がきくけれども男は返事のひますらもないという一挿話がなければ、この物語の値打ちの大半は消えるものと思われます。

つまり、ただモラルがない、ただ突き放す、ということだけで簡単にこの凄然たる静かな美しさが生まれるものではないでしょう。ただモラルがない、突き放すというだけならば、我々は鬼や悪玉をのさばらせて、いくつの物語でも簡単に書くことができます。❸そういうものではありません。

この三つの物語が私たちに伝えてくれる宝石の冷たさのようなものは、なにか、絶対

❸「そういうものではありません。」とはどのようなことか。

――〈悲鳴〉〈断腸〉〈毒婦〉〈挿話〉〈凄然〉

の孤独――生存それ自体がはらんでいる絶対の孤独、そのようなものではないでしょうか。

この三つの物語には、どうにも、救いようがなく、慰めようがありません。鬼瓦を見て泣いている大名に、あなたの奥さんばかりじゃないのだからと言って慰めても、石を空中に浮かそうとしているようにむなしい努力にすぎないでしょうし、また、皆さんの奥さんが美人であるにしても、そのためにこの狂言が理解できないという性質のものでもありません。

それならば、生存の孤独とか、我々のふるさとというものは、このようにむごたらしく、救いのないものでありましょうか。私は、いかにも、そのように、むごたらしく、救いのないものだと思います。この暗黒の孤独には、どうしても救いがない。我々の現《うつし》身《み》は、道に迷えば、救いの家を予期して歩くことができる。けれども、この孤独は、いつも曠野を迷うだけで、救いの家を予期すらもできない。そうして、最後に、むごたらしいこと、救いがないということ、それだけが、唯一の救いなのであります。モラルがないということ自体がモラルであると同じように、救いがないということ自体が救いであります。

私は文学のふるさと、あるいは人間のふるさとを、ここに見ます。文学はここから始まる。――私は、そうも思います。

アモラルな、この突き放した物語だけが文学だというのではありません。否、私はむしろ、このような物語を、それほど高く評価しません。なぜなら、ふるさとは我々のゆりかごではあるけれども、大人の仕事は、決してふるさとへ帰ることではないから……。だが、このふるさとの意識・自覚のないところに文学があろうとは思われない。文学のモラルも、その社会性も、このふるさとの上に生育したものでなければ、私は決して信用しない。そして、文学の批評も。私はそのように信じています。

—〈孤独〉

●理解●—

(1)次の例を挙げながら、筆者はどのような点を問題にしているか、それぞれまとめなさい。

ⓐ『赤頭巾』(二一二・1)　ⓑ「狂言」(二一四・5)

ⓒ芥川龍之介の話(二一五・14)　ⓓ『伊勢物語』(二一七・16)

(2)次の部分の意味を分かりやすく説明しなさい。

ⓐモラルがない、ということ自体がモラルなのだ(二一五・12)

ⓑ根の下りた生活に突き放されたという事実自体は立派に根の下りた生活であります。(二一七・7)

ⓒふるさとは我々のゆりかごではあるけれども、大人の仕事は、決してふるさとへ帰ることではない(二二一・2)

オデュッセイア[1]

恩田《おんだ》 陸《りく》

ココロコが、自分が動けることに気付いたのは随分昔のことである。

動き始めてから長い時間がたつ。今日もまた、小さな村や町で歓声が聞こえる。

まあ、ココロコが来たよ。あの伝説のココロコだね。ここに来るのは随分久しぶりじゃないか。あたしが聞いたのはばあさんの代の頃の話だよ。生きてるうちに見られるなんて。

ココロコが遠い地平線から現れるところは、巨大な船に見えるという人もいるし、バベル[2]の塔に似ていると恐れる人もいる。心ない人々に投石を受けた時代もあった。

ココロコはいつもゆっくりと移動する。蛇の鱗《うろこ》のような底の固い突起を巧みに動かして、地面を少しずつはっていくのだ。

歳月を経たココロコには、［1］悠然とした風格*が備わっていた。階段状になった石の壁には蔦《つた》がはい、小さな鳥たちが巣を作っている。ココロコの上に降った雨は石の樋《とい》を通って貯水槽に集められるし、小さな葡萄園《ぶどうえん》はココロコの斜面に涼しげな影を作っている。

ココロコの上のほうは居住地区だ。人々は、石造りの建物の窓べにスミレの鉢を飾っ

恩田 陸 一九六四（昭和三九）年—。小説家。宮城県生まれ。『六番目の小夜子《さよこ》』でデビュー、ファンタジーやSFを数多く書いている。作品に『夜のピクニック』『球形の季節』などがある。この作品は二〇〇二年刊行の『図書室の海』に収められており、本文はその文庫版によった。

1 オデュッセイア ホメロス作とされる古代ギリシアの叙事詩。主人公のオデュッセウスは、ギリシア神話にも現れる英雄で、トロイア戦争で活躍した後、海上を長く漂流する苦難の末帰国した。

たり、美しい模様を織り込んだ布を垂らしたりして、行く先々の人々の目を楽しませる工夫をしている。

　ココロコは、駆け寄ってくる子供たちや、わんわんほえる犬たちを見る。ココロコの中庭には、さまざまな市《いち》が立つ。ココロコが通った町から仕入れてきた珍しい香辛料やお酒、異国の書物などはとても人気がある。地面に近いところに住んでいる男は、代々続く郵便業を営んでいる。何年も先に通りかかるであろう集落に住む者に宛てた、気の長い手紙を預かる。ココロコの壁に開いているポストに、集まってきた人々が手紙を入れる。祖父の代から預かっている手紙もあるという。

　みんなが壁にサインやメッセージを書く。遠い町にいる母親が、かつて息子に宛てて書いた字を見つけて涙ぐむ男もいる。ココロコは集落の近くで、何日か止まっている。

　今度はいつ動き出すのかしら。ねえ、この次はどこへ行くの？　若い娘たちが、コ

ブリューゲル「バベルの塔」（1563年）

2 バベルの塔　『旧約聖書』に記された伝説の塔。人々が天に達する高さになるよう建築を始めたが、その傲慢さに神が怒り、それまで一つであった人類の言語を混乱させて互いに通じないようにした。そこで、工事は中途で終わったという。

1 「悠然とした風格」とはどのようなものか。

〈悠然〉〈香辛料〉
*風格が備わる
*目を楽しませる

コロコのてっぺんにいる長老に尋ねる。

ココロコのてっぺんは、小さな星見櫓《やぐら》[3]だ。長老はそこに住み、星を見ながらココロコと進路の相談をする。赤い旗を立てていれば、移動している印。白い旗は止まって滞在している印だ。

長老は、代々受け継がれている旅行日誌をめくり、次の行き先を考える。

ココロコや、少し油と塩を仕入れなければ。北西に向かってみよう。じいさんの代に行った塩田とオリーブ畑の集落があるはずだ。百年もたっているが、まだあの集落はあるのかな？

ココロコには何代にもわたって多くの家族が住んでいる。中庭の壁には、さまざまな土地で出会った芸術家たちが壁画を描いてくれたし、中には歴史的価値の高い立派なものもある。ココロコに歴史学者たちがしばらく滞在したことがある。地面の敷石に描かれた、ココロコの旅の歴史を詳しく調査するためだ。

いちばん最初はいつなんだね？　初めてココロコが動き出した時代は？

歴史学者は長老に尋ねる。

長老は、難しい質問だ、とつぶやく。

絵だけが残っておるのです。ココロコのいちばん古い箇所にです。それによると、最初は西の海のほとりの、城塞都市だったらしい。

3 **櫓**　木材などを組み上げて造った高い台。

それを聞きながら、ココロコは考える。最初の記憶は、赤い土の、灌木《かんぼく》[4]の茂みの続くだだっぴろいところにいたことだ。かつては、ココロコは大地にきちんと張り付き、自分に意識があるということすらも分からなかった。遠くからやってきた人々が自分の頭上で岩盤を削り、少しずつ掘り進んで小さな町をこしらえた。彼らはそこに住み、土を運び、木を植えた。人々は徐々に増えた。複数の一族が住み、町を少しずつ広げていったのだ。やがて一つの山が丸ごと町になった。町と山は不可分だった。人々は山裾に強固な城壁を築き、統率のとれた自治体として成長した。

初めて動きだしたのはいつのことだったろう？

それは、ひどい戦乱の時代だった。さまざまな民族が血を流しあい、彼の町にも何度も*血に飢えた輩《やから》が攻めてきた。町は必死に戦ったが、幾重にも囲まれて兵糧攻めにあった。老人や子供からどんどん死んでゆき、女たちの泣き声が毎日ココロコの中に響いた。男たちは不眠不休で勇敢に戦ったが、敵は尽きることがない。

ココロコは怒りを感じた。自分とともに生きてきた者たちが、日に日に無残に命を落としていくことに憤怒《ふんぬ》を覚えたのだ。

そう意識したとたん、激しい地鳴りと地響きが起きていた。ココロコを囲んでいた敵たちは地の底に飲み込まれ、残りは*命からがら逃げ出した。ココロコは自分が立ち上がっていることに気付いた。

4 灌木 背の低い木。低木。

〈城塞〉〈山裾〉〈兵糧〉
＊血に飢える
＊命からがら

ココロコは自分が❷動けることを知った。ココロコは、静かな場所を求めて旅を始めた。中に残った人々は、再び自治体を再生させた。その時から、長い旅が始まったのだ。

ココロコの旅の歴史は、代々伝承として受け継がれてきた。ココロコとの共生を祝う祭りが行われ、ココロコの葡萄園でできたワインが振る舞われる。

広い草原を旅したこともある。遊牧民たちが馬に乗って手を振っていた。高原の王国に住む娘たちが、美しい衣装で正装して、山羊《やぎ》のミルクを運んできてくれたこともある。ココロコは高い空に浮かぶ綿のような雲や、神々しい朝日に輝く山々の輪郭を思い出す。麦畑に吹く風を、人々が輪になって踊る収穫の祭りを。

時には、ならず者の群れが移動中のココロコを襲うこともあった。ココロコの住民たちは猛然と戦い、ココロコはスピードを上げて容赦なくならず者を押し潰した。ココロコは二度と住民たちを殺させないと心に誓っていたのだ。底の突起の下で、無法者の骨が砕ける音を聞きながら、ココロコは毅然《きぜん》と平原を移動していく。

さまざまな人々がココロコに滞在した。王様にお姫様、商人に天文学者。天文学者と長老が星の運行についての*意見を戦わせている脇で、きざな吟遊詩人[5]が高貴な女性に恋の歌を歌っているのは素敵な眺めだった。

暖かい地方を旅した時に、ココロコは危機に見舞われた。疫病を持ったネズミが侵入したのだ。あっという間に疫病は蔓延《まんえん》し、多くの住民がばたばたと倒れた。長老は*一計

❷ ココロコが「動ける」ようになったのはなぜか。

5 **吟遊詩人** 中世ヨーロッパで、各地を遍歴し、詩を朗唱した人。

を案じた。町に火を放ち、ネズミを焼き払ったのだ。住民は、初めてココロコの外で集落を持って生活することを余儀*なくされた。つらい苦難の時代だった。ココロコもしばらく動くことができなくなった。失われた町を再生し、再び住民がココロコに戻れるまで数十年もかかった。

この苦難の時代は、ココロコの[3]歴史の分岐点でもあった。この時代が終わり*を告げる頃には、旅するココロコの生活を捨て、定住を選ぶ者たちが現れたのである。

それぞれの道を選ぶ者にとって、つらい別れだった。ココロコの住民の半数近くが定住を選んだ。ココロコにとってはしばらく寂しい旅が続いた。けれど、じきに新たな入植者たちがやってきた。ココロコは再び活気にあふれ、新たな世代が生まれた。

新たな世代の者たちはフロンティア[6]を望んだ。新しい場所へ、新しい世界へ。ココロコの進路は新大陸に向けられた。

それは、ある偶然がきっかけだった。遠浅の入り江のほとりでしばらく滞在していた時のことである。地形の関係か、突然潮が満ちてきたのだ。ざんざんと飛沫《しぶき》を上げて満ちてきた潮に、ココロコは大騒ぎになった。が、気が付くとココロコは水に浮いていた。ココロコは自分が泳げることを知ったのである。

慣れてみると、海は快適だった。地上では、斜面を進むには限界があるし、行ける場所がかなり限られていたからだ。それに、大きな集落や町が増えて、ココロコが通り抜

3 「歴史の分岐点」とはどのようなものか。

6 フロンティア 辺境。まだ開拓されていない地域。[英語] frontier

〈輪郭〉〈吟遊〉〈疫病〉
*意見を戦わせる
*一計を案じる
*余儀なくされる
*終わりを告げる

けることが年々難しくなっていた。海ならば、どこまでも進むことができる。漁師たちがココロコに魚を売りにくる。豪華客船に乗った客が、ココロコに笑って挨拶をする。ココロコは青い海原を走り、新大陸を目指した。

新大陸で、ココロコにはまた新たな人々が加わった。世代交代はすさまじいスピードで進んだ。

若者たちは、新しい技術が必要だと訴えた。ココロコも時代に応じて変わっていかなければならないのだ、と。ココロコにはプラスチックで覆われた太いケーブル[7]が埋められ、星見櫓にはたくさんのアンテナが立てられた。美しい石造りの壁には鉄骨が埋められ、コンクリートで固められた。

ココロコの中では、常にけたたましい音楽やニュースが鳴り響き、鮮やかな電飾[8]が生け垣や壁を色とりどりに輝かせていた。

ココロコは、広い新大陸をあっちへこっちへと動き回っていた。

もはやゆっくり旅する時代ではない。時代はスピードを求めているのだ、と住民たちはココロコに主張したのだ。

長老はもういなくなっており、住民たちは合議制でココロコの進路を決めていた。

ココロコは底の固い突起を必死に動かし、夜も休む間もなく一晩じゅう移動しなければならなかった。ココロコは彼らの要望に答えようと必死だった。

7 ケーブル 電線を束ねて一本にし、絶縁物で覆ったもの。電信・電話・有線放送などに用いられる。[英語] cable

8 電飾 電球などを用い、色とりどりの光源で装飾したもの。イルミネーション。

それでも若者たちはココロコでは新しいことが何もできないと、鉄とコンクリートでちぐはぐな景色になったココロコを捨て、外へ出ていった。

ココロコには老人たちが残った。

老人たちは、もうあまり動くことを望まなかった。ココロコは速度を落とし、静かな場所でひっそり過ごすようになった。ココロコも疲れを感じていた。

老人たちは、古い壁画を掃除したり、郵便屋の倉庫に残されていた、渡されることのなかった古い手紙を読んだりして暮らしていた。

ある日、近くを通り掛かった若い男女がココロコに目を留めた[*]。その美しい、古い遺跡のような姿に心をひかれたのだ。二人は芸術家だった。ココロコの中を見て、新しい絵を描かせてくれないかと頼んだ。老人たちは承知した。二人は友人を連れてきて、使われていないケーブルやさびた鉄骨、ひびの入ったコンクリートを撤去し、ココロコを元の姿に復元した。ココロコに、再び若い人たちや、古くて美しいものを愛する人々が集まり始めた。住み着く者も徐々に増えた。やがて、ココロコは芸術家たちのサロン[9]となった。

ココロコは暖かい海に出て、そこでゆらゆら浮かぶことにした。

陸地はすっかり狭くなり、ココロコが旅する場所も、静かに暮らす場所もなくなってきていたのだ。多くの人が、ココロコと海で暮らすことを選んだ。

9 サロン 社交的な集会。フランスなどの上流社会で開かれた。［フランス語］salon

〈合議〉〈撤去〉

＊目を留める

それから多くの歳月が流れたある日、陸地のあちこちで[4]閃光《せんこう》が走った。空を何か大きなものが激しく飛び交った。爆発はいつまでもやまなかった。奇妙な形をした雲が陸地のあちこちから立ちのぼるのが見えた。

大きな波が押し寄せてきて、ココロコは溺れないように一生懸命海に浮かんでいた。

やがて陸地は静かになったが、嫌な匂いのする雨がたくさん降ってきた。その雨が降ってしばらくすると、ココロコに住んでいた人たちが次々と病気になって死んでいった。最後の一人は、かつてずっとココロコを統率していた長老の子孫に当たる男だった。男は一人になってからも、昔から*連綿と続いていた旅行日誌を書き続けていた。星見櫓に登り、空を見ながらココロコに話しかけ続けていたが、やがて彼もそこで死んだ。

ココロコには誰もいなくなった。世界は*沈黙に包まれていた。

ココロコはしばらく波間に揺られていたが、誰かがどこかにいるのではないかと思い、少し泳いでみた。しかし、どこに行っても、誰もいない。がらんとした世界が続いているばかりだ。

どこに行ったのだろう、あの子供たちは、尻尾を振って追いかけてきた犬たち、前を横切った牛たち、鮮やかな衣装の娘たちは。ココロコは一人ぼっちだった。

ココロコは、かつて自分が住んでいた、初めて自分が立ち上がった場所へ行ってみることにした。特に理由はない。その場所を見てみたいと思っただけだ。

[4]「閃光が走った」とは、ここではどのようなことをさすと思われるか。

見覚えのある、乾いた赤土の大地が広がっていた。けれど、やはりここにも誰もいなかった。ココロコはゆっくりと大地の感触を確かめながら動き回っていた。

ココロコは、かつて**5**自分が初めて立ち上がった場所を見つけた。ぽっかりと開いたくぼみに、そっと体を入れてみた。これまでの長い旅の歳月が一瞬に思えた。

ココロコはそこに腰*を下ろし、休むことにした。

ココロコはまどろんだ。かつて旅の途中で見た景色を夢に見ていた。葡萄園の風、輝く雲の峰、草原で手を振る民、手紙にキスする老婆。

それは長い長い夢だった。

まどろんでいるうちに、ココロコは自分が立ち上がれることも忘れ、意識があることも忘れた。

潮は満ち引きを繰り返し、太陽と月が空を巡った。

ある日、何かがココロコの意識を刺激した。それが何かは分からなかったが、ココロコはふと夢から覚めた。

何だろう。どうして目が覚めたんだろう。

足音が聞こえた。誰かが乾いた大地を歩いてくるのだ。

夢ではない。誰かが大地を踏み締めてこちらへ歩いてくる。

ねえ見て、あれ、ココロコに似てるわ。

5 「自分が初めて立ち上がった場所を見つけた」とき、ココロコは何を思ったか。

〈統率〉〈尻尾〉
＊連綿と続く
＊沈黙に包まれる
＊腰を下ろす

　少女の凜《りん》とした声が聞こえた。

ココロコは伝説でしょ？　僕もおじいちゃんに聞いたことがあるけど。実際にあるなんて知らなかったよ。

　いぶかしげな少年の声が聞こえる。

私の先祖は、大昔、ココロコで疫病がはやって町を焼き払った時に、ココロコを降りてしまったの。けれど、ココロコがどんなところだったか、ココロコでどんな生活を送っていたかは代々言い伝えられていたのよ。

もうあまり時間がないよ。船に戻らないと。ここは汚染されている。危ないよ。

　少年はそわそわした口調で言った。

待って——どうしても確認してみたいの。あれはココロコに似ている。うちに伝えられている絵に形がそっくりよ。大きな船にも似ていて、バベルの塔にも似ているという。

　足音が近付いてきた。

ほら、やっぱり！　これはココロコだわ。誰もいないけれど、きちんとみんなそのまま残っている。星見櫓だってあるわ！

　軽やかな足音が星見櫓への階段を登っていくのを聞き、ココロコは懐かしい気分になった。かつてはこんな足音がたくさん、いつも**6**潮騒《しおさい》のように頭上に響いていたっけ。

　少女は星見櫓に登り、無人の大地を見下ろした。

6 「潮騒のように」という比喩はどのような効果をあげているか。

そう、ここで長老が星を見て、行き先を決めるの。かつてはみんなが行く先々で待っていたんだわ、旅する町を、ゆっくりと地平線を越えてやってくるココロコを。

そうだ、みんなが待っていた。ココロコは少女の声を聞きながら繰り返した。あの旗が目に浮かぶ*。移動している時は赤い旗、止まっている時は白い旗。

ココロコ、聞こえる？　ここにはもう誰もいないの。みんなはもっと遠くにいるのよ。あなたを待っている人々はもっと遠くに。

少女は星見櫓からココロコに話しかけた。

私たちと一緒に行きましょう、私たちはまたあなたとともに生きる。みんなであなたの中に住むわ。だから一緒に行きましょう。

どうやって？

ココロコは考えた。どこに行けばよいのだろう？　歩いても、泳いでも、誰もいないこの世界で。

あなたはどこにでも行けるはず。私たちとどこにでも。

ふと、気が付くと、ココロコはふわりと宙に浮かんでいた。

ココロコは、自分が空を飛べることを知ったのである。

ココロコには再び旗が立った。風にはためく赤い旗。宇宙の風に吹かれ、どこまでも青い星々の中を進んでいく。そこにはココロコを待つ人々がいる。手紙を持って、手を

〈汚染〉
*目に浮かぶ

振って、迎えてくれる人がいる。
私たちはまだ旅の途中なのだ。

●理解●

(1)次の時代ごとに、物語の内容を箇条書きにしなさい。
ⓐココロコが「初めて動きだした」(二二五・8)時代。
ⓑ「何代にもわたって多くの家族が住ん」(二二四・9)だ時代。
ⓒ「ココロコの歴史の分岐点」(二二七・5)。
ⓓココロコが「静かな場所でひっそり過ごすようになった」(二二九・4)時代。
(2)ココロコにとってまどろみのなかの「長い長い夢」(二三一・8)とはどのようなものだったか、考えなさい。
(3)ココロコが「ふわりと宙に浮か」(二三三・14)べたのはなぜか、考えなさい。

砲撃のあとで

三木《みき》　卓《たく》

三木　卓　一九三五（昭和一〇）年―。詩人・小説家。静岡県生まれ。一九七三年、『鶸《ひわ》』で芥川《あくたがわ》賞。小説に『裸足《はだし》と貝殻』などがある。この作品は一九七三年刊行の『砲撃のあとで』に「夜」という標題で収められており、本文はその文庫版によった。

「それがあなた、原子なんですよ。原子破壊ですよ。」戦闘帽をかぶった男がいった。向きあって立っている鞄《かばん》を持った男はうなずいた。薄暗くて顔はよく見えなかった。「これは」戦闘帽の男は声をひそめていった。「ひょっとするとひょっとしますな。」二人は階段に足をかけたまま動かなかった。「そう。そうですか。」鞄を持った男はしばらくうつむいておどろきをこらえているようだったが、やがて顔をあげるといった。「本当ならもちろんそうでしょうな。理論は聞きかじったことがありますけれども。」「そういうことなんだそうですね。」戦闘帽の男はうなずいた。「わたしは何も知りやしませんがね。とにかく信じられないような数字をいってましたよ。」鞄を持った男ははじめて笑いを浮かべた。照れ臭そうな笑いだった。「情勢がこうなると今度はあっちのほうが心配ですなあ。それじゃ。」「じゃ。」

停止していた映画フィルムがまた回転しはじめた時のように二人は不意に動き出し、一人は上へ、一人は下へと別れた。階段は日没直後の薄暮の光を、あかりとりの細長い窓から浴びていた。かなり暗かった。尿とかびの匂いがした。少年は四階から五階のあたりをのぼっている戦闘帽の男の足音を聞いていた。ひきずるような響きは、上方に行くにしたがって明るみの多く残っている階段の空間にこだましていた。どこか投げやりな感じがした。やがて鉄の扉が悲鳴をあげて開き、閉じるガーンという音がした。その瞬間からまた静寂がもどってきた。

少年はしばらくたたずんでいたが、やがてコンクリートの階段の手すりに抱きつくようにまたがって三階から二階へと滑り降りた。多少怖いが気分はよかった。本当は体を逆に入れ換え、上体を起こして正面をむいて尻で滑りたい。しかしそれは小学生にはまだ難しすぎる。屋上まであがって、いちばん下の階まで滑ってみようかと思ったが、何となく気がすすまなかった。

いったい何のはなしだったのだろう?

少年は首をかしげた。けだるい[1]植民地の夏休みの夕暮れだった。淡い灰色のよどんだ光が次第に濃くなっていった。今の戦闘帽の男も鞄を持った男も、少年の父親が勤務している植民者たちのための新聞社の社員だということは少年も知っていた。かれらは片方が勤務が終わり、片方がこれから勤務に就くという時に階段ですれちがったのだ。ポケットに手をつっこんで中の[2]ラムネ玉をじゃらじゃらと鳴らし、またしばらく立っていた。脇の下がじっとりと汗ばんでいるのを感じ、自分がすこし緊張していることに気づいた。少年は、二、三度跳びはねた。ラムネ玉がじゃらついた。自分の家の鉄扉の細い隙間から馬鈴薯《ばれいしょ》とたまねぎを煮る匂いが漂ってきた。階段に腰を下ろし、目をつぶって匂いをすいこんだ。にんじんが入っているかどうか、かぎわけられるだろうか。だしになるのは鶏肉《とりにく》か、それとも豚肉か。おれの鼻は優秀なのだ。とくに腹がへれば、ますます研ぎすまされるのだ。

また足音がした。目をあけて逆光の黒い人影がのぼってくるのを見た。父親だった。かれは前かがみにかがんで、ズボンのポケットに手を入れ、何かを考えこむようにしながら階段をのぼってきた。少年は声をかけようとしてためらった。何となく父親が他人の陰気な老人のように思われたのだ。しかし、もちろんそんなことがあるはずもなかった。「おかえりなさい。」少年はいつものように声をかけた。父親は、「やあただいま。」と言葉を返してはこなかった。かれは一[*]瞬眉毛をつり上げるようにして少年のほうを見たが、すぐ陰気な目つきにもどった。そして扉をあけて中に入った。

今日の大人たちはみんな変だ。少年は不吉な予感を抱きながら父親の入っていった扉をながめていた。真夏の暑気がよどんでいるのに少年は肌寒く、睾丸《こうがん》が縮み上がっていくような気分がはいよってくるのを感じた。少年は荒々しいコンクリートの壁にとりつけてある電灯のひもを引いてあかりをともした。階段は影をともなってそこに浮かび上がって見えた。

少年は深く一呼吸すいこみ体にはずみをつけると、一気に自分の家の扉に打ち当たり、ころげこむようにして玄関に入った。靴を馬が蹴りとばすように脱ぎ捨て、荒々しく台所にとびこんだ。「今日、何？ カレーでしょ。カレーだって思っているんだけど。」

母親は白いエプロンをしてガス台の前に立ち、父親とむかいあっていた。少年は野菜を煮ている大鍋の火が切ってあるのに気づいた。父親は先刻のままの姿勢で無造作に突ったっていた。二人は少年が入ってきても一向に関心を示さず、ただお互いに顔を見合っているばかりだった。少年は用意した言葉をいってしまい、その次に何をいったらいいのかわからなくなった。そして、そこに棒のように立ち、二人を見つめていた。

母親は蒼白《そうはく》になって、目を大きくひらいていた。そしてしきりにエプロンに両手をこすりつけて、手についている汚れものをとろうとする仕草を続けていた。しかし少年が見たところでは、手はきれいで何の汚れもついていないのだった。「そんな。」母親は震えを帯びた声でいった。「信じられませんわ。そんな……。」「しかし外信[3]の連中は、はっきり聞いたっていうんだ。」父親は確信のこもった声でいった。「敵[4]の大統領が声明を出したんだ。間違いないよ。」「そうですか。」母親はしきりに自分の胸のあたりをさわった。「それじゃ、もう……。」「いずれちかく、終わりが来るとは思っていたよ。それがこれさ。」「それにしても、恐ろしい……。」

母親は茫然《ぼうぜん》と立っていた。少年は足の先から恐怖が駆けのぼってくるのを感じ、壁に手を当てた。少年はぐっと唾*

1植民地　国土の外で、経済的目的のため計画的に移住者を送りこんだ土地のこと。とくに、本国に軍事的にも従属させられた地域をさす。少年とその家族は、当時、大日本帝国の植民地だった満州（中国東北部）で暮らしていた。**2ラムネ玉**　ラムネの瓶に入っている玉。ここではビー玉のこと。**3外信**　新聞社などで、外国からの通信やニュースを扱う部門。外信部。**4敵の大統領**　アメリカ合衆国大統領のトルーマン、一八八四―一九七二年。

〈鉄扉〉〈隙間〉〈陰気〉
＊眉毛をつり上げる
＊唾を飲みこむ

を飲みこんだ。そして二人の会話の切れ目をとらえてもう一回繰り返した。「母さん。晩飯は、まだ？　カレーだろ。おれもう腹がへってへって。」「あらごめんなさい。」母親は明るい声でいった。「すぐ作るわよ。あっちへ行ってて。」「早くだぜ。」母親はガスに点火し、大鍋はまたかすかに鳴りはじめた。父親は着ているものを脱ぎはじめ、下ばきひとつになると台所の脇に小さくしつらえられた風呂場に入った。少年は居間に入り、そこでモールス[5]符号の通信練習をしている中学生の兄のそばに寝ころがった。兄は、鉛筆を細く切った消しゴムの上にのせ、通信機の打鍵[6]のかわりにして、かなりの速度でカタカタと打ちつづけていた。かれはクラスでも、そうとうな技量の所有者で、何とかトップになろうとしているのだった。

　少年はポケットからラムネ玉をとり出し、そのうちの一つを畳の合わせ目に置き、遠くからもう一発でねらった。しかし畳がところどころ膨らんでいるので、ラムネ玉は不自然な曲線を描いて動き、なかなか当たらないのだった。「ねえ、兄さん。」少年は畳の上にうつ伏せになり、片目でラムネ玉をねらいながらいった。「げんしはかいって何？　教えてよ。」「げんしはかい？」兄は眉をひそめた。「何のことだ、それは。おれは聞いたこともないぞ。」「……」「原始人の原始か？」「さあ、それがわかれば苦労しないんだけれど。」「いったい何の話だ。早くいえ。」兄はいらいらしながらいった。少年は階段での話をした。「よくわからねえな。」兄がいった。「何だろう、それは。」

　窓の下は電車道だった。まだざわめいていたが、すでに濃藍色の夜の光があふれていた。少年はラムネ玉を発射し、玉はやはり不自然な曲線をえがきながらそれた。兄は、また一心に鉛筆のキーをたたきはじめた。「ひょっとすると、ひょっとしますな、か。」ふと手を止めると兄がつぶやいた。「そうなんだ。」少年はいった。「それに、おやじとおふくろ、すこし態度がおかしいんだ。」「ふん。」兄は首を振った。

　浴衣に着換えた父親が入ってきた。かれは扇風機を自分のほうに向けて、噴き出してくる汗を切りながら、「おい兄ちゃん。」と兄を呼んだ。そのいい方は、何かにつまずいたようにぎこちなかった。「今日は動員[7]で行かなかったのか。」「また体がだるいものだから。」兄が言いわけがましくいった。「[8]黄疸《おうだん》がぶりかえしたらしくて。」「そう。」父親はうなずいた。「例の新型爆弾のことなんだがな。」父親はあぐらをかいたまま胸を大きくはだけた。しかし湯上がりなのにくつろいだ様子はなかった。かれは[1]固いものを飲みこむように唾を飲んだ。そしていった。「原子破壊だ。」

「え?」

　少年と兄が同時に顔をあげた。「原子破壊。」「そうなんだ。[9]アトムだ。」父親はうなずいた。「[10]こいつが一発おちたら、都会が一つ、溶けてしまった。幾十万もの人間も一緒にな。」「え?」「何でも[11]ＴＮＴ火薬二万トンに匹敵するということだ。」少年も兄も、息をのんでこぶしを握りしめた。本当だろうか?「いままでの爆弾とは全然ちがう。何しろ原子破壊なんだから。」「もう発表になったのですか。」兄がたずねた。「いいや。外信の連中の話だ。」父親がいった。もはや疑う余地*はなかった。「原子破壊。」兄がうつろな声で繰り返した。「いったい、どういうことですか。」「おれにはわからんよ。おれは[12]学校出じゃないからな。」父親はしかたなさそうに笑った。

　原子が物質の最小単位であることは少年も知っていた。その原子までも破壊してしまおうという爆弾なのだろうか? 人間も建造物も兵器も街路樹も、根底から、原子にまでさかのぼって滅ぼしてしまう爆弾なのだろうか? そうだとすれば、本当に何もかもなくなってしまうにちがいない。そんなに徹底的に壊す必要があるのだろうか。それにはいったい、どんな火薬を使うのだろうか?

「一発だ。たった一発。」父親の声がした。「おそろしいこ

5モールス符号　一九世紀、アメリカのモールスが開発した電信用の符号。信号音の長短の組み合わせでアルファベットや数字を表す。**6打鍵**　通信機のキー。またそのキーを打つこと。**7動員**　戦時下、学生が工場などに集められ労働を課せられたこと。勤労動員。**8黄疸**　胆嚢《たんのう》や肝臓の病気により、皮膚や粘膜が黄色くなる状態。**9アトム**　原子。［英語］atom　**10こいつが一発おちたら**　一九四五年八月六日、広島に原子爆弾が投下されたこと。**11ＴＮＴ火薬**　ＴＮＴはトリニトロトルエンの略。高性能の爆薬で、核爆弾の爆発エネルギーを換算するのに、ＴＮＴ火薬のトン数が用いられていた。**12学校出**　高等教育を受けた人。

[1]「固いものを飲みこむように」とはどのようなことか。

〈濃藍色〉〈浴衣〉
〈匹敵〉
＊余地はない

とだよ。」兄がため息をついた。「そうすると、われわれはどうなりますか。父さん。」「そうだな。わがほうには、[13]制海権も制空権もないんだから、食いとめようもないな。」「父さん。」兄がいった。「何とか頑張るすべ[*]はないのでしょうか。これではあまりに悔しいではありませんか。」「そうだな。あればいいな。」父親は張りのない声でいった。

　重苦しい夜が更けていった。父親と母親は書斎に入ったなり出てこなかった。少年と兄は寝床に入り、横になったが寝つけなかった。奥の祖父母がいる部屋からは、いつまでも痰《たん》の切れない気管支のせきがひびいてきた。あれは祖母のせきだが、あの人々は今日のこの悪い知らせをどう聞いたのだろうか。食卓についている時も時々顔を見合わせてはいたが、表情ひとつ動かさず、黙々とカレーライスを食べていた。あの二人が何を考えているのかは、全くわからない。しかし、深夜にひびく気管支の[14]喘鳴《ぜんめい》はひどく悲しく、少年はつとめて聞くまいとした。これで戦いが終わるとしたらどうなるのだろう？　男は皆殺しで、女はみんなあいつらの妾《めかけ》になるのだろうか？　学校でも、雑誌を見てもそれに近いことがいわれていた。それなら、最後までたたかって死んだほうがいいのではないか？　少年は幾度か寝返りを打ち不安を抱きながらやっと眠りにおちた。

　電話が鳴りつづけた。少年は夢の中で聞いていた。うるさい。早く誰か出てくれ。しかし電話は鳴りつづけた。それは遠いクリーム色の波のかなたから聞こえてきたが、だんだんと接近してきた。少年は目覚めはじめたのだ。ほとんど目をあけかけた時、受話器がとられた。「何？　ああ、うん。何だって？」父親の声が急に高くなった。「そう。そう。そう。そうか。いや、そうなるかと思ってはいたんだが。心配していたとおりになったな。」その声はますます高くなり震えを帯びていた。何かまた事が起こったのだ。少年は兄のほうを見た。すると、既に兄も目を覚ましていて、天井をじっと見つめながら一語も聞き漏らすまいとしているのだった。

「今、いったい何時頃だ。よしわかった。とにかく行こう。」それから受話器が置かれる音がした。少年も反射的に時計を見た。午前一時半を少しまわっていた。また原子破壊だろうか。父親の声には驚愕《きょうがく》だけではなく、恐怖もまたこもっているように思われた。あたりは気味が悪いほどの静寂だった。

「おい。」いきなり唐紙が大きくあけられ、光がまぶしくさしこんできた。「二人とも起きろ。起きてこっちへこい。」その声とともに二人ははね起きた。そして目の前に❷仁王立ちになっている父親がいるのを見た。かれは少年がいままでに見たこともないような険しい顔をしていて、拳を握りしめていた。「二人とも、そこへすわれ。」二人はいわれたとおりにした。「母さんもすわってくれ。」母親もすわり、植民者の家族があつまった。いつものように母親の両親である祖父母を、かれは全く無視した。「大変なことが起こった。」かれはいった。「おまえたちも、もうこども扱いはしていられない。しっかり聞け。」「大丈夫です。」兄がいった。父親はうなずいた。

「今から三十分くらい前だ。[15]北方の国境が数カ所にわたって破られた。やつらは戦車を先頭にたてて雪崩のような進撃を開始している。*手のつけようがないのだ。」「何ですって！」兄が叫んだ。「だってわれわれとかれらのあいだには[16]中立条約があるじゃありませんか。そんなばかな。」「まあ、そういえばそうだな。」父親は苦笑した。「しかし、やつらはもう中立条約の更改はしない、といっていたし、こうなってくれれば条約もくそもあるまい。喧嘩《けんか》にはルールはないからな。」「しかし。」兄は声変わりしてから潰れたようになった声でいった。「われわれは正々堂々と名乗りをあげて戦います。❸信義を重んじます。いったい何です。弱みにつけこんで。」「それが政治さ。」父親がいった。「おれ

13制海権も制空権も　国の周囲の海や空を管轄し、他国の船や飛行機が侵入できないように掌握する軍事力。　**14喘鳴**　呼吸時に出るぜいぜいという音。　**15北方の国境**　当時のソビエト連邦と満州の国境。八月九日、連合国側のソビエト連邦軍は国境をこえて攻撃を開始した。　**16中立条約**　一九四一年に調印された日ソ中立条約をさす。相互不可侵などを内容とした。一九四五年四月五日、ソビエト連邦は条約の不延長を日本に通告してきていた。

❷「仁王立ち」とはどのような姿勢か。

❸「信義」とはどのような意味か。

〈静寂〉〈唐紙〉〈雪崩〉〈更改〉〈信義〉

*すべはない

*手のつけようがない

たちの国だって同じようなもんだったよ。」

　四人は黙った。深夜の静寂の奥のほうから爆音がとどろきはじめた。それは次第に大きくなり、頭上を通過した。それを聞いているうちに兄の顔がひきしまってきた。「この爆音は、わがほうのじゃない。」そうつぶやくと窓に走りよって窓外の空を見た。少年も釣られるように走った。しかし空は暗くて何も見えなかった。「やつらです。」兄がふりむくと父親にむかって断定的にいった。「やつらがもう来ているんです。迎撃機[17]は何をしているんだ。」兄はいらいらしてどなった。「父さん。飛行機もそうだが、国境防衛軍はどうしたんです。何しているんです。国軍は駄目だが、われわれの精鋭とうたわれた国境防衛軍はどこにいるんです。」

「そうだな。」父親は従順にうなずいていった。「本当に何をしているんだろう。」それから気味の悪い笑い方をした。「たぶんな、国境防衛軍はいないんだ。」「いない？」兄が唖然《あぜん》として聞きかえした。「どうやらみんな、南方[18]へ持っていかれているらしい。」「本当ですか。」「父さんは新聞社に勤めている人間だよ。」兄は唇*を震わせて何かいおうとしたが、なかなか声が出なかった。父親は優しさのこもったまなざしでじっと息子を見つめていた。

「それじゃあ。」兄はやっといった。「誰がやつらを食いとめるんです。」「誰も食いとめやしないだろう。今の国境防衛軍には、やつらの火力に対抗する力など全然ありはしないのだから。」「北部のわが開拓民[19]はどうなります。鉄道は、都市はどうなるんです。」「それはやつらがきめることさ。」「……。」「そうさ。もう、そんな段階まで来ていたんだよ。われわれの戦争は。」「信じられません。」「そうだろうな。父さんも、今までは、お前たちにそんな話はしたことがなかったからな。」

　会話はとぎれた。爆音は首都の上空をゆっくりと旋回していた。それは遠くなったかと思えば、また接近してきた。空爆はないのだろうか。あるいは偵察だけなのだろうか。それとも兄の観察が誤っていたのだろうか。「とにかく」父親はいった。「おれは社に行ってくるからな。何があっても困らないようにしておけ。ひょっとすると」父親は声を落とした。「どこか移動することになるかもしれん。それから兄ちゃん。」父親は兄を呼んだ。「これからは、いろいろなことは君と相談しながらやっていく。もう昔なら一人前なんだからな。元服[20]している年頃だ。もし」そういいかけて、かれはちょっと唾液を飲みこんだ。「もし、[4]万一のことがあったら、この家の行動の判断は君がやることになる。もちろん母さんと相談しながらだが。」「わかりました。頑張ります。」兄は高揚した声でいった。

父親はそういいながらも手早く着換えていた。三人の家族は玄関まで出、父親の靴音が階段を降りていくのを聞いていた。やがて全く聞こえなくなった。兄と弟は部屋へもどったが、いくら待っていても母親が入ってこない。不審*に思って二人が戻ってみると、さっき出掛けていった父親を見送ったままの姿勢で母親が立っているのだった。「母さん。こっちへおいでよ。」少年が呼びかけたが彼女は振りかえらない。「母さん。」もう一度呼びかけたが、彼女は化石になったように同じ姿勢を保ち続けていた。少年はしかたなく前へまわってみた。彼女は蒼白になっていて、少年を見るとぎこちなく微笑した。そして手を伸ばして壁にさわろうとした。

しかし壁は目測より少し遠かった。手は流れて体はぐらりと傾いた。彼女は壁に身をもたせかけて体を支えようとしたが、足がいうことをきかなかったのだ。「まあ。だらしないわね。」彼女はそうつぶやくときまり悪そうに笑い、しゃがみこんだ。兄が近づいていき、母親の両の脇の下に手を入れて立たせた。「母さん。」かれはとても優しい声でいった。「ぼくらがついてますよ。父さんとぼくらがいて、こわいことなんかありませんよ。」「そうよ。わかってるわ。」母親は息子と肩を組むようにして居間へ入った。

母親が乱れを見せたのはその一瞬だけだった。彼女はふすまの隙間から事の成り行きをのぞき見していた祖父母に手短に事情を説明し、持って逃げられるだけのものをまと

〈窓外〉〈精鋭〉〈従順〉
*唇を震わせる
*不審に思う

17迎撃機 爆撃機を迎え撃つ戦闘機。**18南方** 当時、日本が進出していたフィリピン諸島や東南アジア諸国。**19開拓民** 満州事変（一九三一年）以後、日本が満州や内モンゴル地区に送り出した開拓民。主に農業に従事した。**20元服** 旧時、公家《くげ》や武家で男子が成人になったことを示すために行われた儀式。

4「万一のこと」とは、どのようなことが考えられるか。

めるように指示した。「どこへ行くっていったって」祖母はいった。「誰かがおぶってでもくれなけりゃ、あたしは逃げられないよ。この足だもの。」「そんなことといっている時じゃないのよ。」母親はいった。「はったって逃げなくちゃならなくなるかもしれないわよ。」「おれが背負うよ。」祖父がいった。

　母親は台所へ行き、大釜にいっぱい米をとぎはじめた。庖丁《ほうちょう》が野菜を乱切りする響きがし、音は深夜のアパートにこだました。その音がとだえると母親が居間へ顔を出し、兄に対して重要書類や預金通帳や現金のあり場所を教え、それをひとまとめにして、すぐ点検できるようにするよう、指示を与えた。兄は立ち上がり、納戸[21]をあけてリュックサックをとり出した。休日などに一家でハイキングに行くときのためのものだった。かれはそれを一列にならべ、たんすの中の下着類を選んでは、個人別に入れていった。それを見ていると、今恐ろしい生死のかかっている事態が進行しているのではなくて、明日の朝早く家中そろってキャンプに出掛けるところなのではあるまいか、という気分が少年に起こってきた。いつものように、と少年は思った。そう。いつものようにだ。すると目が熱く*なった。少年は首をふり、[5]それをこらえた。

　野菜の乱切りの音がまたけたたましく深夜の台所でひびいた。兄は有価証券[22]や生命保険の証書、預金証書、預金通帳、カメラ、母親の装飾具箱などをならべ、母親のメモをチェックした。少年は勉強部屋に入り、何を持っていくべきか考えた。教科書と筆記用具。そしてそろばん。磁石と双眼鏡。切り出しナイフ。水筒。釣り針も必要だ。懐中電灯とロープ。砂時計はどうだろうか？　計算尺[23]（かれはまだ使い方を知らなかった。）は不要だろうか？　オートバイ用の風防眼鏡は持っていくのだ。それから手製の木彫戦闘機模型。かれはあれこれ思い悩んだ末、大切だと思われるものだけをハンカチで包み、自分のリュックサックに入れた。兄はハンカチからはみ出しているものをのぞき見し、軽蔑*したように鼻で笑った。その態度はわざと大人を演じているようだった。少年は悔しさに頬*が燃えるのをおぼえた。

　台所から飯の炊き汁が吹きこぼれる匂いが漂ってきた。兄は、母親と連絡をとりあいながらほぼ荷物を完成した。

かれは大きなため息をつき、少年は腹ばいになってその兄をながめていた。いまはもう二時半をまわっていた。兄は立ち上がると伸びをしたが、ふいにその手を止めると何かに注意を集中した様子をみせた。かれの目は細くなり、首はかすかに傾いた。何だろう？「おい。」兄がそのままの姿勢でいった。「聞こえるか？ 聞こえるだろう？」少年は一心に聴力に神経を集中して聞きとろうとした。しかし少年にはまだ兄のいっている意味がつかめなかった。いったい何だろう？「わからんのか。」兄がいらいらしながらいった。「このアパートだ。アパート全部がざわめいているぞ。みんな起きているんだ。」

少年の顔はひきしまった。兄のいうとおりだった。深夜の三時だというのに、このアパートは昼の活気をよみがえらせていた。数多くの人の動作、声、器物の触れ合う音——それらが複雑に入りまじり、コンクリートの建造物全体にこだましているのだった。少年は跳ねるようにして部屋をとび出すと玄関の鉄扉をあけ階段に首を突き出した。今やアパートのざわめきは一層生々しく、はっきりと少年の[24]耳朶《じだ》を打った。ひっきりなしに玄関のドアが開いたり閉じたりし、早口に、声高にしゃべる男たちの声がはねかえっていた。どこかの階で茶碗《ちゃわん》が一挙に割れ、女が悲鳴をあげた。少年は階段を駆け降り、外へ出ると建物を見上げた。するとどうだろう。いつもならこの時刻には真っ暗な窓がならんで闇の中に沈んでいるはずの建物のあちこちに今夜は[6]光の裂け目ができているのだった。[25]灯火管制用の黒幕が引いてあるので、光は派手に漏れはしなかったが、時にはあけ放したまま煌々《こうこう》と輝いている窓もあった。あきらかに人々は狼狽《ろうばい》しているのだ。少年は、光っている窓をみつめ

21納戸　屋内にある物置き部屋。　**22有価証券**　株券や小切手など、証券の形で財産や所有権が示されているもの。
23計算尺　物差し形の計算用具。台尺の間で滑り尺を移動させ、目盛りを合わせて数値を出すもの。　**24耳朶**　耳たぶ。
25灯火管制　戦時下、爆撃の目標にされないため、夜、電灯を消したり、窓を黒い布などで覆ったりすること。
5「それ」は何をさしているか。
6「光の裂け目」とは何か。

〈風防〉〈木彫〉〈軽蔑〉
〈声高〉
＊目が熱くなる
＊鼻で笑う
＊頬が燃える

ているうちに、今やこの建物の人々が一人残らず目覚めていることがはっきりとわかった。

いや、それはこの建物だけではない。横丁を不意にまがって、どこへ行くのかものすごいスピードで駆け去っていく男がいた。バケツが坂をころがっていったが止める者はいなかった。風が吹くといつもの夜と同じように木々は揺れた。しかし周囲のざわめきが大きいので葉ずれの音は聞こえなかった。少年は犬がごみ箱に首をつっこんで餌をあさっているのを見た。

報道はすでに疾風が駆けぬけるように全市に伝わったのだ。少年は身をひるがえすと階段を駆けのぼった。手すりにしがみつくようにして体を引き上げ引き上げしながらかれは階段をぐるぐるめぐり、一度の休止もとらずに一挙に屋上まで到達した。扉をあけ、夜の中へふたたび出た時、少年は荒々しい呼吸をしていた。そして金網ごしに市街を見下ろした。

そこには完璧に統制された戦時下の都市の姿はなかった。灯火はあちこちで、黄金の砂粒がこぼれているように闇の中に輝いていた。そして、その輝く灯火の分布のしかたで、この首都の市街地は、はっきりと浮かび上がっていたのだった。少年はそれを美しいと思った。植民者たちは半狂乱で遁走《とんそう》しようとしている。その都市の夜景はきらめいていた。そしてその光の下には、この日を待って支配に堪えていた人々もいて、今希望に胸をふくらませて事態の展開を見守っているのだ。少年は、拳で汗をぬぐいながら夜景をじっと見つめていた。

●理解●

(1)この作品は男二人の会話から始まるが、こうすることでどのような効果をあげているか、考えなさい。
(2)本文を四つの段落に分けて、それぞれの内容を整理しなさい。
(3)右の各段落で、「少年」とその兄、父親、母親がそれぞれどのように描かれているか、その変化のあとをたどりなさい。
(4)最後に「少年」が見る「都市の夜景」（二四六・下9）は何を表しているか、考えなさい。

藤野《ふじの》先生

魯《ろ》《ルー》迅《じん》《シュン》
竹内《たけうち》好《よしみ》訳

東京も格別のことはなかった。上野《うえの》[1]の桜が満開のころは、眺めはいかにも紅《くれない》の薄雲のようではあったが、花の下にはきまって隊伍《たいご》を組んだ「清国《しんこく》[2]留学生」の速成組[3]がいた。頭のてっぺんに弁髪[4]をぐるぐる巻きにし、そのため学生帽が高くそびえて富士山《ふじさん》の形になっている。なかには弁髪をほどいて平たく巻きつけたのもあり、帽子をぬぐと油がぴかぴかで若い女の髪形そっくり、これで首のひとつもひねれば色気は満点だ。

中国留学生会館[5]は玄関部屋で本を少しばかり売っていたので、たまには立ちよるのも悪くなかった。午前中なら奥の洋間で休むこともできる。だが夕方になると、きまってその一間《ひとま》の床板がドシンドシン地響きを立て、ほこりが部屋じゅうもうもうとなる。消息通にきいてみると「あれはダンスの稽古さ。」という答えだ。

魯　迅　一八八一—一九三六年。中国の小説家・評論家。日本留学より帰国後、清朝《しん》末期の混乱のなか、中国近代化を推進する力となった。作品に『狂人日記』『阿《あ》Q正伝』などがある。この作品は一九二六年に発表されたもので、本文は「魯迅文集」第二巻によった。

竹内　好　一九一〇（明治四三）—七七（昭和五二）年。中国文学者・評論家。

1上野　東京都台東区の上野恩賜公園。桜の名所。　**2清**　満州族（ツングース族）が建国した中国最後の王朝名。一六一六—一九一二年。　**3速成組**　東京にあった中国留学生のための予備校、弘文《こうぶん》学院の日本語学級。　**4弁髪**　もと満州族の習俗で、清国建国とともに一般に強制された男子の髪型。　**5中国留学生会館**　正しくは「清国留学生会館」。東京都千代田区神田駿河台《かんだするがだい》にあった。

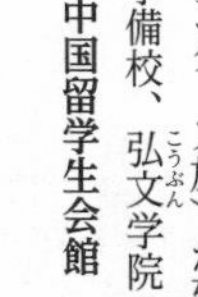

4弁髪

では、ほかの土地へ行ってみたら？

　そこで私は、[6]仙台の医学専門学校へ行くことにした。東京を出て間もなく、ある駅に着くと「[7]日暮里《にっぽり》」とあった。なぜか今でもその名をおぼえている。次におぼえているのは「水戸《みと》」だけ、これは[8]明《みん》の遺民、[9]朱舜水《しゅしゅんすい》先生が[10]客死された地だ。仙台は市ではあるが大きくない。冬はひどく寒かった。中国人の学生はまだいなかった。

　物は稀《まれ》なるをもって貴しとなすのだろう。北京《ペキン》の白菜が[11]浙江《チョーチャン》へ運ばれると、赤いひもで根元をゆわえて果物屋の店頭にさかさにつるされ、もったいぶって「山東菜《さんとうさい》」とよばれる。[12]福建《フーチェン》に野生する[13]アロエが北京へ行くと、温室へ招じ入れられて「竜舌蘭《りゅうぜつらん》」という美称が与えられる。私も仙台で❶これと同じ優待を受け、学校が授業料を免除してくれたばかりでなく、職員たちが食や住の面倒まで見てくれた。最初は監獄のそばに下宿した。冬に入ってかなり寒くなっても蚊がまだたくさんいるので、しまいに私はふとんを全身に引っかぶり、頭と顔は服でくるみ、ふたつの鼻の穴だけを息するために出しておいた。この絶えず息する場所だけは蚊も食いつきようがないので、やっとゆっくり眠れた。食事も悪くなかった。ところがある先生が、この下宿は囚人の賄いも請け負っているから、こんなところにいるのはよくないと何度も何度も勧告した。下宿屋が囚人の賄いを兼業しようと私には無関係と思ったが、せっかくの好意を無にはできず、適当な下宿をほかに探すことにした。こうして監獄から離れた場所に移ったが、おかげで毎日喉*を通らぬ[14]芋がらの汁ばかり飲まされた。

　以後、多くの先生にはじめて接し、多くの新鮮な講義を聞いた。解剖学は教授ふたりの分担だった。最初は骨学である。はいってきたのは色の黒い、痩せた先生で、八字ひげをはやし、眼鏡をかけ、大小さまざまな書物を山のようにかかえていた。卓上に書物をおくなり、ゆっくりした、*節をつけた口調で学生にこう自己紹介した。——

「私は[15]藤野厳九郎《げんくろう》というもので……。」

　うしろのほうで数人が笑い声を立てた。自己紹介のあと、かれは日本における解剖学の発達史を説き出した。大小さまざまな書物は、この学問に関する最初から今日までの文献だった。最初の数冊は糸とじであり、中国での訳本を翻[16]刻したものもあった。新しい医学の翻訳にしろ研究にしろ、❷かれらは決して中国より早くはない。

うしろのほうにいて笑った連中は、前学年に落第して原級に残った学生で、在校すでに一年、いっぱし*の消息通である。かれらは新入生に教授それぞれの来歴を説明してくれた。それによると、この藤野先生は服の着方が無頓着で、ネクタイすら忘れることがある。冬は古外套《がいとう》一枚で震えているので、あるとき汽車に乗ったら車掌がスリと勘ちがいして、乗客に用心をうながしたそうだ。

その話はたぶん嘘《うそ》ではあるまい。げんに私も、かれがネクタイをせずに教室にあらわれたのを一度見たから。

一週間たって、たしか土曜日のこと、かれは助手に命じて私を呼ばせた。研究室へ行ってみると、かれは人骨とたくさんの切りはなされた頭蓋骨——当時かれは頭蓋骨の研究中で、のちに本校の雑誌に論文がのった——に囲まれていた。

「私の講義、ノートが取れますか？」とかれは尋ねた。

「どうにか。」

「見せてごらん。」

私は筆記したノートをさし出した。かれは受けとって、一両日して返してくれた。そして、今後は毎週もってきて

6仙台の医学専門学校　東北大学医学部の前身。　**7日暮里**　東京都荒川区にある駅名。　**8明**　漢族による中国の王朝名。一三六八—一六四四年。　**9朱舜水**　一六〇〇—八二年。明の学者。明の再興をはかるがならず、日本に亡命した。　**10客死**　旅先で死ぬこと。　**11浙江**　中国の省の名。長江下流の南部にある。　**12福建**　中国の省名。中国南東部にある。　**13アロエ**　ユリ科の多年生多肉植物。日本でいう竜舌蘭（ヒガンバナ科）とは異なる。　**14芋がら**　里芋の茎を干した食べ物。　**15藤野厳九郎**　一八七四—一九四五年。一九〇一年から一五年まで仙台医学専門学校教授。後、郷里の福井県に戻り、開業医として過ごした。　**16翻刻**　既刊の版本を、そのままの内容で再び活字に組んだりして刊行すること。

❶「これ」は何をさすか。
❷「かれらは決して中国より早くはない」にはどのような思いが込められているか。

〈美称〉〈優待〉〈勧告〉〈来歴〉〈無頓着〉
＊喉を通らない
＊節をつける
＊いっぱし

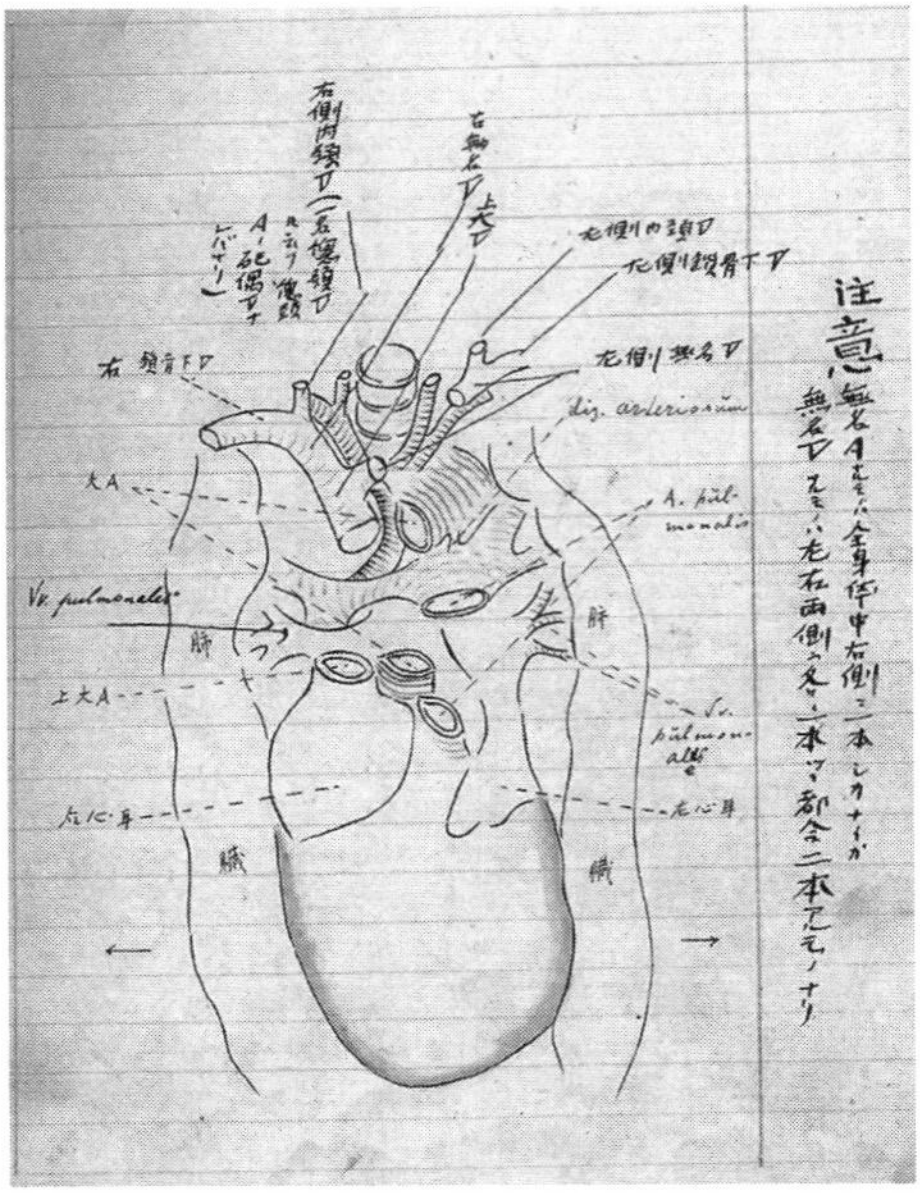

魯迅の解剖学のノート

見せるようにと言った。持ち帰って開いてみて、私はびっくりした。同時に❸ある種の困惑と感激に襲われた。私のノートは、はじめから終わりまで全部朱筆で添削してあり、たくさんの抜けたところを書き加えただけでなく、文法の誤りまでことごとく訂正してあった。このことがかれの担任の骨学、血管学、神経学の授業全部にわたってつづけられた。

遺憾ながら当時の私は一向に不勉強であり、時にはわがままでさえあった。今でもおぼえているが、あるとき藤野先生が私を研究室へ呼びよせ、私のノートから一枚の図をとり出した。[17]下膊《かはく》の血管の図だ。それを指さして、かれはおだやかに言った。——

「ほら、きみはこの血管の位置を少し変えたね。——むろん、こうすれば形がよくなるのは事実だ。だが解剖図は美術ではない。実物がどうあろうと、われわれは勝手に変えてはならんのだ。いまは私が直してあげたから、これからは黒板に書いてあるとおりに写すんだね。」

だが私は内心不服だった。口では承知したが心では思った。——

「図はやはりぼくの描き方のほうがうまいですよ。実際の形態ならむろん頭でおぼえてます。」

学年試験のあと私は東京へ行ってひと夏遊んだ。秋のはじめに学校にもどってみると、すでに成績が発表になっていた。百人あまりの同級生中、私はまん中どころで落第はせずにすんだ。今度の藤野先生の担当は解剖実習と局所解剖学だった。

　解剖実習がはじまって一週間くらいすると、かれはまた私を呼んで、上機嫌で、いつもの節をつけた口調でこう言った。――

「じつはね、中国人は霊魂を敬うと聞いていたので、きみが死体解剖をいやがりはしないかとずいぶん心配したよ。まずは安心した、そんなことがなくてね。」

　しかしかれは、たまに私を困らせることもあった。中国の女は纏足《てんそく》[18]しているそうだが、くわしいことがわからない、と言って、どんなふうに纏足するのか、足の骨はどんなふうに奇形化するか、などと私に質問し、それから嘆息した。

「やはり一度見ないとわからんね、どんなふうになるのか。」

　ある日、学生会のクラス幹事が私の下宿へ来てノートを見せてくれと言った。出してやると、ぱらぱらめくっただけで、持ち帰りはしなかった。かれらが帰るとすぐ郵便配達が来て、分厚な手紙をとどけた。あけてみると、文面の最初の一句は――

「汝《なんじ》[19]、悔い改めよ！」

　たぶんこれは『新約聖書』[20]の一句だが、最近トルストイ[21]によって引用されたものだ。時あたかも日露戦争[22]、卜翁はロシアと日本の皇帝にあてて公開状を書き、冒頭にこの一句を使った。日本の新聞はその不遜をなじり、愛国青年はいきり立ったが、実際はそれと知らずに早くからかれの影響を受けていたのだ。あとにつづく文面は、前学年の解剖

17下膊　肘と手首との間。**18纏足**　中国の旧習。女子が四、五歳の頃から、足に布を強く巻いて、足を大きくしないようにした。清の康熙《こうき》帝（在位一六六一―一七二二年）の時代に禁止令が出されたが、民間では長く悪習として残った。**19汝、悔い改めよ！**「汝ら悔い改めよ、天国は近づきたり。」（『新約聖書』「マタイ伝福音書」第三章二節）によったことば。**20『新約聖書』**　キリスト教の教典。**21トルストイ**　Lev Nikolaevich Tolstoy　一八二八―一九一〇年。ロシアの小説家・思想家。作品に『戦争と平和』などがある。当時の日本では「卜翁」と略称された。**22日露戦争**　一九〇四年から翌年にかけて、朝鮮と中国東北地方の支配権をめぐって、日本とロシアとの間で戦われた戦争。

3「ある種の困惑と感激」とはどのようなものか。

〈添削〉〈遺憾〉〈不服〉
〈嘆息〉〈不遜〉

学の試験で、藤野先生がノートに印をつけてくれたので私には出題がわかり、だから点が取れたといった意味だった。末尾には署名がなかった。

そこではじめて数日前のことを思い出した。クラス会を開く通知を幹事が黒板に書いたとき、最後に「全員漏レナク出席サレタシ。」とあって、その「漏」の字の横にマルがつけてあった。そのときマルはおかしいなと感じはしたが気にとめなかった。それが私への当てこすりであること、私が教員から出題を漏らされたという意味だとはじめて気がついた。

❹私はそのことを藤野先生に知らせた。私と仲のいい同級生数人も憤慨して、いっしょに幹事のところに行き、口実を設けて人のノートを検査した無礼をなじり、検査の結果を発表するように要求した。結局、このうわさは立ち消えになったが、すると今度は、幹事が八方手をつくして例の匿名の手紙を回収しにかかった。最後に私からこのトルストイ式書簡をかれらにもどして幕になった。

中国は弱国であり、したがって中国人は当然に低能だから、自分の力で六十点以上とれるはずがない、こうかれらが疑ったとしても無理はない。だが私はつづいて、中国人の銃殺されるのを参観する運命にめぐりあった。第二学年では細菌学の授業があって、細菌の形態はすべて幻灯[23]で映して見せるが、授業が一段落してもまだ放課にならぬと、ニュースを放映してみせた。むろん日本がロシアとの戦争で勝った場面ばかりだ。ところがスクリーンに、ひょっこり中国人が登場した。ロシア軍のスパイとして日本軍に捕らえられ、銃殺される場面である。それを取りまいて見物している群衆も中国人だった。もうひとり、教室には私がいる。

「万歳！」万雷の拍手と歓声だ。

いつも歓声はスライド一枚ごとにあがるが、私としては、この時の歓声ほど耳にこたえたものはなかった。のちに中国に帰ってからも、囚人が銃殺されるのをのんびり見物している人々がきまって酔ったように喝采するのを見た。

——ああ、施す手なし！　だがこの時この場所で私の考えは変わった。

第二学年のおわりに私は藤野先生を訪ねて、医学の勉強をやめたいこと、そして仙台を離れるつもりだと告げた。かれは顔をくもらせ、何か言いたげだったが、何も言わなかった。

魯迅に贈られた藤野先生の写真（部分）と裏面

「ぼくは生物学を学ぶつもりです。先生に教わった学問はきっと役に立ちます。」私は生物学をやるつもりなど毛頭なかったが、落胆ぶりを見かねて、慰めるつもりで嘘をついた。

「医学として教えた解剖学など生物学にはあまり役に立つまい。」

かれは嘆息した。

出発の数日前、かれは私を家に呼んで写真を一枚くれた。裏に「惜別」と二字書いてあった。そして私の写真もと乞われたが、あいにく手もちがなかった。あとで写したら送ってくれ、それから折にふれ手紙で近況を知らせてくれ、と❺かれは何度も言った。

仙台を離れたあと、私は何年も写真をとらなかったし、不安定な状態がつづいて、知らせても失望させるだけだと思うと手紙も書きにくかった。年月がたつにつれてますます書きにくくなり、たまに書きたいと思っても容易に筆がとれなかった。こうして現在まで、ついに一通の手紙、一枚の写真も送らずにしまった。あちらからすれば梨*のつぶてのわけだ。

だがなぜか私は、今でもよくかれのことを思い出す。わが師と仰ぐ人のなかで、かれはもっとも私を感激させ、も

23 幻灯 写真フィルムに強い光をあてて、レンズで幕などに拡大映像を映して見せるもの。スライド。

❹「そのこと」とはどのようなことか。

❺どのような気持ちで「かれは何度も言った」のか。

〈憤慨〉〈匿名〉〈万雷〉
〈喝采〉〈落胆〉〈惜別〉
＊梨のつぶて

っとも私を励ましてくれたひとりだ。私はよく考える。かれが私に熱烈な期待をかけ、辛抱づよく教えてくれたこと、それは小さくいえば中国のためである。中国に新しい医学の生まれることを期待したのだ。大きくいえば学術のためである。新しい医学が中国に伝わることを期待したのだ。私の目から見て、また私の心において、かれは偉大な人格である。その姓名を知る人がよし少ないにせよ。

かれが手を加えたノートを私は三冊の厚い本にとじ、永久に記念するつもりで大切にしまっておいた。不幸にも七年前、引っ越しの途中で本の箱がひとつこわれ、なかの書物が半分なくなり、あいにくこのノートも失われた。探すように運送屋を督促したが返事がなかった。だがかれの写真だけは今でも北京のわが[24]寓居《ぐうきょ》の東の壁に、机のむかいに掛けてある。夜ごと仕事に倦《う》んでなまけたくなるとき、顔をあげて灯のもとに色の黒い、痩せたかれの顔が、いまにも節をつけた口調で語り出しそうなのを見ると、たちまち良心が呼びもどされ、勇気も加わる。そこで一服たばこを吸って、「[25]正人君子」たちから忌みきらわれる文章を書きつぐことになる。

―〈督促〉〈一服〉

24寓居　仮住まい。　**25正人君子**　本来は、行い正しく徳のある人の意。

●理解●

(1)「東京も格別のことはなかった。」（二四七・上1）とあるが、「私」が東京を去ったのはなぜか、まとめなさい。

(2)「この時この場所で私の考えは変わった」（二五二・下17）のはなぜか、またどのように「変わった」のか、まとめなさい。

(3)藤野先生はどのような人物として描かれているか、また「かれは偉大な人格である」（二五四・上6）と「私」が考えるのはなぜか、説明しなさい。

(4)「『正人君子』たち」（二五四・下8）とはどのような人々のことか、作品全体を通して考えなさい。

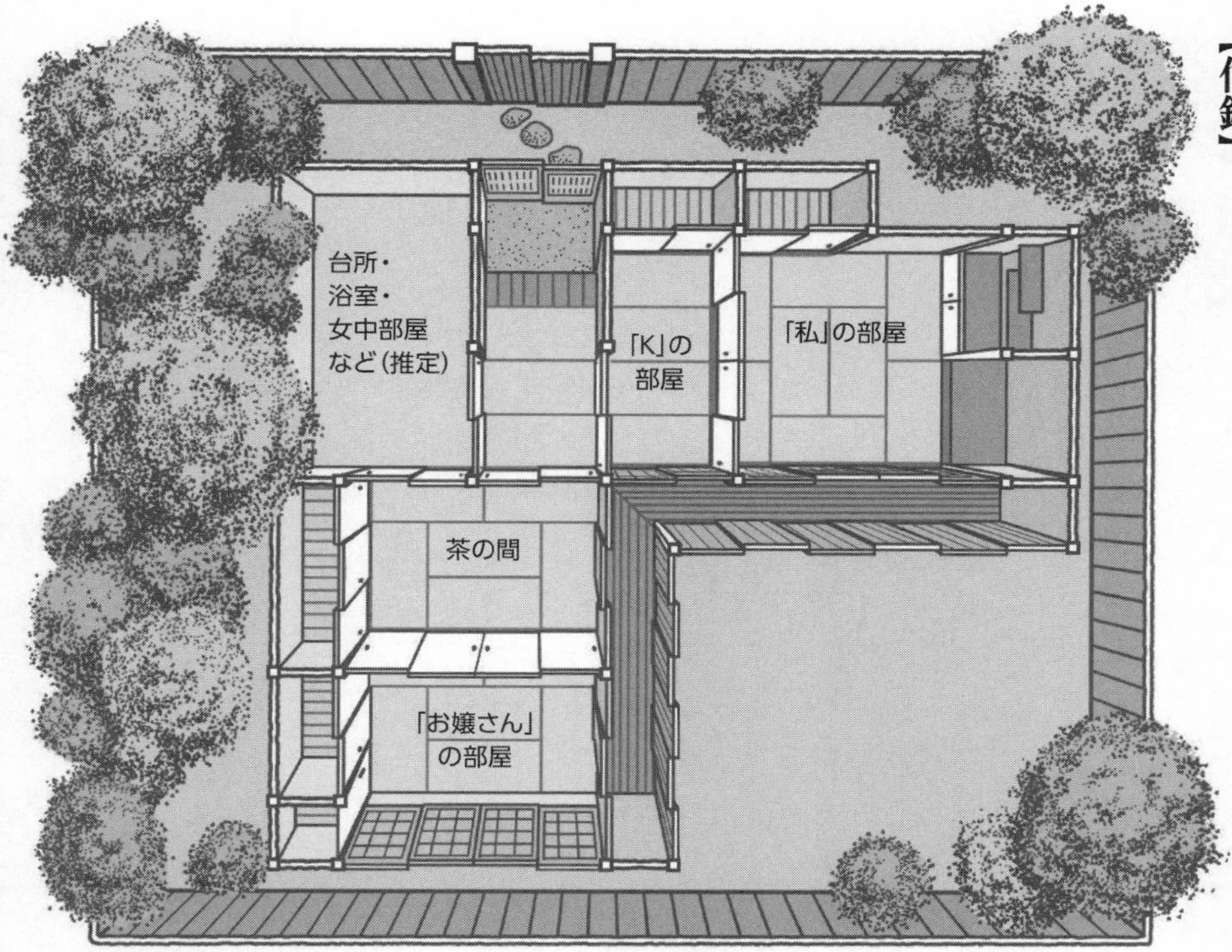

夏目《なつめ》漱石《そうせき》「こころ」（74～99ページ）下宿の想定図

森《もり》鷗外《おうがい》「舞姫」（110～136ページ）ベルリン市街図

【監修者】
安藤宏（あんどう・ひろし）　東京大学
紅野謙介（こうの・けんすけ）　日本大学

図版協力者（敬称略・数字は掲載ページ）
フォトライブラリー　8,9,57,63,175
東京国立博物館　22,153
iStock　66
瀧原愛治　69,247,255
林丈二・林節子　113,118,122,124,125,127,129
森宏　152,153,214
Pixta　164
秦麻利子　192
国立国会図書館　204
東北大学　250,253

表紙／土屋仁応「ユニコーン」2020年　写真提供:メグミオギタギャラリー
装幀・本文デザイン／白尾隆太郎

ちくま文学講読　上級編

二〇二二年九月二十五日　初版第一刷発行
二〇二三年九月十五日　初版第四刷発行

監修者　安藤宏
　　　　紅野謙介
編　者　筑摩書房編集部
発行者　喜入冬子
発行所　株式会社筑摩書房
　　　　〒一一一－八七五五　東京都台東区蔵前二－五－三
　　　　電話　〇三－五六八七－二六〇一（代表）
印刷・製本　凸版印刷株式会社

ISBN978-4-480-91740-9　C7095